奋进新征程　建功新时代

——中国矿业大学（北京）师生校友口述访谈实录

顾　问／韩尚峰　刘　波

主　编／朱　彤

副主编／刘冬青

地质出版社

·北　京·

内 容 提 要

本书以“奋进新征程　建功新时代”为主题，分院士篇、高校篇、行业篇，对33位中国矿业大学（北京）培养的校友代表进行口述访谈。让亲历者追忆过往，让见证者感悟发展，真实、生动、具体地再现发展历程，培育校友爱校、荣校情怀，弘扬矿大文化，传承矿大精神，在祖国的各行各业上赓续矿大人的优良传统，为谱写新时代中国特色社会主义更加绚丽的华章贡献矿大人力量！

本书可供关心中国矿业大学（北京）建设发展的学校师生、广大校友及社会各界人士参阅。

图书在版编目（CIP）数据

奋进新征程　建功新时代：中国矿业大学（北京）师生校友口述访谈实录 / 朱彤主编；刘冬青副主编. 北京：地质出版社，2024. 10. -- ISBN 978-7-116-14204-6

Ⅰ. K820.7

中国国家版本馆CIP数据核字第20249GC224号

FENJIN XINZHENGCHENG JIANGONG XINSHIDAI

责任编辑：柳　青
责任校对：田建茹
出版发行：地质出版社
社址邮编：北京市海淀区学院路31号，100083
电　　话：(010) 66554649（邮购部）；(010) 66554632（编辑室）
网　　址：https://www.gph.clmpg.com
印　　刷：北京地大彩印有限公司
开　　本：787mm×1092mm　1/16
印　　张：12.25
字　　数：298千字
版　　次：2024年10月北京第1版
印　　次：2024年10月北京第1次印刷
定　　价：75.00元
书　　号：ISBN 978-7-116-14204-6

前言

习近平总书记指出："历史、现实、未来是相通的。历史是过去的现实，现实是未来的历史。"学校自2019年11月启动"我矿记忆·口述校史"寻访活动，学校档案馆本着围绕学校中心工作、服务发展大局的原则，开展了系列口述访谈工作，先后完成了《寻访·记忆——口述学科史》《寻访·记忆——口述校史》两本访谈实录。近期，学校档案馆以"奋进新征程　建功新时代"为主题，访谈了33位师生校友代表，按照院士篇、高校篇、行业篇编辑成册。本次口述访谈实录呈现了师生校友一往无前的进取精神和扎实有效的创新实践，展现了新时代自强不息、顽强拼搏的校友群像。

学校档案馆作为学校的资料馆和文化馆，肩负着历史文献保存、价值挖掘和文化传承的责任。5年来，通过访谈老教授、老同志、老校友，真实记录他们经历的学校建设发展历史，逐渐搭建起学校档案文化资源建设的平台，并形成自身的特色，充分发挥了档案馆"存史、资政、育人"作用，在弘扬矿大优良传统、传承矿大精神方面默默地贡献着档案力量。

本书中的师生校友是学校数以万计师生校友中的部分代表，更是"奋进新征程，建功新时代"众多优秀矿大人的代表。新时代的矿大人要保持奋发有为的进取精神，主动在实践中练就宽肩膀、真本领，勇于担责、勇于负责，在干事中成长，在成事中历练，锚定"圆梦"航标，为实现"两个一百年"奋斗目标和中华民族伟大复兴中国梦做出贡献。

感谢师生校友对学校历史研究的大力支持！希望有更多的师生校友同我们一道积极投身学校历史研究，带动学校师生校友更好地牢记历史、把握现在、开辟未来！

目　录

院士篇

忆往昔岁月，展风华未来

——宋振骐口述 …………………………………………………………………（3）

车辙遍布世界，报国初心不改

——陈清泉口述………………………………………………………………（10）

严谨治学育桃李，不忘初心得始终

——鲜学福口述………………………………………………………………（18）

永怀感恩之心，引领科技创新

——谢和平口述………………………………………………………………（23）

注重学习和创新，扎根煤炭重实践

——彭苏萍口述………………………………………………………………（28）

变革煤炭技术，创新助力强国

——何满潮口述………………………………………………………………（33）

深耕矿海数十年，智解水忧兴科技

——顾大钊口述………………………………………………………………（43）

抢治透水矿难，潜心科研报国

——武强口述…………………………………………………………………（49）

春风化雨育桃李，化石地层谱人生

——沈树忠口述………………………………………………………………（56）

言传身教育人，科技励志报国

——王华明口述………………………………………………………………（62）

心无旁骛深耕力学研究，百折不挠勇攀科研高峰

——魏悦广口述………………………………………………………………（68）

胸怀国之大者，引领智能矿山

——葛世荣口述………………………………………………………………（73）

高校篇

教书育人四十载，唯寻真知启后人

——张明旭口述……………………………………………………（81）

心倾三尺，永葆初心

——何学秋口述……………………………………………………（86）

坚守能源教育使命，创新行业学科发展

——杨小林口述……………………………………………………（91）

躬行实践重创新，言传身教播春风

——张瑞新口述……………………………………………………（98）

十年磨一剑，砺得梅花香

——李卫军口述 …………………………………………………（105）

遥测青山品质，彩绘蓝天情怀

——肖武口述 ……………………………………………………（110）

持之以恒夯基础，鞠躬尽瘁固安全

——肖华华口述 …………………………………………………（115）

融会贯通，天道酬勤

——闵杰口述 ……………………………………………………（121）

以静心回望来时路，携信心叩开数学门

——凌黎明口述 …………………………………………………（125）

十年一日测算海洋体温，坚韧不拔深耕海洋气候

——成里京口述 …………………………………………………（130）

行业篇

忆往昔岁月，话母校情缘

——乔卫兵口述 …………………………………………………（137）

无问西东援疆路，不舍浓浓母校情

——邵祥理口述 …………………………………………………（141）

不记苦处自回甘，只铭奋进不言弃

——莫凤依口述 …………………………………………………（148）

秉持初心砺前行，博积勤研以推新

——梁立赫口述 …………………………………………………（151）

使命在我心，磨炼伺机遇

——郝晋凯口述 …………………………………………………（156）

劳动先锋脚踏实地，建设祖国栋梁之材
——熊先钺口述 …… (158)
审慎于先后制胜，自我迭代勇直前
——邵长宝口述 …… (163)
不惧风雨且歌且行，璞玉必成不负此生
——庞义辉口述 …… (167)
工匠精神扎根岗位，精益求精永不止步
——侯刘涛口述 …… (173)
山再高乘风破浪，勇攀登坚守初心
——罗烨口述 …… (177)
心无旁骛勇攀科研高峰，持之以恒坚守青年之志
——吴小虎口述 …… (183)

后 记 …… (188)

院士篇

忆往昔岁月，展风华未来

——宋振骐口述

讲 述 人：宋振骐
访谈时间：2023 年 4 月
访谈地点：华北科技学院
访 谈 组：沈跃、张楠、胡婉怡、朱彤

人物简介：宋振骐，男，1935 年 3 月生，湖北省武汉市人。中国科学院院士，山东科技大学能源与矿业工程学院教授、博士生导师、名誉院长。1957 年从北京矿业学院毕业后留校工作；1967 年进入山东矿业学院采矿系工作，先后担任助教、讲师、副教授、教授，系主任兼所长；1987 年担任山东矿业学院矿山压力研究所所长；1991 年当选为中国科学院学部委员；1992 年获得全国五一劳动奖章；1993 年担任山东矿业学院（现山东科技大学）矿山压力研究所名誉所长；1993 年担任中国人民政治协商会议第八届全国委员会委员；2014 年担任山东科技大学矿业与安全工程学院（现能源与矿业工程学院）名誉院长。主要从事矿山压力与岩层控制的研究。建立并完善了以岩层运动为中心的矿山压力理论和研究方法体系，该理论体系把中国采场矿山压力研究从定性推向定量，把煤矿现场矿山压力和岩层控制从过去主要依靠统计经验决策，推进到针对具体煤层条件定量的发展阶段；组建了中国高校第一个矿山压力研究所，主持并完成了包括“六五”与“七五”国家重点科技攻关项目等多个项目的研究任务；创造的井下岩层动态观测研究方法、成功研制的顶板动态仪等监测手段，以及顶板预测预报和顶板控制设计等计算机系统和软件，实现了理论和方法的统一。

访谈组：您可以简要介绍一下您来北京矿业学院求学前的经历吗？是什么原因让您毫不犹豫地在当时 3 个志愿栏里全部填入采煤专业？

宋振骐：1935 年，我出生在汉阳兵工厂的一个工人家庭。抗战全面爆发后，随着国民党的节节败退，工厂内迁。从记事起我就为生活所迫，拾柴、捡炭、从大食堂饭桌上和剩菜缸里捞取残羹，什么样的苦都吃过。1946 年我家搬到了重庆，父母为了让我读书，让我认小学教师做干爹，从此随了他的姓，改名宋振骐。1949 年 11 月，重庆解放。1953 年 9 月，我从重庆市第一中学毕业，高中毕业后在选择报考大学和专业时，我被新建立的北京矿业学院所吸引。怀着对献身“与千变万化的地层作斗争”的煤炭事业的向往，除了国防专业以外，报考志愿书的其他三个志愿栏我都写上了采煤系。幸好，我最终被北京矿业学院录取了，由此我开始了大学生活。

访谈组：1953 年至 1957 年您在北京矿业学院学习，您能和我们分享一下在这期间令您印象深刻的人或事吗？

宋振骐：我进入北京矿业学院的时候，由于当时井下条件比较艰苦，喜欢这个专业的人很少。但当时北京矿业学院院长吴子牧讲：“艰苦和有危险的事业才是祖国人民所需要的，敢于献身的青年人也是最光荣的。”这句话激励了我。通过井下实习和劳动，与工人同甘共苦的情谊鞭策着我，使自己立下了为艰苦光荣的煤炭事业奋斗终生的意愿。我如饥似渴地学好每一门课，特别是数学、力学。我很爱读毛泽东主席的著作，特别是《实践论》《矛盾论》及有关军事战略的书。注意研究学习方法，喜欢思考、类比、归纳、推演。

我爱好音乐、文艺，在学校除了学习，我还是文体活动和社会工作的积极分子。我是班级学习委员、系篮球队队长、学院民乐队队长。1956 年周恩来总理号召“向科学进军”，我就参加了学生科学技术小组，担任了学院首届学生科学技术协会主席。这些活动锻炼了我的身体、意志，培养了为同学们服务的精神和组织工作的能力，也强迫自己改进了学习方法，争取到各门功课全 5 分的成绩，多次被评为优秀学生、三好学生，出席了北京市三好学生代表大会。为了响应毛泽东主席“三好”号召，1956 年我们班还自编自演创作了快板剧《不做啃书匠》，几乎演遍北京市的大学和中学。在中南海怀仁堂纪念一二・九运动演出后，受到了敬爱的周恩来总理的接见和表扬。一直到现在老同学们相见，都以此为傲。我到现在还能记得住这个快板剧的台词：“有个同学叫小王，你看他个子挺大脸发胖，实际上神经衰弱身骨虚，大风一吹就晃荡……”丰富多彩的大学生活，为我在参加工作后能借助于党和人民提供的教师舞台，把自己锻炼成一位光荣的人民教师，入选中国科学院学部委员，当选为中国科学院院士奠定了基础。

访谈组：1957 年您从北京矿业学院毕业后留校工作，直至今天，在教学与科研岗位上坚守了 60 余年，您能具体介绍一下您对这些年教育工作的感受吗？

宋振骐：1957 年 8 月，我以优秀毕业生的身份留校，走上人民教师的岗位。回忆几十年的工作历程，感到欣慰的是，我始终把学生看成是科学的未来、祖国的希望，坚持了德、智、体全面发展的教育方针，注意用毛泽东思想，特别是毛泽东主席的哲学思想指导行动，坚持走教学、科学研究与生产劳动（即成果向生产力的转化）相结合的道路，达到了出人才、出成果的双重目的。几十年来，我始终坚持带领学生深入煤矿生产第一线，特别是那些比较艰苦、有一定危险和需要有创造性活动的地方学习、劳动，从事科学研究和生产实践。在1958年至1962年全国水力采煤机械化高潮中，我和学生参加了第一个水采矿井（峰峰羊渠河一矿）的试生产。在淮南谢一矿首先系统地开展了水采顶板活动规律的实测研究。在隆隆的煤水声中，经历了煤层和顶板垮塌、煤流埋冲的险境。1963年开始带领学生为回采工作面采煤机械化而奋斗。我和学生不顾煤壁片塌（帮）、顶板冒落的危险，研制试验了装煤犁、金属支柱的支设和回撤装备。煤炭工业部部长张霖之亲临参观，并在全国煤展会上展出。我和学生一起为使工人同志脱离顶板垮塌事故的威胁而进行的顶板活动实测研究工作，即使在“文革”时期也没有间断过。

我国第一个现代化矿井（开滦范各庄矿），10个钻孔长达4年的观测，取得10万个岩层运动数据的整理分析，以及用于解释采场上覆岩层运动和矿山压力显现规律的研究，是我带领学生做的。这一研究是世界采矿历史上绝无仅有的。我国从国外引进和后来国产的综采工作面的顶板活动和矿压显现规律的研究，以及它们与普采工作面的对比也是我带领学生做的。1976年，兖州第一对矿井（南屯矿）投产后，多次发生近百米工作面塌垮的大事故。我带领学生和现场同志一起不顾顶板来压时惊雷般的声响和塌垮的危险，经历近百个日日夜夜的苦战，抢夺并整理分析了30多万个顶板活动数据，终于摸清了开采顶板运动的规律，找到了需要控制的岩层范围和控制的方法，从此排除了相应的顶板事故。1980年，通化松树镇矿迫于坚硬顶板威胁而采用刀柱式开采法，引起强烈的矿山压力显现和大量瓦斯积聚，造成了近百人伤亡的重大瓦斯事故。我和学生不顾再次发生事故的危险，到现场通过实测研究分析，摸清了顶板活动规律，大胆改用了长壁垮落法控顶，从此避免了底板和底部相邻煤层破坏和鼓出，以及涌出大量瓦斯等强烈矿山压力显现，有效防范了类似事故的再次发生。1984年，南桐鱼田堡矿5年垮塌工作面总长达3000多米，严重威胁生产，每年用数万立方米坑木控制顶板，经济损失数百万元。我和山东矿业学院矿山压力研究所的同志带领学生深入现场实测研究，改变了支护方式和支护手段，排除了长期不断的顶板事故和沉重的经济负担等。

多年来，我和我的同事带领学生解决类似问题的足迹涉及全国相关局矿。哪里有危险，我和我的同事带领学生就到哪里去学习和锻炼。正是长时期的实践不断增进了我对煤矿工程学科理论的研究，增强了我为煤矿开采技术现代化服务的决心。我长期深入地分析和研究了采场上覆岩层运动及矿山压力分布和显现的规律，揭示了它们之间的关系，并以此为基础提出和实践了利用矿山压力显现推断矿山压力分布，预测预报上覆岩层运动的井下岩层动态预测研究方法，从而为接近实际地建立岩层控制设计结构力学模型（包括决定需控制的岩层范围及其结构组成、确定结构参数和结构支承边界条件、确定支承压力分布等），以及建立支架围岩力学关系方程（即顶板位态方程）等奠定了基础。我们还深入地总结分析了全国成百起重大事故发生的原因和条件，在发生各类典型事故的工作面取得成功控制经验的基础上，提出了顶板安全控制的准则和相应的力学保证条件。这些理论和实践研究成果，使我国采场顶板控制设计进入了科学定量的领先水平。

访谈组：您作为中国实用矿山压力理论学派的带头人，被誉为"为矿山'号脉'的'老中医'"，50余年来坚持深入煤矿生产第一线。在深入一线的过程中，有没有什么令您印象深刻的事?

宋振骐：毕业留校后，我在峰峰煤矿劳动。有一次，我和矿工们正在采煤工作面底分层奋力抢煤，顶板来压，眼看一块顶板要冒落，我立即跑过去用肩膀扛着，直到拿来支柱顶上。幸好，我人没有事。然而，不久后我在参与抢救被顶板埋住的工人时，亲眼看到一个矿工因这次灾害失去了生命。当时的我十分难受，忍不住流下了眼泪，似乎整个矿山都压在我的心上。"为什么我们不能把矿工头上这块'天花板'保护好？为什么要让矿工付出这样的代价?""为了千百万矿工的安全，我这个学采煤的有责任啊!"也在那时，我在心中萌发了向矿山压力抗衡的念头，并暗暗下决心：不达目的决不罢休。

此后多年，我深入峰峰、平顶山、淮南、开滦等矿区现场实践，不断探索矿压之谜。听说开滦范各庄矿为搞"三下"采煤，曾从地面往下打了10个钻孔，每个孔10多个测点，测出了大量数据，我简直如获至宝。1974年夏天我便带领16个学生到范各庄矿实习，利用这些珍贵的资料，领着学生日夜苦干两个多月，分析了10多万个数据，并把分析的结论画在坐标图上。从这里摸到了岩层运动的规律，取得了十分珍贵的资料。

大概一年之后，我又带着学生到开滦矿区同矿压开始打第二仗。有一天，在林西矿的地层深处，突然响起咣咣、嘎嘎的像板炮发出的声音，这是顶板来压的征兆。第一次经历这种场面的学生都被吓住了，但我不能被吓住，学生们和工人们一起撤到安全地点后，我便向老塘爬去。工人们喊："宋老师，您不能冒这个险!"学生们的心也紧张起来。但当时我就在想："我必须往前爬，这个来压时刻，正是我一心要得到数据来源的关键时刻，此时冒险正是为了千万个矿工安全。"这一仗之后，我带领学生在3个工作面，分3班，一天24小时连续观测几百根支柱，处理上万个数据，每天在井下工作10多个小时，晚上还在灯下从纷繁的数据中探索岩压的奥秘。就这样，我和学生在这里整整奋战了100天，人更瘦了，眼也红了，但我的心却更加豁亮了。因为通过这一仗，我对顶板破碎的原因、支柱在井下的实际支撑能力等，从感性认识提升到了理性认识，对于在不同的压力下，如何确定每平方米支柱的密度心中有了数。

访谈组：您是中国实用矿山压力与岩层控制理论的开拓者和奠基人。您在煤矿领域这么多年默默无闻地深耕，您的动力是什么?

宋振骐：1980年，通化松树镇矿发生瓦斯爆炸，造成重大伤亡事故。事故发生后不久，我便赶到现场。在下井调查中，我发现矿井在坚硬顶板条件下采用刀柱式开采法采煤，导致强烈的底鼓等矿压显现，造成通风不畅，瓦斯积累，冒落的石块撞击出火花，引爆瓦斯，导致56名矿工牺牲。我再一次被眼前的事实震撼了：这次事故的罪魁祸首是不懂科学，特别是缺少正确的矿压理论的指导。在通化矿务局组织的事故分析会上，我还记得我说了一句话："我们要抓科学，用科学来指导现场生产。"在场的人从懵懂中醒悟过来，无不为之振奋：抓科学，才是煤矿的根本出路呀！随后，我开始帮助他们将刀柱式采煤改为长壁采煤，成功地控制了坚硬顶板，消除了因采煤方法不当带来的瓦斯积聚现象。所以，煤矿太需要科学了，而且需要先进技术。整个采煤过程是动态的，岩石压力也是变化的，没有先进的科学理论和技术手段，靠经验办法和人工监测是不行的。煤矿少伤亡、生产现代化的出路只能是依靠科技，甚至是高科技。想想看，全国煤矿一年因为顶板事故死亡的人数一直占各类事故的首位，这样严重而紧迫的问题，我们搞矿压研究的人能熟视无睹吗？前面我说的这些便是我工作的直接动力。

我一直想建立以科学定量为目标、能解决采矿工程实际问题的矿山压力理论，这是我的愿望。为了实现这个愿望，我从研究室到生产井下往来奔走。实践是检验真理的唯一标准，所以在实践中寻找科学发现的火花，同时让实践成为工程理论的试金石。1976年，兖州南屯矿的井下工作面发生多次塌垮事故。在山东省煤管局的领导下，成立了顶板工作组，我担任工作组的组长。在南屯矿的5个月里，我有4个月天天在井下泡着，测到了数十万计的顶板动态信息数据，在井下探测矿压的变化规律。

我们的科学理论成果得来不容易，要在现实生产中使用推广也很难，所以我在研究中，总是希望理论成果同相应的方法和手段能够统一。

访谈组：您多年来坚持教学、科学研究和生产实践相结合，建立和发展实用矿山压力理论体系，为大幅度降低煤矿顶板等重大事故、提高经济效益做出了贡献。您可以和我们分享一下您的实用矿山压力理论体系的形成过程吗？

宋振骐：我们深入一线的时候，我就发现对采煤工人威胁最大的就是顶板冒落，它在煤矿安全事故中占比近一半，所以我就在想有什么理论和方法能够为他们解除这种来自顶板的危险，让矿工们可以无忧无虑、安全地开采祖国的地下宝藏呢？于是，我开始把自己的全部精力和心血都倾注在这个事业上，这也是采煤学理论研究方向的一个重要分支——矿山压力。在国外，矿山压力理论研究已有百年历史，而在我国，这是20世纪50年代才开始研究的新领域。当时乃至现在，对我国采煤学术界影响最大的仍是苏联的矿山压力理论及其岩石力学方面的研究成果。但是因为大都属于静态方面的研究，所以它不能很好地解释和回答不断推进的采场的实际问题。而我认为，理论的价值就在于它来自实践，并能动地作用于实践。所以，几十年来，我一直坚持深入采煤现场，结合生产实践，通过全国各地20多个工作面的观测，整理和分析了数以百万计的数据，从解决现场实际问题的需要出发，发展理论和探求新技术及与之相适应的新手段。也正是长时间的深入实践，使我自己比较深刻地认识了煤矿采场不断推进、煤层地质条件多变、上覆岩层运动和矿山压力不断变化等工程特点，从而提出了以研究岩层运动为中心，建立融合矿山压力和岩层运动预测预报（摸清情况）、控制设计（决策）和控制效果判断（监控）为一体的实用矿山压力理论体系，把生产现场决策，推进到针对具体煤层和开采技术条件定量发展阶段的战略目标，并突破了一些相应的难题。几十年来，我和学生们与煤矿领导、技术人员、工人紧密结合，利用生产现场这个“天然实验室”得到了数以百万计的矿压显现动态信息和实践经验。

通过深入实践，我有了自己的初步理论，同时又吸取传统矿压理论的优秀知识，摒弃传统理论的弱点，从运动的观点来分析探讨了采场上覆岩层运动规律及影响采场矿压显现的岩层范围，从而提出了矿山压力和岩层控制设计的具体目标和方法步骤，实现了矿压理论、预测方法和手段的统一。

我们还深入地总结分析了全国成百起重大事故发生的原因和条件，在成功控制各类典型事故的经验基础上，提出了顶板安全控制的准则和相应的力学保证条件。这些理论和实践研究成果，使我国采场顶板控制设计进入了科学定量的领先水平。

我的矿压理论研究成果告诉人们，采场顶板运动是有规律的，来压时间、压力大小是可以预测预报的。这样，人们就可以根据具体情况采取防护措施，为矿工创造一个安全的生产条件。

访谈组：您的教学生涯中培养了一批又一批博士、硕士研究生，并指导和培养了一大批煤炭企业现场技术骨干，您当选为中国科学院学部委员。您如何看待这些成就和荣誉?

宋振骐：一个人的劳动成果，并不仅仅属于自己，而是属于所有为此做过支持、援助和贡献的人们和集体。在无数给予过支持和帮助的单位和个人中，最使我动情的，还是我所领导的矿山压力所这个小集体，是共同的理想信念把这个小集体每个成员紧紧连在一起了。为了矿工的安全，为了煤炭事业的兴盛，为了要研究出“具有中国特色的矿压理论”和“具有独特风格的研究路线”，我们携手共同奋斗。1976年矿山压力研究室刚建立时，只有两三个人，而真正搞过矿压的只有我一人。当时矿压理论虽被认为很高级，但在采煤系的授课计划中，一个学期却只有几个学时，没有引起重视。我不仅说服他们来从事矿压理论研究，而且在我的鼓励中，大家都逐渐“迷”上了这一行，并且树立了强烈的事业心。我把自己多年来观察、研究形成的矿压理论构思毫无保留地传授给大家，让大家到现场去，发挥各自的智慧和能力，独立处理和研究问题。经过数年的磨炼，我的几名得力助手，都能独当一面，能到现场去独立解决问题。从 1979 年开始，我先后培养了 6 名硕士研究生，由于学习期间，总是强调让他们把理论的探索、实验室和现场研究实践紧密结合起来，因而他们工作都很出色。他们到现场能解决问题，结合实践都能写出漂亮的论文。最先毕业的研究生宋扬，在南桐和门头沟的两次实际工作中都是解决问题的中坚力量，现在他已是一名出色的矿压理论研究者。我常常真诚地鼓励我的助手和学生敢于和勇于超过自己的导师，在矿山压力所矿压理论研究人才中，已经形成了老、中、青的梯队。矿压理论的进一步完善和发展，要靠这些有为的后来人。在这样和谐的集体中生活、工作、搞科研就没有克服不了的困难。

手段是理论的载体，到生产现场实践，能够掌握更多的科学理论，也有利于掌握手段和认识机理，两者是并行不悖的。理论成果千万不能仅仅停留在理论上，必要的工程基础理论是需要的，而现实生产所急需的是有现实指导性的工程理论，即便是这样的理论仍然需要有更多的人去做转化工作。中国科学院学部委员对于我来说，是一种学术称号，更是一副沉重担子，也是激励我多年来坚持拓宽工程理论迈向生产实际的动力。

访谈组：当前母校正在全力建设世界一流的能源科技大学，您作为我国煤炭与煤矿领域第一位中国科学院院士，您对母校事业发展有哪些建议？

宋振骐：在以前参加政协会议或者院士大会的时候，我就多次提出大力发展高等教育的呼吁和相关议案，明确提出我国的高等教育不应该是传统的就业教育、办学思想、教学方法的简单重复，而是应当向开辟人类生存空间、拓展新的就业门路的创业教育前进，强调高等教育发展及产、学、研教育体制的建设，是推动相关省（区、市）经济发展的动力火车头。现在，我觉得中国矿业大学（北京）应该建设一个院士产业园，践行人才强国战略，发展科技创新。我们的科技创新最重要的还是要培养科技创新的人才，所以我们还是要以人才培养为己任，通过院士产业园的培养，我相信我们学校的人才肯定会越来越多。

访谈组：您一直奋斗在自己热爱的教学、科研、生产一线，请您对母校学子讲些寄语和期许。

宋振骐：作为科研工作者，我们要深深热爱我们的祖国，热爱和崇敬为祖国的崛起奋斗献身的先烈和仍在努力奋斗的同志们，心里要始终装着仍然在复杂的生存环境中工作和生活的人民。要有坚定的共产主义理想和信仰，要有与党和人民同甘共苦，不畏艰难险阻探索中国特色社会主义发展道路的决心和勇气。要深刻地认识到：必须坚持马克思主义世界观、人生观，坚持创造性地结合中国革命建设实践的毛泽东思想、邓小平理论、“三个代表”重要思想、科学发展观、习近平新时代中国特色社会主义思想的指导。

干我们这行的，要用“唤起工农千百万，同心干”的目标，坚定“爱心能聚众，坚韧致成功”的信念，以及“多设身处地为对方着想”的为人民服务精神，鞭策鼓励自己，最大限度地团结同志，共同工作。

特别鸣谢——宋振骐院士对本稿的亲自审定和大力支持！

车辙遍布世界，报国初心不改

——陈清泉口述

讲 述 人：陈清泉
访谈时间：2023 年 3 月
访谈地点：香港大学（线上访谈）
访 谈 组：桑艳茹、朱彤

人物简介：陈清泉，男，1937 年 1 月生，原籍福建省漳州市。电机电力驱动和电动车专家，中国工程院院士、中国香港工程科学院院士、英国皇家工程院院士、乌克兰国家工程院院士、英国剑桥大学丘吉尔学院院士。感动中国 2022 年度人物。1957 年毕业于北京矿业学院，1959 年获清华大学硕士学位，1982 年获香港大学哲学博士学位，1993 年获乌克兰敖德萨国立理工大学荣誉科学技术博士学位。先后担任香港大学讲座教授及电机电子工程系主任，中国矿业大学信息与电气工程学院院长，中国矿业大学可持续能源研究院院长，日本本田、韩国三星、美国福特等汽车公司高级顾问，世界电动车协会创始暨轮值主席，亚太电动车协会主席等职务。1997 年当选中国工程院院士。他发明了多种电动车专用的特种电机及其控制装置，研制出多辆不同类型的电动车。其研究和创新成果多次在国际上获奖，并在中国、日本、美国、德国得到应用。他创办了世界电动车协会，被誉为“电动车三贤士之一”和“亚洲电动车之父”。

访谈组：您可以简要介绍一下您来北京矿业学院求学前的学习经历吗？是什么样的机缘让您选择来我们学校矿山机电系学习呢？

陈清泉：我 1937 年出生在印度尼西亚，我出生的时候印度尼西亚是荷兰殖民地。我是福建人，在家里我们用福建方言，也用印度尼西亚语、英语。我是第三代华裔，所以我父母亲印度尼西亚文也不错。我上学以后学习了普通话，小学一二年级交接的时候进入的学校叫荷华学校，“荷”指荷兰，“华”指中华，我的中文是荷兰人教的。那个时候我父母亲希望我将来到英国留学，所以我父母亲请来了一位教英文的家庭老师，这个家庭老师是我的邻居，他是德国人，所以我的英文是德国人教的。

我年少时见证了印度尼西亚从荷兰殖民时代进入日本占领时代。那个时候我从家里走到学校，有时候要经过日本宪兵的驻扎地，一定要鞠躬，还要佩戴日本国旗胸章，你如果不遵从就被打巴掌。所以我从小就觉得一个人背后要有强大的国家保护才可以，所以华侨普遍有浓厚的爱国情感。

日本在第二次世界大战中战败，后来荷兰重新来印度尼西亚统治，但是印度尼西亚发起了独立运动，所以荷兰的统治和印度尼西亚的独立运动发生冲突。我家住在印度尼西亚中爪哇省马吉朗市，常发生政权的交替，有时候是荷兰统治区，有时候是印度尼西亚独立解放区。后来联合国调停，让印度尼西亚独立了。印度尼西亚独立不久和中国建交，万隆会议的时候，每一个华侨都非常激动，海外孤儿有了母亲保护。我初一的时候中华人民共和国成立了。那时候我的班主任是一位爱国华侨，他同国内有很多联系。他经常给我们讲解放区的故事，我们也逐渐认识到只有共产党才能救中国。我们出版大字报来庆祝中华人民共和国成立。那时候的华侨分成两派：一派拥护共产党，拥护新中国；另一派拥护国民党。我们学校的董事长拥护国民党，他看到大字报以后很气愤，把大字报撕破。我们很气愤，认为他没有理由来撕破我们的大字报，所以我们就闹学潮。

当时一部分华侨学生非常爱国，他们想回国读大学，所以六七月回国的人特别多。他们回国的决心非常大，父母不同意的话就偷偷买船票回国，因为回国后不知道什么时候能够见到父母，所以送行的码头上场面非常壮观，两边都哭。有一些父母亲不知道孩子要回国，等孩子到了北京以后，才给父母亲写信告知情况。

那个时候我也想回国，刚开始我的父母亲不同意，因为回国后不知道何时才能相见。我本来也想偷偷回国，后来被说服：在印度尼西亚也可以做对新中国有意义的事情。我就和同学一起，在暑期组织到巴厘岛的新中国旅游宣讲团，举办新中国图片展览，播放新中国影片，表演新中国舞蹈等。后来我高中没有毕业的时候，父母亲生意失败。当时我父母亲经营公交汽车公司，后来印度尼西亚政府有新法令，这些公交企业必须由当地的印度尼西亚人来经营。这样的背景下我父母的公司倒闭，我也不能到剑桥大学读书。所以我高中毕业以后，他们就同意我回国了。

我们要回祖国，我们要去中国！当看到五星红旗、看到解放军时，我们都非常激动地流下了眼泪。捧起祖国的土地闻一闻，我激动地说："我回到母亲的怀抱啦！我回到祖国啦！有母亲来保护我们啦！"抵达祖国后，我们都先到广州华侨学生补习学校进行了甄别，写了个人自传，然后学校分批把我们送到了北京。我是第一批获得批准到北京华侨补习学校的，接着我准备报考大学。

那时候我看到一幅宣传画，标题是《把青春献给祖国》。画面上有个漂亮的女孩子拿着探矿的仪器，要到祖国最艰苦的地方去找矿。新中国成立后要进行第一个五年计划，工业化需要矿产，需要资源。我受到宣传画的感染，选择了北京矿业学院，因为煤炭是工业的粮食。那时候我满腔热情要为祖国的工业化做贡献。我爱好电机，所以我进入北京矿业学院以后就选了矿山机电系。

新中国成立不久，美国等西方国家要孤立中国，但是周恩来总理排除万难，率领中国代表团出席万隆会议，宣布中国是友好国家，提倡和平共处五项原则，得到了与会国家的拥护，粉碎了美国要孤立中国的企图。

访谈组：您 1953 年至 1957 年就读于北京矿业学院矿山机电系，能和我们分享一下您在母校学习期间令您印象深刻的人或事吗？

陈清泉：那时候令我印象最深的是 1956 年周恩来总理号召全国“向科学进军”。在“向科学进军”的号召下，宋振骐和我认为学生也可以搞科学研究。我们学院的吴子牧院长考察苏联的矿业学院时发现苏联的大学有学生科学技术协会，所以宋振骐和我就模仿一些苏联大学的做法，创办了北京矿业学院学生科学技术协会，他任主席，我任副主席，我还兼任了矿山机电系分会的主席。我们学生科学技术协会每一个系有一个分会。我们组织高年级学习好的同学参加学生科学技术协会，自己找题目，请一些老师做我们的导师。我们组织科学研讨会、科学报告会，这令我印象深刻。

从周恩来总理提出“向科学进军”，到邓小平提出“科学技术是第一生产力”，祖国进入“科学的春天”。2016 年，全国科技创新大会、两院院士大会、中国科协第九次全国代表大会一起召开。习近平总书记更明确提出来我们要在 21 世纪中叶成为世界科技创新强国，提出三步走战略，第一步是到 2020 年进入世界创新型国家行列，我们已经达到了；第二步是到 2030 年要跻身创新型国家前列；第三步是到 2050 年建成世界科技创新强国。回顾历史，我们国家在唐朝时已经是世界上经济最发达、GDP 最高的国家，但是后来被外国超越了。我们曾经科技落后，但现在我们已经从农业经济走向工业经济，并迈向了数字经济，科技的重要性将越来越凸显。

我在学生时代深刻感受到了科技的重要性、科学研究的重要性。我们开展科学研究的目的就是要发现自然界的规律，通过揭发自然界的规律来造福全人类。所以，我立志要“向科学进军”。

访谈组：1957 年至 1971 年您留校任教，当时您在北京矿业学院工作的基本情况是怎样的？这段经历对您之后的工作有什么帮助或影响？

陈清泉：毕业留校后，我被分配到矿山机电系普通电工教研组。我们教研组人员较多，到 1961 年已拥有 30 余人，不仅负责本系专业课程，还承担其他系的普通电工学课程。根据课程的需要，教研组成立了 4 个教学小组，高先鉴教授牵头的是电机学小组，吴震春先生引领的是电工基础小组，以上这两个小组是服务矿山机电系本系的。普通电工学小组是为校内其他系设置的，课程学时较少。我是电机学小组的，承担本系的电机学课程。实验室教学小组是配合以上 3 个小组完成实验课要求掌握的内容，在那期间常带学生结合教学去现场参观，如去大山子附近的北京电机厂，后来企 58 班、企 59 班的电机学课程是我教的，电 58 班、电 59 班的电机学课程是刘惠鹏老师教的。

高先鉴教授是教研组主任，我是教研组秘书，我和他的关系非常好。后来中国青年报社记者来采访我，专门将我们的关系作为青年教师尊重老教师、发挥老教师作用的例子刊登在《中国青年报》上。

在北京矿业学院任教的这段经历对我日后的科研工作有很大的影响。周恩来总理“向科学进军”的号召，深深打动了我。一个国家如果科技不强就会被人欺负，所以我读书时参与组织北京矿业学院学生科学技术协会。什么是科研？科研就是要揭开你不知道的奥妙，要揭示自然界的规律。要做科研首先要有前瞻性的思想，不是做跟随者，还要耐得住寂寞。招收研究生的时候，我就问报考者：你为什么要跟我做研究生？你面前有两条路：一条路是比较容易的；一条路是比较艰难的，要经过艰难曲折，但是可以爬到顶峰。你走哪一条路？你如果想走容易的路，最好不要跟我；你要跟我做一定要有不怕艰苦、不怕寂寞的思想准备。做科研，一个人在实验室里做实验，这时候如果你的导师催你第二天要交结果。这时候对你就是考验，你会不会为了应付就做假数据？作为一个真正的科研者就要继续将实验做下去，哪怕你疲倦、寂寞仍然要继续做下去。科学就是探索，不敢探索最好不要做科研。做科学要有好奇心，要有探索心，要有自己的精神。

我们来到这个世上，到底追求什么才是最重要的？我认为幸福感是衡量人生的唯一标准，是所有目标的最终目标。①遵从你内心的热情，选择做对你有意义并且能让你快乐的事情。② 学会接受失败。③接受自己全然为人。④有规律地锻炼。⑤慷慨。⑥表达感激。

访谈组：您 1997 年当选为中国工程院院士、英国皇家工程院院士和乌克兰国家工程院院士。多年来从事科研工作的过程中，您是如何解决科研难题的？您认为当代青年学子应具备怎样的科研精神和能力素养才能在专业领域有所收获？

陈清泉：科研遇到困难是正常的，因为你要解释本来不知道的东西，所以做科研要有思想准备，要能愈挫愈勇。我认为做科研，首先动机很重要，做科研不是因为暂时找不到其他好的工作。做科研就要全心全意地投入科技事业。科研工作者的使命就是要把自然界规律找出来，造福全人类。科研工作者要有质疑精神，一定要解放思想，以不怕摸老虎屁股的精神来揭示真理。

要怎么做科研？第一是要有逻辑推理的思维方法；第二要能够计算，要能够验算；第三要能用实验来验证假设。做科研就是用实践证明，在实践中不断发展，进一步验证理论。对青年人来说，做科研一定要站得高、看得远，要立志为人类做贡献，要看到这个世界上有你是不一样的。这是我对青年人可以分享的成功经验。

你要想清楚在这个世界上你是不同的。你来到世界上是父母亲决定的，既然你来了，你要怎么做？第一，要充分发挥你的潜力。我相信每个人都有潜力，每个人都是火种，每个人都是金子，每个人都有天分，虽然可能天分不完全一样。光靠天分是不够的，还需要勤奋，还需要通过多交流，认识更多的人，认识更多的事情。第二，做事情要有目标，有长期目标、中期目标、短期目标。但只有目标还远远不够，你还要有勇气。因为实现你的目标，肯定是有困难的，所以当遇到困难时，你要有勇气，要能愈挫愈勇，要同困难做斗争。第三，要有方法，不能蛮干。第四，要有条件。你要分析有没有条件做，还要分析是不是违反物理规律。只要不违反物理规律，你就可以做得到。

工程和科学关系密切。科学要解答为什么，英文叫“why”；工程要解决怎么做，它的核心就是系统地继承、优化，也就是要产学研结合。工程治学要有目标，要有思想，要有方法，要有自信。我对青年人的期望就是首先你要有科学精神，你要知道什么是科学，什么是科学的精神，什么是科学的方法。知道了科学就要知道工程，工程是科学+技术+管理，工程的特点就是要落地，要能够实现，所以工程需要实践，需要经验。

1997 年还发生了一件令我印象深刻的事。那年两院院士的发布会很特别，一般两院院士只公布有多少个院士当选，男女分布如何，地区分布如何，但是 1997 年的两院院士发布会上宣布“香港第一位中国工程院院士陈清泉”，并且在中央电视台新闻联播节目中播放。屏幕上显示出了我的名字，后来我收到很多内地我不认识的人给我写的贺信，令我非常感动。

访谈组：早在 20 世纪 80 年代，您就预判出电动汽车的发展前景，并以此为研究方向，希望帮助国家抓住机遇。当时您是如何预判到电动汽车的发展前景的？这背后有怎样的故事，能和我们分享一下吗？

陈清泉：作为一个科学家，首先要有前瞻性的思想。早在几十年前，我在北京矿业学院做毕业设计的时候，我跟着我的导师姚承三，做的就是矿山电机车，这实际上就是矿山的电动汽车。我从小就有好奇心。我父亲经营公交汽车和出租汽车，每每采购新汽车，我都参加试车，新款汽车总是有新功能。汽车很漂亮，但是一到维修车间里，修理内燃机时总会冒烟，弄得乌烟瘴气的，维修工人总是满手和满脸的黑油泥。这么一个漂亮的汽车，一到维修车间就变丑陋，当时我就萌生了一个想法：可不可以让它不冒烟？所以说首先你要有好奇心，好奇心就能引发前瞻性的思想。

我到中国香港不久，我有机会到美国电气电子工程师学会发表我的论文。那时候我就把设计电动汽车电机的规律找出来了。我的美国朋友送给我一张照片，我现在还保留着。照片上是美国加油站排长队加油的情景。美国于 1976 年立法，支持电动汽车和混合动力汽车的开发，所以我就预感到电动汽车是未来的发展方向。因为我们的汽车要可持续，就要改造它的能源。首先汽油是不可持续的，其次它是有污染的，所以又要恢复到电动汽车。

以前人们的交通工具是人力车或者马车。马车的效率低，城市里面臭气熏天。虽然瓦特发明了蒸汽机，但蒸汽机不能用在汽车中，因为蒸汽机是外燃机，所谓外燃机是指它的动力同燃烧是分开的。内燃机的动力同燃烧在一起，体积小，可以放在汽车里，但是在奔驰发明内燃机之前，法拉第先发明了电动机，所以先有电动汽车，电动汽车的发明改变了世界。19 世纪，因为没有交通工具，一个人从出生到去世，一辈子就在一个小圈子，看不到外面的世界。20 世纪以后，有汽车，有轮船，有飞机，一个人从出生到去世，可以看到外面的世界了。

现在的电动汽车跟早期的电动汽车不一样。早期的电动汽车是受欢迎的，因为它启动容易。不像内燃机驱动要用曲柄，特别是漂亮的女孩子出席宴会就喜欢开电动汽车，因为启动很容易。电动汽车驱动快，在汽车比赛中，电动汽车往往能拿到第一名。电动汽车的性价比好，结构简单。大约 50 年前我就做了一个牌照“The future is ELECTRIC”，我断定未来就是电动化。因为美国已经立法，美国立法要经过一定的程序、一定的辩论，所以我认为电动汽车是发展方向。有一次我到清华大学讲学，清华大学系主任介绍我认识了一位延安时期的老干部叫赖建。我把美国立法的文件给他看，他认为这个是个方向，所以他把我从美国带回来的文件翻译成中文提交给了党中央，让中国的领导知道电动汽车是方向，这已经是四五十年前的事情了。在中国最早是中国电工技术学会推广电动汽车，该学会专门成立了电动车辆专业委员会，邀请我做顾问。所以，那个时候我就确定了电动汽车的方向，我希望我的祖国能够成为电动汽车的王国。

作为一个科学家，要有前瞻性，要有预见性，要不怕摸老虎屁股，大约 50 年前我就看准了电动汽车，瞄准方向，持之以恒。我从 20 世纪 80 年代总结设计电动汽车的规律，到 90 年代完成现代电动汽车的概念车，将汽车和电机电子融合，动力总成的一体化、先进的驱动系统、先进的安全电池包、智能导航系统、轻量化车体等。2001 年由牛津大学出版社出版的《现代电动汽车技术》一书，为现代电动汽车学奠定了基础。此书的中文版于 2002 年由北京理工大学出版社出版，成为当时从事电动汽车研发的科技人员的主要教科书。2012 年我在德国波茨坦的高等可持续发展研究院做研究时，我一边散步一边思考，我发现了人类重大的突破，就是找出能源信息和人的行为之间的规律。所以，我今天提出四网四流融合的理论和实践，也就是能源网、信息网、交通网、人文网的融合，能源流、信息流、物资流、价值流的融合，将汽车革命和能源革命、信息革命联动。通过人文世界、信息世界和物理世界的融合，将数据变信息，信息变知识，知识变智能，从而将无序系统变成有序系统，产生更大的经济效益和环保效益。总结来说，就是要有全球的思想，要有全局性的思想，你才能够占领制高点。

访谈组：您在感动中国 2022 年度人物颁奖盛典上讲述了您经历的三个“空前未有”。第一是国家对科技的迫切需求，空前未有；第二是国家对科学家的期望和爱护，空前未有；第三是科学家发挥自己才能的机遇，空前未有。您为什么会提到这三个“空前未有”？这对国家前途命运有什么重要意义？

陈清泉：我出生与成长在印度尼西亚的荷兰殖民时代、日本殖民时代，看到一个国家不强大，侨民得不到保护的真实情况。落后就要挨打，国家要强大，首先要有科技。新中国成立以来，国家领导人非常重视科技，有方向、有规划，在中国的历史上我们科学界还从来没有这样千载难逢的机会，所以我就提出来三个“空前未有”。

第一，党的二十大报告很明确指出：“完善科技创新体系。坚持创新在我国现代化建设全局中的核心地位。”这就说明我们国家对科技的迫切需求“空前未有”。第二，国家对科学家的期望和爱护“空前未有”。第三，科学家发挥自己才能的机遇“空前未有”。习近平主席已经给我们指明方向，并且已经有规划和计划，我们还等什么？我们只有分秒必争，撸起袖子加油干。我虽然 86 岁了，但是我还有奔头。奔头来自梦想，来自美好的前景。中国要成为世界科技强国，中国对全世界的贡献要越来越大。

访谈组：您作为一名杰出的教育和科研工作者，您认为高校教师应当如何进一步提升教育和科研能力，成长为一名优秀的教育和科研工作者？

陈清泉：作为一名大学的老师，第一，要教书育人。教书同育人是分不开的，教学同科研是互相促进的，要把育人放在首位，因为做学问首先要做人。第二，我提倡博雅教育。博雅教育内涵的第一个要点，一定要有广泛的人文知识，不管你学什么专业，都要学一点历史、地理、人文知识，要读古今中外的经典著作，了解世界的发展、科学的发展、文化的发展，做一个有人文修养的人，要有宽阔的知识。博雅教育中“博”是博大精深；“雅”是说做人第一、修业第二。博雅的核心是要做人，要爱国爱家。第三，要以学生为中心，教书育人，不能用填鸭式的教学，要用启发式的教学，学生是学习的主体，要发挥学生的学习主动性，让学生在学习中发挥他的主观能动性。第四，学生要有多种多样的课外和校外活动。通过课外和校外活动，拓展学生的实践能力，接触社会，为社会服务。以上就是我认为的要成为优秀的高校教师在教育上要做到的四个要点。

高校教师首先要教书育人，教学同科研是相辅相成。很可惜，今天在有些地方老师只注重搞科研经费，这就失去了老师教书育人的本分。老师首先要把教书育人放在第一位，为了更好地教学，需要更好地做科研。因为你要知道科研的前沿，你的教学内容才丰富，所以教学同科研是相辅相成的，而不是互相对立的。

访谈组：感动中国组委会给予您的颁奖词中写道：“在新能源的赛道上，驰骋了 40 多年，如今，你和祖国，正在超车。”那么当前母校正在全力建设世界一流的能源科技大学，您认为学校未来如何驰骋在新能源的赛道上，实现新时代能源革命的伟大使命？请您对母校事业发展提些建议和寄语。

陈清泉：能源是经济发展的基础，中国矿业大学（北京）一定要紧紧抓住能源革命。那么能源革命的方向是什么？今天能源革命的内涵就是要做到可持续、可负担、可靠。解决方案是低碳化、智能化、终端能源电气化和氢能化，氢能和电力要发挥互补的作用。为了达到“双碳”目标，首先我们就要改造现在的能源结构，要构建以新能源为主体的新型电力系统，安全、可靠、高效，怎么能够做到？一定要多能互补、源网荷储协调、智能灵活。

所以我们要成为世界一流的能源科技大学，首先要有宏观的思维，要知道能源革命的方向是什么，能源革命的内涵是什么，能源革命的挑战是什么，各种不同的能源要互补，要协调，要智能化。我们作为一所能源科技大学，不是一个简单的煤炭，我们学校一定要改变这些。我们要多能源互补，各种能源协调，要用智能化把人文世界、信息世界、物理世界相融合，来创造一个智慧的能源系统、可持续的能源系统、可负担的能源系统、低碳的能源系统。一定要从顶层设计打开思路，树立全局思维、全球思维，中国矿业大学（北京）不但要对中国做贡献，而且要对世界做贡献。

人类的发展从农业经济转向工业经济，再到当前的数字经济。能源转型经历了从木材到煤炭，再到石油和天然气，最终发展到当前的可再生能源。我们现在正处于转型的重要时刻。在这个节点上，谁能够确定关键问题并提供全面解决方案，谁就将成为前沿领域的领导者。我们正在参与一个将对我们社会的未来和子孙后代的福祉产生重大影响的事业，这是非常令人兴奋的。我们都应该为自己对能源行业进步做出的贡献感到自豪！

访谈组：您的求学、研学、治学经历始终与祖国的命运紧密相连，那么作为新时代的青年人应如何将自己的成长与国家前途命运相结合？请您对母校学子讲些期望和寄语。

陈清泉：一个人再聪明，力量是有限的，假如一个人不能把自己的前途和国家民族的前途放在一起是没有希望的，一定要把自己的聪明才智和国家的前途、社会的前途和世界的前途放在一起，才可以让聪明才智发挥出最好效果。首先你的科研、教学一定要和国家的命运、世界的命运放在一起；然后要树立明确的方向，还要有创新精神，敢于摸老虎屁股，敢于进入无人区，敢于坐冷板凳。

“十年磨一剑。”进入无人区，别人没有做过的你敢做，别人没有走过的路你敢走，你要有不怕摸老虎屁股的勇气。要把自己的命运和国家的命运，世界的命运联系起来，看清方向，学会合作，团结周围的人。我的成功也是母校的培育、老师的教导、国家的培养、同学的帮助的结果。在我的生命当中，感谢同事和我教学相长，因为在教书当中，需要解决各种各样的问题，有些没有考虑到，还有一些是需要细化的，所以还要能够团结周围的人，才可以实现你的理想。要把勤奋同运气结合，首先要有目标。只有目标还不够，还要有勇气。只有勇气还不够，还要有方法。只有方法还不够，还要有条件。这样，不停地向着你的目标前进。当你离开世界的时候不后悔，因为我已经把全身精力做了对人类有帮助的事情，一点都不后悔，可以安心安然地离开世界。

所以对青年朋友说，从现在开始，你要问自己“世界上有没有我有什么不同?”“世界上为什么有我的存在?”“我怎么能够对国家、对人类、对世界做出我的一份贡献?”

特别鸣谢——陈清泉院士对本稿的亲自审定和大力支持！

严谨治学育桃李，不忘初心得始终

——鲜学福口述

讲 述 人：鲜学福
访谈时间：2024 年 9 月
访谈地点：重庆大学
访 谈 组：左东方、朱彤

人物简介：鲜学福，男，汉族，1929 年 1 月生，四川省阆中市人。中共党员，矿山安全技术专家，中国工程院院士，重庆大学资源及环境科学学院教授、博士生导师。1950 年考入中国矿业学院采矿系，1953 年进入北京矿业学院采煤系研究生班。毕业后在重庆大学采矿系任教；1960 年前往苏联莫斯科矿业学院采矿工程专业学习，毕业后获得副博士学位。先后担任重庆大学采矿工程系副主任、主任、研究所所长。1999 年当选中国工程院院士。他长期致力于矿井煤层气理论及其工程应用的研究工作，通过理论和实践验证解决了国际上有争议的瓦斯吸附键问题，建立了煤与瓦斯突出潜在危险区预测的力学方法。曾获国家科技进步奖 3 项，省部级科技进步奖一等奖 5 项、二等奖 9 项。2019 年荣获“庆祝中华人民共和国成立 70 周年”纪念章及“最美奋斗者”称号。

访谈组：您可以简要介绍一下您来中国矿业学院前的学习生活经历吗？您为什么选择报考采矿工程专业？

鲜学福：我初中就读于阆中县国立四中初中部，学校的师生大多是因为抗日战争来到四川的老师和学生。1945 年初中毕业后，身为中共党员的三舅介绍我到重庆蜀都中学读高中，重庆蜀都中学是由中共中央南方局在国统区开办的一所培养革命青年的学校。当时重庆有南开中学、巴蜀中学、树人中学、重庆中学、清华中学、育才中学等多所中学，都是培养知识青年的，不过多数与外国教会有关。我在高中学习期间，除了在校内努力学习文化知识外，还在校外积极参加了许多重庆的学生运动，比如反美倒蒋运动、“反饥饿、反内战、反迫害”运动等。1948 年我高中毕业后，参加了1949年秋季的高考，报考了当时的国立重庆大学和四川省立教育学院，最后被四川省立教育学院数学系录取。1949年底重庆解放，1950年上半年我基本都在参加庆祝重庆解放的各类活动。

之所以我要重新报考大学，主要是因为新中国急需人才投身社会主义建设的行列，而新中国的工业建设迫在眉睫，当时我所在的四川省立教育学院同年级的14名学生重新报考了大学，多数都改学了工科，还有改学了医科的，我则选择报考采矿工程专业。那个时候选专业的想法非常单纯，完全没有考虑行业是否艰苦，也不知道采矿工程专业有多艰苦，就是觉得国家工业发展需要矿石能源。当时我在重庆看到的大型工程多为兵工厂和钢铁厂，它们所需的原料和燃料都来自矿山，都需要采矿。

1950年招收采矿工程专业的学校有焦作工学院和重庆大学。我知道有采矿工程专业的学校还有唐山交通大学、东北大学、北洋大学，不过它们好像并未在重庆招生，所以我就报了焦作工学院的采矿系和重庆大学矿冶系。因为当时两所学校不是同时举行招生考试的，所以都可以参加，结果我都被录取了，之所以选择焦作工学院，因为当时焦作工学院已改名为中国矿业学院，在天津办学，离首都北京很近，所以我就进入了中国矿业学院。

访谈组：您是中国矿业学院的首届本科生，能否分享一下您在中国矿业学院学习期间令您印象深刻的人或者事件吗？

鲜学福：当时中国矿业学院实行供给制，学生的吃穿住用全部由政府解决，学生享受的待遇特别好。学校给每个学生发放一身黑色的棉衣棉裤和灰色的单衣单裤，解决了学生的穿衣问题，还给学生发放一定的生活补助。我们上课的教室在开滦大厦，它原来是开滦矿务局在天津的办事处，装潢得非常漂亮，大楼的地板每月都要打蜡。我们学生的宿舍是泰来饭店，那是外国人开的接待外宾的高档饭店，学校的食堂则在附近的一个大型仓库里。

令我印象比较深的人有陈郁部长，他当时是燃料工业部部长。他非常接地气，常到中国矿业学院检查学校办学的情况。当时石油和天然气供应不充足，煤炭是国家的主要能源，作为燃料工业部部长，陈郁非常重视中国矿业学院的建设，给予了学校非常大的支持。

我印象较深的还有吴子牧院长。他是党内的高级知识分子、留法大学生，特别善于演讲。我觉得他最突出的贡献就是仿照苏联的矿业类高校教学模式，把学校建成一座正规的大学。学校在中国矿业学院时期，课程设置不均衡、不健全，有的课程过多，有的课程从未涉及。吴子牧院长在北京办学期间，就按照苏联的模式，重新调整课程，完善了课程体系。我在北京矿业学院读硕士期间就补修了通风、排水、提升等方面的课程。

当时，给我们上课的老师还有教煤田地质的韩德馨教授、教工程地质的高文泰教授等，苏联专家阿纳托利·彼得洛维奇·吉里亚契科夫给我们讲采煤的课程。除了上课，我们还要进行实习，第一次去煤矿进行认识实习的地方是焦作煤矿。焦作煤矿的条件不太好，我们下井时深刻感受到当时煤矿井下的工作环境有多么的恶劣，打眼放炮采煤的技术有多么的落后，进一步加深了为什么国家要开办中国矿业学院的认识，坚定了我们要学好专业技术的决心。

访谈组：1953 年中国矿业学院搬迁到北京，更名为北京矿业学院，您作为北京矿业学院首届采矿工程专业研究生，在校期间的学习生活对您日后的人生发展有哪些影响?

鲜学福：当时学校要开办研究生班，选拔了一批学生，包括我在内，进行研究生阶段的培养，这相当于今天的本硕连读生。我们研究生班的学生没有本科毕业证书，只有硕士毕业证书。那时国家并没有实行学位制，我的研究生毕业证书上，记录了我是在 1953 年 10 月进入北京矿业学院的采煤系采煤方法专业研究生班学习了 3 年半。我的硕士毕业设计是“峰峰矿务局倾斜分层下行落顶采煤方法之分析”，答辩成绩是 5 分。当时我们班一共有 16 人毕业，大部分同学的毕业设计都是由苏联专家伊万·叶菲莫维奇·洛莫夫指导完成的。他是苏联乌克兰基辅工学院的教授，来中国支援教学。他先在东北工学院工作一段时间后来到北京矿业学院，随他一起转入学校的还有 7 名东北工学院的研究生。

在研究生学习阶段，我认为最大的收获有 4 点。第一点是与实践紧密结合的教学理念。我在做毕业论文之前被安排到河北井陉煤矿做了约 10 个月的毕业实习，深入了解了煤矿生产的全过程，积累了丰富的实践知识。而且毕业实习的内容需要自己安排，充分锻炼了自己的独立工作能力。

第二点是因材施教。学校根据我们本硕连读学生的学习情况，设定了合理的毕业论文和设计的要求。我们在本科阶段没有做过毕业设计，有些课程也没有学到，比如通风类、机电类的课程，都在研究生期间及时补学。毕业论文的要求不仅包括矿井的开拓开采设计（本科生毕业设计的要求），也包括专题内容（研究生毕业设计的要求）。

第三点是学有所用。毕业后我被分配到重庆大学采矿系做教学工作，到校后就立刻参加了 56 届本科生的毕业设计指导工作，完全能够适应工作的要求。这表明我在学校所学习的内容能够满足工作所需。

第四点是课程体系比较完备。我是北京矿业学院输送给重庆大学的第一个有研究生学历的老师，到重庆大学工作的第二年采矿系就推荐我给学生讲授采煤方法的课程，我的教学思路和教学内容就借鉴了北京矿业学院的课程体系。

访谈组:在 20 世纪 50 至 60 年代，北京矿业学院特聘了一批苏联专家参与人才培养和教学研究，您能介绍一下当时苏联专家来校授课讲学的情况吗?

鲜学福：我 1950 年至 1956 年在中国矿业学院和北京矿业学院学习期间，比较熟悉的苏联专家有两位，都是指导采矿系（采煤系）教学工作的。一位是阿纳托利·彼得洛维奇·吉里亚契科夫，他是莫斯科矿业学院采矿系的系主任。在天津期间，他主讲采煤方法，编写了苏联采煤方法俄文版讲稿，我到重庆大学采矿系讲授采煤方法课程时，用的就是他编写的俄文讲稿。另一位是伊万·叶菲莫维奇·洛莫夫。他在北京矿业学院期间，指导研究生班的学生学习，并开展论文指导。简单讲，就是定期和我们研究生交流，我们向他汇报学习情况，他给予相关指导。

在北京矿业学院时期，除了采矿学科，在井巷建筑、地质测量、矿山机械等学科都聘请了苏联专家参加教研工作。

访谈组：您扎根教育事业，潜心治学，育人无数，被授予“全国优秀教师”“全国先进工作者”等称号，您觉得如何引导青年教师将教育家精神转化为思想自觉、行动自觉呢？

鲜学福：首先要牢记立德树人、教育育人是教师之本。其次要传承学校求真务实的精神。再次要做好青年教师的传帮带工作。坚持老带新，通过以身作则为青年教师树立榜样，用实际行动影响年轻人，青年教师则要以老教师作为标杆，不断提升育人能力。最后要持之以恒，假以时日，思想自觉、行动自觉必将形成。

访谈组：您长期致力于矿井煤层气理论及其工程应用的研究，科研成果丰硕。在攀登科研高峰的时候，您是如何解决科研难题的？

鲜学福：母校对我影响最大的就是求真务实的学风，这一点很重要。科学就是实事求是，秉承客观中立的态度，求真求实，踏踏实实地干。我觉得我在科研方面比较自豪的成果是用力学的数值方法来进行矿井煤与瓦斯突出潜在危险区的预测。按力学的思路进行地应力测试，并有针对性地获取煤岩物理力学性质，就可以用力学的数值方法来进行矿井煤与瓦斯突出潜在危险区的预测。基于该思路，我提出了一种利用凯塞尔效应测地应力的方法，用该实验方法证明了复合岩石和含瓦斯煤的应力应变规律与单一岩石和煤具有一致性，为数值计算含瓦斯复合煤岩本构方程的选择提供了依据。基于实验结果，在德鲁克-普拉格强度准则的基础上，建立了含瓦斯煤岩断裂破坏的应力强度和应变强度准则，并提出了用稳定性系数来划分突出潜在危险区的方法。

访谈组：在推进科技强国的新征程上，您觉得新时代的青年科研工作者要着力提升哪些能力素养。

鲜学福：第一，要培养爱国之心，树立强国之志，记住落后就要挨打。第二，要提高理论素养，夯实基础理论知识。我在苏联学习时，就被强调要加强数学基础的学习。第三，勇于实践，实践出真知。学校的人才培养一直非常重视与实践相结合，我在中国矿业学院学习时期，每年都参加实习，通过实习进一步了解了煤矿一线工作实际，对行业有了更深的认识，加深了对专业的认同。第四，要学会与人为善、团结协作、共同进步，科研成果的取得需要多人的共同努力，只有团结协作才能实现科研目标。

访谈组：当前母校正全力建设世界一流能源科技大学，请您对母校的事业发展提些宝贵的建议。

鲜学福：我非常认同学校建成世界一流能源科技大学的定位和目标，要拓展学科发展方向，扩大学科建设范围。要顺应国家的新需求，建立新兴学科和交叉学科，进一步加强基础学科的建设。

访谈组：您对母校的广大学子有哪些寄语和期望？

鲜学福：首先要树立正确的专业认知，时刻想着为国家、为社会、为人民做贡献。其次要激发持之以恒的求知欲，不畏挑战，勇于创新。再次要传承学校求真务实的学风，脚踏实地学好专业本领。

特别鸣谢——鲜学福院士对本稿的亲自审定和大力支持！

永怀感恩之心，引领科技创新

——谢和平口述

讲 述 人：谢和平
访谈时间：2024 年 5 月
访谈地点：北京江苏大厦
访 谈 组：黄思慧、左东方、朱彤

人物简介：谢和平，1956 年 1 月生，湖南省双峰县人。中共党员，著名力学科学家，中国工程院院士。1978 年进入中国矿业学院数学与力学系力学专业学习，1982 年获得工学学士学位。同年考取中国矿业学院北京研究生部数学与力学系研究生，先后获得矿山工程力学专业硕士学位（1985 年）、博士学位（1987 年）。博士毕业后留校任教，1993 年至 1995 年任中国矿业大学副校长，1995 年至 1997 年任中国矿业大学副校长兼任北京研究生部主任，1997 年至 1998 年任煤炭工业部科技教育司司长，1998 年至 2003 年担任中国矿业大学校长、中国矿业大学（北京校区）校长，2003 年至 2017 年任四川大学校长。2001 年当选为中国工程院院士，2002 年担任 973 计划项目首席科学家，2003 年担任国家自然科学基金委员会创新研究群体首席科学家。长期致力于采矿工程、矿山工程力学、绿色能源开发利用及深地科学领域的基础研究与工程实践，特别是在断层煤岩体力学研究方面具有突出成果。在我国最早建立了矿山裂隙岩体宏观损伤力学模型，开拓了矿山裂隙岩体损伤力学研究新领域。1983 年起，创造性地引入分形方法对裂隙岩体进行非连续变形、强度和断裂破坏研究并与损伤力学结合，在国际上开创了岩石力学分形研究新领域。

访谈组：您可以简要介绍一下您来中国矿业学院北京研究生部求学前的学习经历吗？是什么原因让您选择了力学专业？

谢和平：我出生在湖南省双峰县甘棠镇的小山村，是个农村孩子。我自小喜欢读书，很珍惜读书的机会。1975 年高中毕业后，我只能回家务农。1978 年国家恢复高考，我毫不犹豫地报了名，并考取了中国矿业学院就读数学与力学系力学专业。

当时我们学校的校址在四川省三汇坝，到大四时，学校搬到了江苏省徐州市。因为喜欢读书、做研究，1982 年本科毕业之后我决定读研。当时中国矿业学院北京研究生部师资力量很强，拥有一批专业能力强、影响力大的教授。比如我的导师陈至达教授，他是清华大学机械系 1949 年入学的研究生，是钱伟长教授的学生，曾经被《北京日报》称为“最年轻有为的力学家”。1982 年我被中国矿业学院北京研究生部数学与力学系矿山工程力学专业录取，开始了研究生的学习。硕士毕业之后继续攻读博士学位，于 1987 年毕业，并留校任教。

访谈组：1982 年至 1987 年您在中国矿业学院北京研究生部学习，先后获得硕士学位及博士学位。您能和我们分享一下在这期间令您印象深刻的人或事吗？

谢和平：在中国矿业学院北京研究生部学习期间，有很多人和事都给我留下深刻印象，比如我的硕士生、博士生导师陈至达教授。陈老师是当时中国矿业学院非常有名望的力学三级教授。当时北京研究生部的研究生招生规模很小，一位老师一般招一两个研究生，陈至达老师当年也只招收了我一名研究生。我清楚地记得陈老师经常带我们到中国科学院文献情报中心、北京图书馆（现国家图书馆）等机构去查阅资料，手把手教我们检索文献，还常常亲自为我们演示实验过程和论文推理过程，悉心毕力指导我们开展科学研究。

我在攻读博士学位期间选定损伤力学作为自己的研究方向，那个时候我的导师陈至达老师的教育理念很开明，对于学生的论文研究方向可以跟着他做，也可以自己选择一个全新的方向。我喜欢创新，做前人没有做过的东西，就想自己选一个全新的方向。当时数学领域刚提出一个新的研究方向，叫“分形几何学”，我将分形几何学与力学相结合，开创了一个全新的交叉方向——岩石力学分形研究新领域，所以我的硕士学位论文、博士学位论文在国内、国际影响力很大。1990 年我被美国犹他大学聘为客座教授，并且在犹他大学正式开设两门课程。1992 年至 1993 年我又到英国做访问教授，被聘为英国皇家学会客座研究员和英国南安普顿大学客座教授。1992 年我获首届中国青年科学家奖，为全国六名获奖者之一。

访谈组：您担任中国矿业大学北京研究生部主任、中国矿业大学（北京校区）校长时，学校的基本情况，比如人才培养、教学科研、师资队伍等情况如何？能和我们回忆一下吗？

谢和平：当时中国矿业大学北京研究生部的研究生教育已经基本形成体系规模了，本科生教育是重新组建的。我们是在 1997 年才设立中国矿业大学（北京校区），过去只是北京研究生部，正处级单位，不是北京市及教育部的独立管理部门。1998 年第一届作为独立计划招收本科生，之前都是与徐州的中国矿业大学共同招生。从 1998 年开始独立招收本科生，有本科教学的专项经费，当时学校各方面资源都很紧张。为了支撑本科教学的开展，学校在 1999 年建设了科技楼，解决了教学场地的问题。2002 年又购置了宝源公寓，进一步改善了学校教学环境，保证了学校后来正常的发展。当时北京校区教职工只有 800 人左右，但师资力量整体水平很高，同时加大了青年教师的引进和培养。

访谈组:您多年来在岩体力学和深地科学领域从事相关研究工作，科研成果丰硕，获得多项荣誉，并于2001年当选中国工程院院士，您有哪些科研经验可以分享给青年人？在从事科研工作时遇到一些棘手问题，您是怎样解决的?

谢和平：青年教师是一所大学的希望，青年学者是我们国家的希望。现在有很多优秀的青年科学家，我这些年带的青年学生，他们的理论基础、语言能力都很出色。我建议我们学校的青年学者，首先要把自身研究方向与国家的发展战略和产业发展的重点领域结合起来。母校作为扎根于煤炭行业、能源行业的高校，要发挥我们学校历史积淀下来的优势，要将个人追求与学校发展优势、研究基础相结合。比如做化学研究，要思考如何与能源相结合，做能源化学、能源材料研究。其次要有耐心与执着的科学精神，耐心与执着是创新的奢侈品，创新创造并不一定要惊天动地，而是来自日积月累，来自平凡中去发现、想象中去创造。思想要自由、想象要大胆、探索要执着、学术要严谨，敢于冒失败的风险，为国家的科技进步奉献所有。最后要想国家之所想、应国家之所需、急国家之所急，聚焦国家战略科技问题、探索国际前沿大科学问题、攻关重大核心技术问题、颠覆经典理论知识问题。要敢于挑战不可能、敢于做别人不敢做的事情，勇于实现从0到1的重大突破。

访谈组：2022年11月，您带领团队在《自然》杂志上发表了研究成果，破解了在海水里原位直接电解制氢的难题，这一重大创新成果列入两院院士评选的“2022年中国十大科技进展新闻”，2023年全球首次海试获得成功。绿色零碳氢能是未来能源发展的重要方向，请问这一研究成果将产生哪些重要影响?

谢和平：全球气候变化是一个全人类共同面临的问题，与中国的发展问题有共同点也有差异点。中国要实现碳中和，首先要解决自身的经济增长、社会进步，就必须根据中国的国情和资源禀赋来谋求发展。中国的资源禀赋就是“煤多油少”，因而煤炭资源在我们国家经济发展中是能源的主要支撑，这是非常重要的，不可能动摇的。在20世纪50—60年代，我国的煤炭能源在全国能源结构中几乎占比100%，到90年代仍占比90%~80%，到现在大概占比60%。未来再发展，它可能占比仅为50%、40%、30%。也就是说，煤炭能源占比肯定降低，但是对煤炭总的需求量是不会减少，甚至还会增长，这个发展趋势是不会变的。基于此，我们国家在新能源发展方面的科学研究，重点要实现以煤炭为主体的化石能源低碳化、零碳化。我们通过技术进步和科技攻关，探索没有碳排放的煤炭发电技术，走出一条既符合碳中和路径，也符合我国国情和资源禀赋的发展道路。

要实现碳中和，还需要将煤炭等化石能源清洁低碳化利用与海水制氢、风力发电等路径协同并行。氢既可以作为储能载体，又可以作为直接能源，还可以作为清洁燃料和新型动力，无论在能源供给侧还是在需求侧，都将发挥不可替代的作用。当前，主流的制氢技术包括化石燃料制氢技术（煤制氢技术、天然气制氢技术）和电解水制氢技术。其中，化石燃料制氢会产生大量二氧化碳，在单位质量产氢量、碳排放指标方面不具优势。而电解水制氢长期以来一直依赖于淡水资源，给其规模化应用带来了诸多限制和挑战。海水占地球总水量的97.5%，未来海水直接制氢将成为必然趋势。早在20世纪70年代初，就有科学家提出海水直接电解制氢的设想，50多年来都在攻关，但都不是很成功，因为其中有一大难点，就是海水里面元素成分复杂，极易导致催化剂失效等问题，所以一直是世界前沿热点。

我们从物理力学与电化学相结合的全新思路，开创了海水无淡化原位直接电解制氢全新原理与技术，在彻底隔绝海水中92种复杂元素离子的同时，实现了高效海水原位直接电解制氢技术的突破，破解了海水直接电解制氢的难题，为海水直接电解制氢提供了全新的路径。

访谈组：深地空间开发利用是世界性前沿科研话题，您曾提出了关于深地空间开发利用5个时代（被动式地下空间利用的1.0时代、科学开发地下空间及地下生态城市的2.0时代、深地生态圈构建的3.0时代、深地科学实验室和深地空间舱的4.0时代、深地固态资源流态化开采的5.0时代）的构想，请您谈谈未来城市地下空间开发利用的前景。

谢和平：深地空间开发利用是全世界都在研究的科研项目，是世界性的前沿科研话题。发展深地空间要营造一个适合人类居住的生态环境，我提出的深地空间开发利用5个时代的构想，1.0时代就是建造防空洞、储备库、地铁、地下商场、地下停车场等；2.0时代会有完整的、宜居的生态地下空间设施，要有阳光、自循环水泵及空气智能重生系统；3.0时代就要有生态、环境的地下空间利用，构建地下生态圈的环境，这包括人造阳光、生态植被、深地农牧业、水与生态自循环体系等；4.0时代要开展深地不同深度原位科学实验，构建深部物理学、生物学、医学、岩石力学理论体系，为人类向地球深部进军奠定理论基础；5.0时代需要发明盾构式采、选、充、气化、发电一体化技术与装备，将固态资源直接转变为液态、气态和电能。到那个时候，地下巷道开采有无人机和机器人巡逻、检查、作业。利用煤粉爆炸、瓦斯爆炸产生的能量，在地下2000米以深原位发电，输送到地面上的将是电、氢气、液化炭，而不是固体资源，并要构建深部原位生态绿色低碳的自循环开发利用体系。

目前，国际上已有不少科学开发利用地下空间的案例。例如，芬兰建成了一个地下公园，将深入地下120米的空间打造成含盐湿润空气的氧吧，常年恒温11~12℃，几乎没有任何变应原和细菌，可以对患呼吸道、肺结核等疾病的病人进行疗养。2014年建成的位于英国北威尔士的矿洞游乐场，在地下150米，拥有保温保湿环境下的世界最大地下蹦床。

将这些地下空间的优势利用起来，可以开展地下医学研究和治疗，例如乌兹别克斯坦的霍奇金洞穴，可以提高慢性阻塞性肺疾病患者的细胞免疫力。如果开展更多的探索利用，还可能在未来让深地空间成为优于太空定居、应对未来地球灾害的人类移居方式。

访谈组:当前母校正在全力建设世界一流的能源科技大学，您作为国务院学位委员会委员、第八届教育部科学技术委员会主任委员、国务院学位委员会第八届学科评议组（矿业工程、石油与天然气工程组）召集人，您对母校事业发展有哪些建议和展望?

谢和平：我认为母校建设世界一流的能源科技大学，具有条件，也具有实力和基础。核心是一定要发挥我们自己的特长优势，聚焦发展前沿方向，有组织地进行科技攻关。同时还要立足于多学科跨界的角度，以能源科技为主干进行跨界的多学科联合交叉，才能产生新的亮点、新的科技成果。但关键是要建设一流学科与汇聚一流人才。一是要重点建设若干个世界一流学科；二是要发挥我们学校过去、现在一批老科学家传承下来的科学家精神，广泛地汇聚、引进、培养一批优秀的青年科学家。如果这几点做到了，母校就能前途无限。

访谈组:您长期在高校从事教育教学、科学研究工作，请问您认为大学青年教师应该如何进一步提升教学和科研能力，逐步成长为一名优秀的“大先生”?

谢和平：好老师应该品德高尚、学术卓越、教学优秀；好导师要做科学、做真学问。好老师和好导师不仅要教给学生知识，更要教会学生创新的思维方式，独立思考与创新创造的能力，以及协作精神和社会责任的担当。我建议母校的青年教师一定要注重教学和科研能力的提升，做到以下几点：一是要做有追求、有理想的人；二是要秉承持之以恒、一心一意做事的态度；三是时刻永葆对职业的热爱和敬畏。这三者是缺一不可、有机统一的。

访谈组:请您对母校学子讲些期望和寄语。

谢和平：母校是一所很伟大的大学。从 20 世纪 50 年代以来，母校许多毕业生在国际、国内多个领域都取得了突出成就，他们从不因为学校、学科的限制影响他们人生才华的发挥。作为新时代的母校学子，首先要有这么一种不畏风雨险阻的雄心壮志，要坚定理想信念。没有理想，就没有前进的方向；没有方向，就会失去前进的力量，理想的高度决定了人生的高度和深度。其次要有能吃苦、肯奋斗的精神，一个人只有经受了苦难才能成长，经历了风雨才能见彩虹。要磨炼自己的意志，锤炼自己的韧劲。最后要能脚踏实地做事，最重要的不是“想”什么、“说”什么，而是去“做”什么，就是要一步一个脚印地去努力、去实干。

特别鸣谢——谢和平院士对本稿的亲自审定和大力支持!

注重学习和创新，扎根煤炭重实践

——彭苏萍口述

讲 述 人：彭苏萍
访谈时间：2023 年 7 月
访谈地点：中国矿业大学（北京）
访 谈 组：刘博秒、刘荣灿、朱彤

人物简介：彭苏萍，男，1959 年 6 月生，江西省萍乡市人。矿山工程地质与工程物探专家，中国工程院院士，中国矿业大学（北京）教授、博士生导师。长期从事矿井地质和矿井工程物探的教学与科研工作，注重矿井地质中物探技术研究，以及煤矿精细地质构造、灾害源探测技术与装备研究和工程应用。近年来，又开辟氢能源与燃料电池技术研究方向。1988 年获得中国矿业大学北京研究生部博士学位后留校任教；1996 年晋升为教授；1997 年入选煤炭工业部煤炭普通高校跨世纪学术带头人；2000 年获得国家杰出青年科学基金资助；2007 年当选为中国工程院院士。

访谈组：可以简要介绍一下您来咱们学校北京研究生部求学前的学习经历吗？是什么让您和煤田地质专业结缘的呢？

彭苏萍：我是 1978 年考入大学的，“文革”之后全国统考，考到淮南矿业学院（现安徽理工大学），就读于地质系煤田地质专业。其实在上大学之前我学了几年医学，报考了医学院，但被矿业学院录取了，当时如果不按照录取志愿就不能上大学，因为在那个年代主要是解决吃饭问题，能够上大学是非常重要的，所以就按照录取志愿选择了煤田地质专业。本科毕业之后我在淮南矿业学院继续攻读硕士学位。

访谈组：1985 年至 1988 年您在北京研究生部学习，并获得博士学位，您能和我们分享一下这段时间让您印象深刻的事吗？

彭苏萍：硕士研究生毕业之后我依然很勤奋，于 1985 年 8 月考到北京来攻读博士学位。当时博士研究生很少，我们心中还是充满自豪感的，学校给我们的待遇也很好。当时陶龙光老师是北京研究生部的党委办公室主任，我是博士班班长。班上的外地同学如果想回家，我都可以找陶老师说我们班有同学家里经济比较紧张，来回的路费不够，他都会给我们提供帮助，所以我们同老师之间的感情非常好。当时学校有两个面包车，我们博士研究生都能申请用面包车去火车站拉标本，足见对我们的爱护。当时北京研究生部主任是周士瑜老师，他家住在甘家口，每天上下班都是骑着自行车来学校。我们当时任何一个博士研究生，有事都可以找周士瑜老师汇报学习和工作情况，还有党委书记徐有恒老师和研究生部的领导都对我们很亲切，他们都知道我们每个人的名字，应该说我们当时在学校感受到很多关心和关爱。

来到北京读博士研究生我感受最深的有三点：第一是这里没有门户之见，老师和学生做学问更加专注。第二是老师对我们的教育方式比较开放，我们以前是资源共享，老师会让我们去武汉地质学院（北京校区）（1987 年后改称中国地质大学）上这门课，去北京大学上那门课，像我就在华东石油学院北京研究生部上的第二外语俄语课。而且我还认识了很多其他学校的老师，包括清华大学、北京大学等，这些都得益于学校开放的教育环境。第三是老师们都非常朴实，师生之间的感情非常亲密、深厚。我在北京研究生部学习期间，我的导师韩德馨老师、张鹏飞老师过节时或家里有好吃的都会邀请我到家中做客吃饭。

访谈组：您博士毕业后留校工作主要是做哪些方面的工作呢？那段时间的科研和教学工作对您日后的工作起到了怎样的作用呢？

彭苏萍：我们的工作就是做科研，教学工作不多。这段时间加强了我的自学能力，以及对研究方向的把握能力。我们当时学习很主动，知道怎么去学，怎么去调整自己的研究方向。我本科学的是地质，硕士研究生和博士研究生专业转向沉积学。到了 1988 年左右，我们国家的经济发展很快，煤炭开发越来越多，我就调整方向做矿井地质，对矿井地质与工程结合的关注较多，也就是根据产业的发展，研究方向与煤矿结合比较多，做煤矿方面的工作了。随着矿井地质工作要解决煤矿怎么探得准、探得精的问题，我的方向也转为地球物理。所以我时时刻刻根据国家的需求调整自己的研究方向，发自内心地想为国家的发展贡献自己的力量。调整研究方向和专业并非易事，交叉学科看起来很好，但实际过程中有很多困难，争取外界支持不容易。

我的博士生导师韩德馨先生研究煤岩学和地球化学，张鹏飞老师研究沉积学。博士研究生毕业之后我转向研究矿井地质，后来转换成物探。之前我们学校没有矿井地质方向，但我坚持要做，两位导师还是一样支持，支持我去开拓、调整。实际上我在老师们的关心、关怀之下选择的科研道路目前看来是正确的。后来我申报中国工程院院士时是地球物理方向。这就是社会发展给我们创造的机会。所以我以前多次在学校开设的讲座中，给大学新生们讲："人实际上在整个国家的大系统下是很渺小的，只有适合国家的需求，才能得到发展。"我的经历是：上大学前学医，上大学后本科时学地质，攻读硕士、博士学位时又搞沉积学，博士研究生毕业后又搞矿井地质地球物理，每一步都紧紧抓住国家的需求而切实努力。这也是我经常对大家讲的话：“一个人的成才靠的是国家的需求，针对国家需求去努力比自己的聪明才智更重要。”

访谈组：我们知道做科研工作并非易事，会遇到很多棘手的问题，您觉得我们的科研工作者应该坚持哪些科研精神？

彭苏萍：解决问题，一是要聚焦，沉得住气。研究工作不是一时一会儿就能做成的，不是光靠想象的。像我做煤田高分辨三维地震勘探技术，我们基本经过20年的沉淀，才在全国形成优势。我们在地质雷达装备方向的研究，从1995年开始，也是做了20多年，现在才谈得上有一点点体会。所以不能浮躁，要沉得住气。

二是要坚持。所有的工作都是贵在坚持，而且不要被外界左右。我们要在扩展知识的过程中学会思考，理清楚之后不要轻易怀疑自己。我拿的第一个国家奖是煤层顶板稳定性的预测成果，是我们对煤矿研究的内容，实际上我当时向有关部门申报过项目，但都没能成功。虽然经历多次申报失败，我仍然认为这个事值得做，后来终于我们拿到了第一个国家奖，并被认为方法可行。因此在早期的奋斗过程中遇到困难不要怕，不要退缩，要坚持。

三是要掌握一套科学的方法。我当时做煤矿顶板灾害预测的研究，有的老师觉得我做的东西太危险了，有人不敢下矿井。我说没有这么可怕，做工作需要掌握一套科学的方法，要掌握情况，而不是蛮干，否则到一线你就没有底气。所以我为什么出差多，因为我做所有的项目都要到现场，我坚持做科研一定要到现场去。看过现场之后，如果你是个爱分析的人，就能找到一些规律。早期煤矿事故较多，现在我们煤矿开展大型机械化开采之后，解决了一系列安全技术难题，煤矿是安全的。所以从某种程度上说，我们这些科研工作者是要有献身精神的。我们学校的好多老先生一心扑在事业上，像金奎励先生70岁时学校让他退休，他都不愿意退休。他说：从他入党那一天开始他就认为已经把自己交给党了，怎么能让他退休？所以说，这种传统和精神一直都在鼓励我努力工作。

访谈组：大规模煤炭开采造成矿区生态的严重破坏，我们地质人可以做哪些工作来保护生态呢？

彭苏萍：关于生态的问题，西部大开发以来，我国煤炭开采重心已经从东部转移到中西部。我前不久写的一篇文章，讲了钱鸣高院士指导我做西部矿区的生态修复。钱院士有非常高的境界，他提出了绿色开采的理论，要我带头去做煤矿的生态修复。他说因为我搞地质，我懂得这方面规律。在这个方面，我感觉到钱院士是站在非常高的位置来指导我们解决问题的。我们在生态修复上也确实做了很多努力，现在内蒙古鄂尔多斯、陕西榆林及新疆，都有我们大面积在研的示范科研项目，也有很多合作开展的项目。我们在不断交流与学习中进步。比如，我们针对鄂尔多斯盆地地质结构与生态环境特点，主持的神华集团重大项目“神东矿区现代煤炭开采技术下对地下水资源和生态影响规律研究”、陕煤集团重大项目“陕北煤矿区水资源保护与利用及生态重建关键技术研究与示范”及鄂尔多斯市伊金霍洛旗政府重大攻关项目“鄂尔多斯矿区水资源保护与生态构建的关键技术研究与示范”等，都推动了能源开发与环境修复的和谐主动式发展。

访谈组：2020 年《中国科学报》报道了您关于黄河流域煤矿区生态修复的重要论述，这篇文章的背景是什么呢？您建议黄河流域煤矿区生态修复的路径是什么呢？

彭苏萍：2020 年 8 月，中共中央政治局召开会议审议了《黄河流域生态保护和高质量发展规划纲要》，重点讲了水沙调控的问题，我就提到水沙调控可能是黄河流域高质量发展的一个部分，但不是全部，还需要考虑人类活动，特别是工业的发展、经济的发展与生态的关系。我提出建议，黄河流域不同地区的生态环境差异巨大，管理部门繁多，协调机制薄弱，需多部门联手协作。黄河流域不同区域的煤炭开采导致生态损毁的特征和机理有很大差异，采用的修复措施也大不相同。后来有关部门找我进一步了解建议，并采纳了我们的建议，可以说为报告提供了一点素材。以前中央关于黄河流域的范畴是 70 多万平方千米，现在变成了将近 130 万平方千米，扩大的面积就是将很多煤矿区都放到里面了。所以说，作为一个科技工作者，我们做生态系统修复不能一刀切，现在我们也牵头和有关地方做了很多与黄河流域有关的规划项目。

访谈组：您是我们这个行业的资深专家，能不能简单谈一谈我们煤炭开采和利用的未来前景呢？

彭苏萍：一是我们现在要做煤炭的全产业链。只有做全产业链，才能看到今后煤炭发展的趋势。我们认为，煤炭在中国的能源产业里面有属于自己的位置。二是我们要找准在煤炭全产业链的过程里，社会关注的东西是什么？2003 年以前人们关注煤矿安全的问题，2010 年以后我们关注的是煤矿开发过程中对生态破坏的问题，现在我们关注的是煤矿利用过程中的二氧化碳问题。

我们国家煤炭资源与安全开采重点实验室包括我们整个课题组还是以国家对煤炭的需求来考虑我们研究工作的重点的。煤炭行业的安全指标，从 2003 年的百万吨 6.7 左右的死亡人数降为现在的百万吨 0.044 左右的死亡人数，安全得到了大幅度的提高。煤矿机械化的水平也已经大幅度提高。现在一大批年产千万吨的矿井应运而生，而且有一些矿井，比如年产将近 680 万吨的黄陵一号矿井，一班最少只需要 3 个人就能正常运行。经过这 20 年的努力，煤矿已经向机械化或者少人化发展了。我们国家重点实验室在生态修复上，尤其在西部的煤矿区生态修复方面提出了我们的思想和主张，得到了很多地方政府的采纳，切实把绿洲建在矿区，我们学校在西部矿区建成了很多生态修复示范区，这是我一直感到很自豪的地方，做的工作有成效。近 20 年来，我们国家重点实验室开展了对二氧化碳的研究，开辟了燃料电池发电的研究领域，提出二氧化碳资源化转化的主张，目前已纳入怀柔国家实验室的研究内容。我带领的团队目前研究三个方向：一是结合煤矿智能化开采，重点抓透明地质技术，通过减少无效开采来降低生产过程中的二氧化碳；二是抓生态修复，用植被吸收二氧化碳，我们煤炭生产是可以做到负碳的；三是做燃料电池技术研究，把二氧化碳整体资源化利用，提升发电效率，解决煤炭利用过程中二氧化碳的排放问题。

所以说，煤炭的开发和利用，都要同国家和地方政府、行业的需求结合在一起，才会有生命力。

访谈组：请您谈谈当下我国清洁能源研发利用的技术路线和难点。

彭苏萍：传统能源的最大问题是碳排放，如果能够将二氧化碳消解、转化，就能为中国的能源革命和能源转型走出一条新路子。要真正实现二氧化碳转化，我们有短期的目标，有长期的目标，就是为整个煤炭的清洁高效做一个模式出来，做到不排放，并转化成有用的东西，如化工原料，二氧化碳转化成一氧化碳、二氧化碳转化成甲醇。这是我们最终的目标，这样今后在煤炭的开发利用过程中，二氧化碳就不是一个约束，而是一个重要的原料。

另外，进行传统能源与新能源的互补组合，开发生态加煤电气风光氢储多能互补系统，发展高效调峰储能技术，可以促进能源结构变革，构建清洁低碳、安全高效的能源体系，将大大促进现代能源经济高质量发展，可以更好地发挥科技创新引领示范作用。“十三五”期间我们团队完成了国家重点研发计划“CO_2近零排放的煤气化发电技术”，建成了国内首个兆瓦级煤气化燃料电池（IGFC）试验基地，研制了国内首套百千瓦级IGFC系统，探索了煤炭清洁高效发电新路径。我们的长期目标是，把发电的效率从现在的40%左右提高到60%，用5年左右时间做出一个10兆瓦的系统来，那么就能推广到社会了，进行科研成果转化。

访谈组：您认为当代青年学子应当树立怎样的抱负呢？

彭苏萍：我以前一直在努力学习，到现在为止也在努力学习，而且我常常对学生讲的一句话是：不要相信权威，要相信科学。在科学方面是人人平等的，这是我的信仰。大家可以在技术问题上向我提意见，我也愿意同大家一起探讨科学。我希望年轻人，要把自己的事业、把自己的前途，同国家的需求、行业的发展结合在一起，努力学习，并同国家需求接轨，才会建功立业。这也是我一贯的理念。

特别鸣谢——彭苏萍院士对本稿的亲自审定和大力支持！

变革煤炭技术，创新助力强国

——何满潮口述

讲 述 人：何满潮
访谈时间：2023 年 3 月
访谈地点：中国矿业大学（北京）
访 谈 组：李吉福、朱彤

人物简介：何满潮，男，1956 年 5 月 24 日生，河南省灵宝市人。矿山工程岩体力学专家，中国科学院院士、阿根廷国家工程院院士、俄罗斯矿业科学院院士，中国矿业大学（北京）教授、博士生导师，深部岩土力学与地下工程国家重点实验室主任、隧道工程灾变防控与智能建养全国重点实验室主任。1977 年考入长春地质学院水工系工程地质专业，先后获得学士、硕士学位；1985 年硕士毕业后留校任教一年；1986 年考取中国矿业学院北京研究生部力学系博士；1989 年博士毕业后留校任教；1991 年博士后出站并创立岩土工程研究所（2008 年被国家批准为深部岩土力学与地下工程国家重点实验室）；1998 年获得国家杰出青年科学基金资助；2011 年获得比利时蒙斯大学名誉博士学位；2013 年当选为中国科学院院士；2016 年当选为中国岩石力学与工程学会第八届理事会理事长，2020 年当选第九届理事会理事长；2017 年获得全国创新争先奖；2018 年当选为中国人民政治协商会议第十三届全国委员会委员，同年当选为阿根廷国家工程院院士；2019 年荣获国际地质灾害与减灾协会（ICGdR）科学成就奖，同年获得中国专利金奖（一种恒阻大变形缆索及其恒阻装置）；2021 年当选为俄罗斯矿业科学院院士，同年获得国际岩石力学与岩石工程学会（ISRM）会士荣誉称号，并获得该年度 ISRM 技术发明奖；2022 年当选国际地质灾害与减灾协会（ICGdR）副主席；2023 年再次获得中国专利金奖（基于 N00 工法的极薄煤层长壁开采方法）。主要从事矿山岩体大变形灾害控制理论和技术研究。提出了缓变型和突变型大变形灾害的理论体系，研发了多套大变形灾害机理实验系统，创建了深部岩体力学实验室。提出了具有 NPR（负泊松比）效应的恒阻大变形锚杆（索）的理念，通过实验定型了具有负泊松比效应的恒阻大变形锚杆（索）序列产品，成功应用于工程实际，取得了巨大的经济和社会效益。研究成果荣获国家技术发明奖二等奖1项、国家科学技术进步奖二等奖3项（均为第一完成人）。

访谈组：您可以简单介绍一下您到中国矿业学院北京研究生部求学之前的学习经历吗？是什么样的机缘让您选择攻读力学系博士？

何满潮：1956年，我出生在河南西部伏牛山区一个地地道道的农民家庭。家里兄弟姐妹六个，我排行老二。我小时候，家里很穷，每年青黄不接的时候，吃了上顿没有下顿，而父母总是把仅有的一点粮食留给孩子们。从小我便立下"远大"理想——"我一定要好好读书，考上大学，找到一份好工作，让父母不再辛苦。"怀揣着大学梦，我刻苦学习，晚上常常趴在炕上，抱着一个小煤油灯读书。母亲心疼我，不让我晚上看书，我就想了一个办法——用玉米叶子把煤油灯罩起来，这样灯光昏暗，母亲不容易发现，我就能多看一会儿。我的成绩一直保持优异，村里人都说我是读书的"好苗子"。"再穷，也要让孩子上学"，这是我父亲生前最常说的一句话，也是我们家的家风。

1973年，我17岁时从灵宝市第五高级中学高中毕业后，先在农村的广阔天地锻炼了4年。1977年，恢复高考，我考入长春地质学院水工系工程地质专业（现吉林大学地学部建设工程学院）。慢慢地，我发现工程地质是一个很有趣的专业，不仅与金矿有关，还与铁矿、煤矿等有关。资源禀赋不同，地质条件各异，宝藏不同，灾害的种类也不同。于是，我本科毕业后又考取了硕士研究生，一股脑儿读了8年。

我们专业全国就一个班，班里面30名学生中有21名报考研究生，但录取名额只有一个，考试标准还很高，竞争非常激烈。经过考试，非常有幸，我最后胜出。硕士3年，大概用1年的时间学习文化基础课。从第二年开始进行专业实习和论文设计，这时候发生了一件对我一生影响巨大的非常事件。当时，抚顺矿务局的西露天矿是我国最大的露天煤矿，发生了上百次滑坡，也毁坏了很多设备。研究这个课题时，我发现自己的地质知识不够用，还需要深入学习力学知识。为此，我决定转变研究方向，报考力学博士。

"报考力学博士，不下大力气真不行。"当时吉林大学在长春地质学院旁边，没有围墙，我就利用业余时间到吉林大学旁听数学、力学课程，一听就是一年。"旁听可不能一个人进教室，那样容易被发现，要随着上课的学生一起进教室。"为了能顺利走进课堂，我琢磨出了门道。旁听让我对跨专业报考博士充满信心。1986年，我赴北京拿下了中国矿业学院北京研究生部力学专业唯一的博士生招生名额，成为有理力学专家陈至达教授的博士生。

访谈组：1986年至1989年您在攻读博士期间，师从力学专家陈至达先生，能和我们分享一下陈先生的故事吗？陈先生的教导对您之后工作经历有什么帮助或影响吗？

何满潮：陈先生是我们国家研究大变形理论的专家，是钱伟长先生的第一个研究生，钱伟长先生是冯·卡门的学生。我攻读博士学位的时候，中国石油化工总公司下面有一个企业叫抚顺石油一厂，由于露天矿发生滑坡，10个车间被破坏停产。抚顺石油一厂是1928年由日本人建的，该厂是用煤炭和油母页岩资源生产人造石油。为了减少运费，该厂建的时候离抚顺西露天矿很近。这种情况下，如果滑坡或者不均匀变形，该厂就会出问题。在1987年4月28日至5月6日，这里发生了5次大滑坡，炼油车间就坏了，这事惊动了党中央、国务院。然后国家就派了国家经济委员会主任和国家计划委员会的两个副主任，到现场主持200多人的专家会议。咱们学校当时的校长彭世济是专业组副组长，负责主持调查问题原因。当时抚顺西露天矿有个总工程师坚信设计不会错，认为这是世界上最著名、最具有权威的专家设计的，不会错。来自东北工学院（现东北大学）的专家认为，房子旁边挖个菜窖对这个房子都会有影响，那么挖这么一个长约6000米、宽约3000米、深约350米的露天大坑，离这里约100米的一个厂子出问题，怎么能没有关系？但是这个说法没有理论支撑。所以他们就到北京图书馆查阅文献，查到1986年12月的《长春地质学院科学研究报告年鉴》中有一篇文章《抚顺西露天矿北方边坡问题分析》。文章详细讲述了抚顺西露天矿危险区到什么时候会发生滑坡，而且会发生连续的滑坡，扭断哪几个铁路干线，破坏哪几个台阶，发展的方向是什么，最后会影响什么。此文作者之前已经预测到这一事故。这篇文章是我根据我的硕士学位论文所写的。

当时中国石油化工总公司安全技术处处长张宝光查到这篇文章以后，一看署名是长春地质学院，他就跑到长春。他了解到我已经在北京读博士，又到北京找到我，让我把文章里的情况给他说一说。他希望我能做这个方向的课题。我说这个问题属于工程地质问题，而我现在攻读的是力学博士学位，我必须做力学方向的博士学位论文。他问我谁能定这个事，我说只有找我导师。陈至达先生说这是一个典型的大变形力学问题，我可以做。他们就给了我们44.5万元的科研经费。当时陈先生一个月工资90元，我一个月工资56元。1987年的时候，咱们学校全年的纵向科研经费加上横向科研经费还不到20万元，我们一个项目经费就44.5万元，第一笔就来了50%，学校此前还从来没见过这么多科研经费。那时陈景润做的一个国家自然科学基金项目也就2000元的科研经费。所以，这个项目在学校影响很大。

陈至达先生是一个学术民主、非常严谨的人。和陈先生一起把这个项目拿下来，他是项目负责人。他对我说："你是做力学的，这个项目你有没有把握？你如果没有把握，我们就别要那么多经费了，你能毕业就行。你如果有把握，你就把这个项目做大。"他以前也没负责过这么大的项目，所以他也有压力。他问我："这个预算是不是小数点不太对，是不是4万元啊？如果做这个项目没有把握，咱们少要一点就行了。"后来，陈先生专门给中国石油化工总公司总经理陈锦华写了封信："这个项目由我的学生何满潮博士全权负责，有什么事由他同您汇报。"陈锦华总经理接到这封信以后，不知道怎么回事，就把我叫过去问我的导师为什么写这封信，我给他解释了一下。两年后我们成功地完成这个项目，最后还获得了一个奖。

陈至达先生是一个水平非常高的老师，总是从哲学的高度上教授知识。陈先生是陈嘉庚家族的，他的家族垄断了整个东南亚的食品加工业，他的一生名下有很多财产。陈先生到世界上任何一个国家，只要到银行，凭着签字就可以取钱的。但是他生活非常节俭，不浪费一分钱。那时候交通非常不方便，坐火车花的钱少但是很麻烦。而飞机不是有钱就能坐的，局级干部要有部级的介绍信，坐飞机到抚顺要25元钱，我那时候和他坐飞机都需要到中国石油化工总公司开介绍信。同陈先生坐飞机时在机场买饮料，饮料在机场外也就2元钱，到机场里就要5元钱了。陈先生觉得太贵，他就只买一罐，我们师徒俩拿着吸管一起喝。但陈先生热衷于公益事业，有些兰州的力学青年学者要在兰州开会，他拿出2000元钱来支持他们的会议。所以，陈先生的很多细节是非常有意思的。

陈至达先生不仅教授学生如何做学问，他还全面关心学生生活。我那时候刚结婚，有一次和他出差，他对我说了一句话："夫妻之间不能讲道理，你非要在家里把道理讲清楚，夫妻关系就完了。"我当时还不理解这句话，不过几十年生活之后，我就明白了陈先生是一个非常有智慧的人，他的生活阅历和他看待问题的方法非常值得我们学习。

在科研业务上，我们这个国家重点实验室的前身是岩土工程研究所，岩土工程研究所是陈至达先生提出建设的。陈先生1987年提出，未来的露天矿和地下采矿就是个大变形破坏问题，如果这个问题不解决，将来煤矿开采会面临灭顶之灾，后来实际情况也是这样。我们通过大变形材料的应用研究，抑制了这种大变形灾害的产生。后来在大变形材料的支撑下，把中国煤矿人员伤亡的势头给遏制住了，因为它利用框架自动成巷，减少了一半巷道的掘进，减少了很多人的伤亡，这与大变形控制理论和材料是密不可分的。

无数的矿难，看似是矿山开采的问题，其实首先是地质科学问题；铁道与公路滑坡，说起来是工程问题，但其实首先也是地质科学问题，而造成的破坏又是一个力学问题。力学的整体思维和地质科学的思维完全不一样，两者结合起来才能真正解决问题。学科的交叉让我找到了新的科学生长点。硕士生导师谭周地教授教给了我良好的工程地质宏观思维，让我知道如何掌握问题的本质；博士生导师陈至达教授教给了我力学思维，让我找到了解决问题的方法。

访谈组：我们了解到您1989年博士毕业之后留校任教，奋斗在教学科研一线，您可以和我们分享一下您选择留校任教、从事教学与科研工作的原因吗？在任教期间，有什么令您印象深刻的经历吗？

何满潮：我印象最深的一件事情是有一次我和毕业生座谈，有一名研究生读过马克思主义剩余价值理论。他提出了一个问题：我们高校的科研模式是老师拿来科研项目，定下来研究方案和思路，由学生来完成，学生完成了这个项目以后就毕业了。按照马克思主义剩余价值理论，剩余价值是工人创造的，学生就是工人，所以剩余价值是学生创造的，但是谁占有了？我们学生毕业了我们肯定没有占有，是老师占有了。按照马克思主义剩余价值理论，这里面就有剥削和被剥削的问题。

像这样的问题，他讲得非常有道理，而且现在的科研模式就是这样。他提出这个问题，他说他也很困惑，他也不愿意有这样的推论，但是按照马克思主义剩余价值理论就是这样。最后他说："何院长，我不能带着这个困惑毕业。"我听了以后也觉得很震惊，我没思考过这个问题。后来我回答了三条：第一，作为一个工科的研究生，能够用马克思主义的剩余价值理论来分析问题、认识问题、解决问题，这是值得表扬的。第二，我直觉这个结论可能是有问题的，但是我也不知道问题在哪里，因为我也不是学这个的，而且我没有认真去读过马克思主义剩余价值理论和资本论。第三，允许我在两年之内来研究一下剩余价值理论和资本论的问题，然后我再回答。我们约定在两年时间之内在座的学生们不能再提这个观点。当时我是力学与建筑工程学院的院长和党委书记，我不希望学生们不是因为成绩被别人所知道，而是因为他们提出的这个问题把力学与建筑工程学院弄得很出名。我说这个可能有问题，我希望他们能够配合。两年之后我把他们请回来，或者我会发表一篇文章来阐述我的观点。他们很配合我。后来我专门买了英文版的《资本论》，看完后有些地方看不懂，我就又买了 3 本中文版《资本论》，看不懂的地方就反复看中文版。我第一个感触是觉得马克思用 40 年的时间研究资本论的问题，一辈子就写了这一套书，而且到逝世的时候也只出版了第一本，后面两本都是恩格斯帮他出版的。第二个感触是马克思作为一个科学家的研究水平是很高的，他把错综复杂的社会经济运行形态，用一个剩余价值理论的数学公式表达得非常清楚。第三个感触是他不仅能够表达得清楚，而且利用这样一个规律提炼出很多推论，并指导了整个共产主义运动。后来我按照他的理论又重新推导了一个新的剩余价值理论。

现在的社会经济运行形态有新的变化，所以新的剩余价值理论要能够解释当前新的变化。例如，社会主义为什么要改革？资本主义为什么不灭亡？学生为什么会有上面提到的困惑？这些大大小小的问题，必须要有新的理论去加以解决。后来我思考了很长时间，写了一个新的公式。现代社会形态也需要有资本，不管这个资本是国家资本，还是资本家资本，或是个人资本，但首先要有资本；同时加上机器等各种各样的东西，加上工人的劳动，再加上科学技术就等于产品。产品进入流通后有了价值，最后产生剩余价值。这个公式说明这个阶段应该是科学技术和工人的劳动共同创造了剩余价值。这从马克思认为的单纯工人创造剩余价值，发展到工人和科学技术共同创造剩余价值。你现在怎么能分清楚，哪些剩余价值是工人的劳动创造的，哪些剩余价值又是科学技术创造的呢？可以不要工人的劳动，把工人的劳动都变成机器人的劳动。创造机器人也是一种科学技术，不要工人的状态下，科学技术可以独立创造剩余价值，现在看来显然是成立的。科学技术创造剩余价值这种形态是一定会存在的。所以在现阶段的社会，是由工人和科学技术共同创造了剩余价值。马克思预见的共产主义社会是什么社会呢？共产主义社会的形态一定是科学技术创造剩余价值，人退居到可有可无的位置。

社会主义国家目前的情况并不能说明社会主义制度落后，资本主义国家的先进并不能说明资本主义制度是先进的。先进的科学技术延缓了资本主义的灭亡，先进的科学技术正是社会主义国家改革的目标，所以我们国家以科技创新立国是对的。我们国家设置的研究生制度是希望每个研究生应该向老师学习科技创新的本事，学习用科学技术来创造剩余价值。研究生的劳动是可替代的，老师的劳动是不可替代的，老师有科技创新能力，研究生要学习的是通过自己的学习形成不可替代的原始创新的本事，这是研究生的天职，而不是和老师计较剩余价值在哪里，剩余价值是老师和学生用科学技术共同劳动创造的。每次我给学生上课，我第一节课就讲马克思主义剩余价值理论，学生不要给老师算账，学生要好好学习。这是我教学生涯里面印象非常深刻的一件事，是学生提出的问题促使我来思考这个问题，后来我把这个问题写了一篇文章《论研究生的价值观教育》，发表在《瞭望》期刊上。文章论述了研究生的价值和普通劳动者的价值是什么。第一个观点是你应该创造的价值要高于你的消费价值，你有剩余价值，你才有价值。第二个观点是普通劳动者都有一个价值曲线。从你生命诞生的那一刻起就在消耗社会的价值，直到你能够劳动，才从消费者成为生产者。可以创造价值，但你并不是一个贡献者，你创造的剩余价值还没有把你前面的“账”还完，一直还到那个零点，你大概就三四十岁了，到那时候你才是社会的贡献者。普通劳动者到他生命一结束，他贡献的步伐也就结束了；一个研究生的价值在他生命结束之后，其所创造的科学技术仍然为这个世界在创造剩余价值，这就是科学家的价值、研究生的价值所在。一位杰出科学家的价值即使生命结束了，他的成果还在继续创造剩余价值。

访谈组：请您和我们分享一下深部岩土力学与地下工程国家重点实验室创建之初的情况。这个实验室对当时以及现在有哪些深远的影响和意义？可以简单概括一下实验室成立32年来的发展历史和主要成果吗？

何满潮：从1991年的岩土工程研究所，到2008年被国家认定为国家重点实验室，到2023年进行重组，实验室走过了32年的历程。成立的时候，我们国家能源开采事故太多，每年大概都有几千人伤亡。我们这个实验室在陈至达先生的大变形力学的支撑下及与李四光先生的地质学的两个学科的融合下，最后解决了煤矿的一些问题，从而减少了人员伤亡。

从1991年开始的30年是奋斗创立深部岩土力学与地下工程国家重点实验室的30年。第一个10年，获得了4个部级奖；第二个10年，获得了4个国家奖；第三个10年，获得了4个国际奖。这些奖项说明不了什么，但是它们记载了我的人生理想，也记载了我无数次的苦思与失败，更记载了我有限次的成功和欢乐。奋斗的30年间，更值得我记住的是创建了一个国家重点实验室。我们根据近20年的现场实践经验和理论凝练，研发了23套岩石力学实验装备系统，形成了深部岩土力学与地下工程国家重点实验室的基本框架。截至目前，吸引了1名外国专家来实验室工作达10年之久，吸引了美国、加拿大、意大利等6个国家的专家来实验室开展实验工作，吸引了百名以上外国权威专家来实验室参观，还吸引了上千名国内专家、学者来实验室参观学习。实验室先后承担了10余项国家级重大科研项目，多次荣获国家级大奖，在中国、美国、日本及欧洲多国已授权发明专利300余项……如今，它已成为世界首屈一指的岩体工程力学研究平台，美国亚利桑那州立大学Kulatilake教授评价我们实验室是全世界顶尖级实验室；国际岩石力学与岩石工程学会软岩专委会首届主席Kanji教授认为2000年以后软岩的发展主要在中国，标志性成果之一就是我们实验室的成立并自主研发了系列软岩力学试验系统；国际岩石力学与岩石工程学会前主席Hudson教授评价我们实验室必将推动岩石力学研究迈向更高水平。2022年实验室也积极响应国家的号召，组织行业权威专家，积极参与全国重点实验室重组这一国家重大行动中，目前已顺利完成了申报答辩，相信实验室的重组将为实验室未来的飞速发展插上坚实的翅膀。以上这些都是全体师生和全体毕业校友共同奋斗的结果。

我们实验室今后30年的使命，是在前30年的基础上完成力学和地质学两个学科的进一步融合和升华。胡克定律和牛顿定律之间是什么关系？从胡克定律到牛顿定律之间的这一段小变形，实际上是在非线性力学里面的，胡克定律是线性的，非线性力学里面包括了大变形、分岔和混沌，然后到破坏运动。非线性力学的分岔和混沌，怎么能够把它标志出来，能够在混沌之前去控制它，将是我们实验室的一个任务。如果说我们实验室前30年有什么贡献的话，那就是在煤炭领域提出了一个新的工法，彻底扭转了安全形势；在理论上是为从胡克定律到牛顿定律之间的非线性科学奠定了一个基础。而目前非线性力学的分岔问题和混沌问题，是数学、力学和计算机科学还不能逾越的一个难题，这是国内外的难题。我们实验室有可能在今后的30年里面解决这样一个难题。我们实验室今后的工作任重而道远。

访谈组：2013年您当选中国科学院院士后，仍坚持每年都要给本科生上课，奋斗在教学一线。您认为青年学子在人生的旅途中应树立怎样的价值观和追求？

何满潮：青年人是祖国的未来。希望青年人要好好学习马克思主义剩余价值理论，学习马克思作为一个真正的科学家的精神，能够用40年时间为社会做一件事情。树立正确的价值观，这个价值观就是践行国家和人民给予青年人的使命，用科技创新的才能为国家创造剩余价值，这个也是新时期青年应该追求的方向。你给社会创造巨大的剩余价值，你就有价值，否则你毫无价值。你追求价值的标准是：当你生命结束的时候，你所创造的科学技术仍然给这个社会在创造剩余价值。这是研究生应该具有的，也是他们区别于一个普通劳动者的根本标志。

我深知，一个人的力量是薄弱的，要突破人生价值的极限，最有效的途径就是传承，把自己的知识、技能、经验毫无保留地传授给青年人，突破人生价值的极限。

访谈组：您创立的110工法和N00工法，在很多矿山进行应用并带来很好的效益。您能和我们分享一下110工法和N00工法从开始研究到推广应用的过程吗？

何满潮：110工法离不开历史上的每一个工法。最开始的工法是1706年英国人创造的121工法。钱鸣高院士贡献的砌体梁理论告诉我们煤柱为什么要留，而且要留足够大的煤柱才能安全。宋振骐院士贡献的传递岩梁理论证明不用留那么大，有个小的就行，他发现有低盈利区和高盈利区，煤柱可以比较小了，大约只有四五米就可以。实际上钱院士和宋院士的理论是一样的，属于121工法。

21世纪初，我国的经济发展迅速，其背后最大的动力就是能源，而煤炭资源占比超过七成。我国的煤炭资源储量丰富，但当时在国际上的煤炭开采技术与安全保障技术是相对落后的，煤炭事故频发。不仅如此，我国煤炭的开采量与利用率也极低，煤矿的平均采出率不到50%，产煤量几乎与浪费量相等，存在着严重的资源浪费现象。

一直到现在，我国煤矿应用最广泛的还是1706年起源于英国的121工法，即开采1个工作面、配套2条巷道、留设1个煤柱。在采煤的过程中需要提前掘进巷道，留设许多煤柱，导致很多煤炭资源无法开采出来，采矿之后形成的巨大矿压容易坍塌而压毁巷道，引起地表的沉陷，甚至威胁采矿工人的生命安全。

面对采矿所面临的一系列难题，我带领团队开创性地提出了110工法和N00工法，从根本上解决了煤炭开采安全与资源利用问题，被誉为我国的“第三次矿业技术变革”。

在开采煤矿的过程中，一改121工法的采煤方式，不需要掘进2条巷道，只需要打1条巷道，这就是110工法：1个工作面、1条巷道、0个煤柱。实际上，另一个通道依旧存在，但是这个通道利用采矿的压力自动成巷。在以往的采煤技术里，是利用煤柱去抵抗压力，而110工法是借力打力，利用矿压形成另一条巷道。这是一项颠覆性的技术工艺，也是110工法的诀窍所在。

未来巷道支护的发展方向就是完全自动成巷，也就是N00工法。N00工法的设想是在开采一大片煤田的过程中，有N个工作面、0个巷道、0个煤柱，完全利用压力形成巷道。当前，我已经带领团队完成2G版N00工法的装备，3G版正在矿井做试验，未来还将有4G版、5G版，形成无人矿井开采。那将是煤炭系统发展最好的时代。

目前，110工法和N00工法已在我国五大主要煤炭产区推广应用，影响产能约23.6亿吨，占全国总产能的63%。无煤柱自成巷110工法和N00工法，被业界誉为“第三次矿业技术变革”。

访谈组：您是否可以结合NPR新材料的超常特性和NPR锚杆（索）产品的应用优势，谈一下材料革命与工程革命的产生与意义呢？

何满潮：我国作为矿业大国，由于矿山开采引发的岩体大变形灾害始终高居不下，如露天矿开采滑坡、金属矿地下开采岩爆、煤矿巷道塌方和冲击等，由此造成大量的生命、财产损失，严重制约矿产资源的安全高效开发。同时，随着国家“一带一路”倡议的深入实施和西部大开发战略的新一轮推进，西部地区交通基础设施建设正在大规模兴起。受欧亚板块、印度板块和菲律宾海板块挤压影响，我国西部地区地形地貌起伏剧烈，地层岩性复杂多变，构造运动频繁，同时面临高海拔、高地应力、高地温和高渗压等复杂地质环境。因此，在西部地区深埋隧道建设过程中，必将面临围岩大变形难题，如岩爆、软岩大变形、突水突泥等灾害，严重制约地下工程安全高效建设和运营。研究表明，大多数岩体灾害都是由小变形发展到非线性大变形，进而导致灾害发生。现有工程性控制钢铁材料为具有泊松比（Poisson Ratio，简称 PR）效应的材料，即受拉时发生颈缩变形从而破断的小变形材料，不适应致灾岩体的大变形特性而破断和功能失效，从而导致灾害发生。因此，深部工程大变形的破坏特性呼唤着大变形材料革命，研究能够忍受岩体大变形的控制材料、技术和方法，对于岩体大变形灾害控制至关重要。

150 多年前，法国力学家圣维南（1870 年）提出了理想塑性材料的概念，之后米塞斯（1913 年）、普拉格（1951 年）等著名科学家相继对理想塑性进行了大量研究。他们的工作让人们认识了理想塑性材料具有忍受大变形而强度不下降的奇特性质。但是 150 多年以来，如何制作具有理想塑性特点的材料一直悬而未决。2004 年，我提出猜想，高强理想塑性或高强准理想塑性材料可能是一种在受力拉伸时颈缩消失、具有负泊松比（Negative Poisson's Ratio，简称 NPR）效应的材料。经过 10 余年的不懈探索，终于研发出了一种新型材料，将两种材料混合在一起形成了一种特殊的结构，叫作 NPR 结构。应用此种结构制作的钢筋材料受力拉伸后会变粗，也就避免了受力断裂的风险。这也实现了 150 多年来对于研发理想塑性材料的追求目标，极大地推动了冶金与金属材料领域的学科发展。

目前，NPR 结构新材料已在工程中广泛应用，在矿山开采恶劣环境条件下，表现出良好的吸收能量能力及长期稳定性。在井工开采领域，通过 NPR 材料代替 PR 材料，形成了利用矿压自动成巷新技术，可以减少巷道掘进量约 50%，实现了传统开采方法的技术变革。该技术应用覆盖了我国五大主要煤炭产区，影响产能约 23.6 亿吨，占全国总产能的 63%。在深大露天开采领域，通过 NPR 锚索代替 PR 锚索，控制了滑坡发生，保证了安全生产。目前，该技术在全国已有 700 余处应用，并推广至水利边坡加固和活断层监测等领域。相关技术在煤炭和金属矿山、交通工程等行业广泛应用，取得了重大的经济和社会效益，引领和推动了相关领域的技术进步，为安全生产做出了突出贡献。同时，该项目研发的 NPR 结构新材料可推广应用于火箭相关的高强紧固件、汽车防撞系统的相关构件、防震抗震建筑构件制造以及活动性断层错动控制等领域，具有广阔的推广应用前景。

一代材料会带来一代技术，一代技术会带来一代工程革命。材料革命的标志是消灭颈缩，工程破坏特性呼唤材料革命；材料革命必然会引起工程革命，同时材料革命和工程革命是国家级战略性创新平台的两大使命。

访谈组：您在这 40 多年的教学与科研过程中，肯定会有一些科研的瓶颈，这些瓶颈您是如何克服并且去解决的？

何满潮：这些现代科学存在的瓶颈，例如边坡稳定到边坡失稳的滑坡问题，稳定的隧道的塌方、岩爆等失稳问题，建筑物地震以后的安全问题等，实际上都是线性力学到非线性力学的分岔到混沌的过程，混沌就意味着破坏和运动。现代科学认为线性问题是可以解决的，接近线性的非线性问题是可以研究的，但是到分岔和混沌就是最大的瓶颈问题，从数学上、力学上、计算机科学上，国内外都遇到了强大的挑战。怎么克服这个困难，我们开辟了一个新的途径，就是我们用大变形的材料，尤其是用恒阻大变形的材料，一般到非线性以后它都非常复杂，我们到非线性以后变成一个简单线性材料的特性。所以我们创造发明 NPR 材料的目的不仅仅是工程，更重要的是科学，它解决了一个非线性科学根本没办法解决的问题。它是一个简单线性以后就变平了，用这么一个函数插入任何一个力学系统里面，然后变成一个复合函数，复合函数中任何一个复杂变动的关键点，在线性函数上都有所表现，从胡克过程到牛顿过程之间全给记录下来了。

我虽然从科学上解决不了，但是我给了它一个解答。这个解答是一个物理解答，是一个材料解答，是一个恒阻大变形材料的解答，是用恒阻大变形材料解决了一个非线性科学的最难的问题，所以这也是我们遇到最大的瓶颈问题。

访谈组：您认为当代青年学子应具备怎样的科学素养？在新时代的伟大征程中如何为国家建功立业？请您对学校的青年学子提些寄语或者期待。

何满潮：当今中国处在世界百年未有之大变局的时代背景下，国际形势严峻复杂。广大师生要坚决拥护中国共产党的领导，在以习近平同志为核心的党中央的坚强领导下，爱党爱国，努力奉献。作为科技工作者，应学习贯彻党的二十大报告所指出的“必须坚持科技是第一生产力、人才是第一资源、创新是第一动力”的指示。不畏艰难险阻，破解“卡脖子”难题、关键技术攻关是这个时代赋予我们的使命。

未来的剩余价值应该由高科技智能化来创造，由全体人民共同占有，而教师和学生作为科研攻关和科技创新的共同体，应努力提升科技创新本领，在实现个人人生价值的同时，也为社会创造更大的剩余价值。同学们应积极求索、奋发上进，怀着坚定的信仰在科学道路上坚持前进，努力练就科技创新的过硬本领，去创造新的科学技术、去创造剩余价值、去引领未来，以创新驱动发展，做对社会有价值、有用的人，为全面建成社会主义现代化强国、实现第二个百年奋斗目标贡献科技力量。

特别鸣谢——何满潮院士对本稿的亲自审定和大力支持！

深耕矿海数十年，智解水忧兴科技

——顾大钊口述

讲 述 人：顾大钊
访谈时间：2024 年 8 月
访谈地点：国家能源投资集团有限责任公司
访 谈 组：崔子怡 、左东方、朱彤

人物简介：顾大钊，男，1958 年 5 月 1 日生，江苏省滨海县人。矿山工程与水文地质专家，中国工程院院士，国家能源投资集团有限责任公司科学技术委员会副主任、煤炭开采水资源保护与利用国家重点实验室主任。1982 年获得山东矿业学院矿井建设专业学士学位，1985 年获得中国矿业学院北京研究生部矿山岩土工程专业硕士学位，1988 年在中国矿业大学获得博士学位并留校任教；1990 年至 1991 年赴澳大利亚新南威尔士大学进行博士后研究；1993 年在中国矿业大学被破格升为教授；1995 年作为科技带头人调入神华集团有限责任公司工作；1996 年至 2001 年分别担任神华集团有限责任公司科技中心和计划部副主任；2002 年至 2009 年担任神华集团有限责任公司科技与信息中心主任、科技与信息部总经理；2009 年至 2018 年担任神华集团有限责任公司科技发展部总经理；2018 年至今，担任国家能源投资集团有限责任公司科学技术委员会副主任、煤炭开采水资源保护与利用国家重点实验室主任。2015 年当选为中国工程院院士。他长期从事西部煤炭开采水资源保护利用技术研发和工程实践，原创提出了煤矿地下水库储用矿井水的理念，建立了煤矿地下水库理论框架和技术体系，奠定了我国在此技术领域的国际领先地位，该技术的研发和应用，为《中华人民共和国煤炭法》中将矿井水由以往水害定义为水资源、《中华人民共和国黄河保护法》中将矿井水定义为非常规水资源等国家一系列矿井水保护利用政策法规的颁布提供了科技支撑。曾获国家科技进步奖一等奖 1 项、二等奖 4 项，中国专利金奖 2 项，获授权发明专利 30 余件，发表论文 30 余篇，出版专著 6 部，培养博士、博士后 10 余名。

访谈组：1982 年您考入中国矿业学院北京研究生部攻读矿山岩土工程专业，您能简要介绍一下来母校前的求学经历吗？是什么原因让您选择到中国矿业学院北京研究生部继续深造？

顾大钊：我出生于 1958 年，1975 年高中毕业之后在老家附近的一个工厂做了 3 年临时工，1978 年考入了山东矿业学院。当时的高考政策与现在有很大差别，山东矿业学院当年只在江苏和山东两省招生，一共招了 300 多人，在江苏就招了 100 多人。进入学校后我被分配到矿山建设工程专业，实际上就是建井专业。那时候学校里的学习氛围非常浓厚，是现在无法想象的，所有学生都拼命学习，我自己也是一门心思地学习。1982 年初，我临近毕业，听说可以报考研究生，于是就报考了。当时报考研究生的人很多，我们建井专业两个班 80 个人，大概有四五十个人都报考了，但最后只有我们班考上了 3 个。我当时报考的是中国矿业学院北京研究生部，因为那时候山东矿业学院没有硕士研究生招生指标。1982 年 9 月我到北京上学，当时北京研究生部的师生人数不多，大家学习都很刻苦。

访谈组：1988 年您获得矿山岩土工程专业博士学位，成为我国矿山建设井巷特殊工程领域的第一位博士，您选择这个研究方向的初衷是什么？

顾大钊：1985 年我获得硕士学位后，又考上博士研究生，我的硕士研究生、博士研究生导师都是余力老师。当年煤炭领域的 3 个主要专业方向是地质、建井、采矿，简单来说就是找煤、建井、采煤、这与当时煤炭行业发展需求相适应，所以当时矿山企业的主要领导一般都是这 3 个专业毕业的，与现在完全不一样了。我也是机缘巧合选择了其中的建井专业。而且矿山建设工程中又分好多研究方向，其中有一个方向就是特殊凿井，又称井巷特殊工程，也是我的导师余力老师研究的内容。井巷特殊工程主要研究如何在特殊的地质条件下建设矿井，具体技术方法有冻结法、钻井法、沉井法等。当时我们国家在矿山建设方面的技术水平还是很高的，而特殊凿井的技术水平更高。我自己也喜欢学习、喜欢研究，所以 1985 年就继续攻读特殊凿井方向的博士学位。

访谈组：您能分享一下在母校求学的 6 年里，有哪些令您印象深刻和难忘的人或事吗？

顾大钊：我很怀念当时学校的氛围。那时候没有太多的娱乐设施，没有电话，也没有电视，大家都一门心思地学习，有浓厚的学习风气，而且同学关系比较融洽。当时我们 82 级一班的学生全部住在教师公寓，我们矿建系的同学住在一个房间里，大家相处得很融洽。现在我们同学有时回到母校还总会去看一看那个平房。给我们上课的都是学识渊博的老先生，有巴肇伦教授、赵国景教授、杨善元教授、王树仁教授等，我们的辅导员老师是高慕鸿老师。在课余活动方面，我印象里学校冬天有滑冰的地方，在现在西郊宾馆附近，冬天学生可以去滑冰。

访谈组：1993 年您被破格升为教授，成为当时全国矿山建设工程领域最年轻的教授， 2015 年您当选为中国工程院院士。您是如何一步步实现的，之后又是什么

契机到了神华集团有限责任公司?

顾大钊：我觉得无论在哪里，是什么岗位，首先要认真把工作做好，只要你把工作做好了，就可以获得认可和机会。我获得博士学位留校后就有了出国学习的机会，但需要通过 EPT 的英语考试。我因为有其他工作，准备时间不充分，所以只考了 99 分，距离通过的标准线差 1 分。我当时觉得无所谓，该干什么干什么。过了几天学校的老师联系我说我通过了，我还挺诧异。后来才知道我们学院了解我的情况，表示我平时整天干活，在没有时间复习的情况下参加考试，也只差 1 分而已，和学校交涉后也就通过了。所以我觉得只要认真对待工作，自然而然就能得到大家的认可。

其次就是有机会就要多学，要多做研究，这样才对自己的成长有利。我当时出国去澳大利亚的年限是 1 年，但是因故推迟半年才成行，我到澳大利亚后只剩下半年学习时间。为了能真正学点东西，我需要延长学习时间，所以我就想办法联系新南威尔士大学的各个学院，希望参与一些科研项目。最后联系到土木工程学院，该学院有一个大的项目，同我的研究方向很类似，是关于机械破岩的。他们正好有一个项目方向缺少人手，还有几个博士生要指导，最后我就把这个项目给承揽下来了，以此作为在该大学的博士后研究项目并因此延长了研究时间。为了充分利用好难得的机会，我在这段时间里做了很多工作，每天除了去实验室，就是去图书馆。虽然悉尼的风光很美，但我基本没去过除了学校的其他地方，整天就在学校学习、研究。在那近两年的时间里我在国外发表了 6 篇论文。1991 年底我回国之后很快就评上了副教授，1993 年破格晋升为教授。这些成绩都与我工作刻苦密不可分。

再次要尽量把研究领域扩宽一点。我本科学的是建井，硕士和博士学的是岩土工程，实际上就是地下工程。然后到国外我又学了采矿和土木工程，所以研究领域相对而言就宽一点，也因此我有机会去神华集团有限公司（简称“神华集团”）工作。1994 年我参加了学校的一个中青年教师会议，当时郭育光校长提到国家要成立神华集团需要技术型人才，要求是学历和职称高一点、有国外学习经历、研究面宽泛一点的，同事们觉得我的条件比较合适，之后经过与原煤炭工业部部长肖寒的交流，肖寒部长就同意我到神华集团工作了。神华集团是 1995 年 10 月成立的，我在神华集团成立前就调入神华集团筹备组。通过这件事，我明白了很多机会都必须你自己把条件准备好，你自己如果没有这个条件，就很难把握住机会。因此我常常给年轻人说，你们一定要好好学、好好干，才能把握好机会。

访谈组：在从事科学研究的过程中，您是如何解决科研难题的？您觉得对于青年学者，若想获得学术研究的突破需要具备哪些科研素养和科研能力？

顾大钊：谈到研究的事，事实上我觉得现在年轻人，特别是从学校刚到工作单位的年轻人，一定要深入现场才能发现问题。我到了神华集团之后一段时间，主要是参与神东矿区建设。当时矿区有两座矿井正在建设，一个是大柳塔矿，一个是补连塔矿，这两个煤矿现在都是世界闻名的井工煤矿。因为我是建井专业的，到神华集团后的一段时间经常在神东矿区参加这两座煤矿的建设。在此期间，我发现了一个重大问题，就是西北地区的煤层赋存条件很好，但是地面没水，全是沙漠，而井下却有很多水，这就是一个必须解决的大问题。在矿区建设中没水是不行的，而井下那么多水，我就琢磨能不能把井下的水给用上。但这与传统的理念完全不同。传统的理念中，煤炭开采中产生矿井水必须都外排到地表上，留在井下就不安全。而西部地区地面蒸发量很大，蒸发量是降水量的 5 倍多，矿井水排到地面之后就蒸发掉了。我就琢磨能不能把矿井水存储在井下，这样就不会被蒸发掉，需要水的时候再使用它。之后我们就开始做尝试，重点解决安全储水问题，从一个小的工作面到几个工作面，再到最后形成现在的煤矿地下水库群。我们从 1997 年开始做一直到 2010 年，大概做了 10 多年，我们就把煤矿地下水库这个事基本上做成了。大柳塔矿建成了首座分布式煤矿地下水库，可以储水 710 万立方米。进一步推广之后，我们在神东矿区一共建了 35 座煤矿地下水库，储水量最多的时候达到 3500 万立方米。目前，神东矿区是全球唯一的 2 亿吨级井工矿区，它的水有 95%以上来自煤矿地下水库。基于煤矿地下水库技术，2015 年科技部批复成立了煤炭开采水资源保护与利用国家重点实验室，主要目标是解决西部矿区用水的重大实际需求，意义重大，也证明了我们当年的方向是对的。国家一直在强调创新，我觉得原始创新首先要有理念的创新，就是和传统思路是不一样的。比如矿井水的利用，传统思路就是水不能放在井下。如果换一个角度思考把它放在下面，有什么问题就解决什么问题，通过科技攻关逐步地往前推进。

访谈组：1995 年从大学教授转型到企业工作，您是缘何做出这个决定的？您觉得个人的职业发展如何实现破圈成长？

顾大钊：说到 1995 年我从大学教授转型到企业工作原因有很多。首先与我在澳大利亚的研究经历有关系，当时我在澳大利亚新南威尔士大学的土木工程学院做课题，是关于机械破岩的一个课题。学院的院长叫罗宾菲尔，也是我的博士后导师，他就是从企业转型到学校的，当时我挺惊讶，但是他觉得这是很正常的。所以当我有机会可以去神华集团的时候，我就觉得国外专家能从企业转型到学校，那我为什么不能从学校转型到企业呢？所以我就转型到了神华集团。据我了解，当时在学校当教授的，特别是年轻的教授几乎没有到企业发展的，现在这种情况就多一些了。目前，我们强调产学研结合，最好的结合方式就是人员的交流。

访谈组：国家能源投资集团有限责任公司在 CCS 应用方面做了很多实践，您能简要介绍一下 CCS 技术以及其应用前景吗？

顾大钊：当前我们国家的能源发展面临两大战略难题。第一是确保能源安全，第二是实现能源转型。对于煤炭行业更是如此。首先要保证供应安全，然后要实现转型，这两个是缺一不可的。能源安全是指保证我们国家能源供应，保证我们国家经济社会的发展，而能源转型核心的问题是低碳，要从高碳转到低碳。之前我们在能源安全方面做了很多工作，现在能源转型对于煤炭行业是首当其冲的，因为煤炭的碳含量比较高，排放的碳比较多。要实现低碳转型，其中兜底性的解决办法就是把它埋到地下去，也就是二氧化碳捕集和封存（CCS）。目前，各行业都在做这方面工作，主要面对的问题是经济成本较高。不过后续随着气候环境的要求逐年增高，成本计算也会发生变化。第一是随着我们封存规模的增加，成本可能会下降。第二是碳排放的成本会越来越大，包括现在我们国内的碳交易，国外对我们要实行碳税等，导致碳排放的成本会急剧增加，继而碳封存的经济性将得到改善。除此之外，我觉得煤炭行业必须做这件事，因为如果我们能把煤炭利用过程中产生的二氧化碳封存起来，煤炭就是清洁能源了。而且煤炭是我们国家最经济、最可靠、资源量最有保障的能源，它的边际成本或者边际效益是巨大的。从另一个角度思考，未来煤炭资源不能无限地开采下去，最后总要转型。因此我有个想法，就是以后我们煤炭高等院校或者以煤炭开发专业为主的高等院校，可以慢慢地从研究采煤转向如何埋碳。埋碳和采煤都是地下工程，而且埋碳可以创造经济价值。比如说，以后企业碳排放是要缴费的，如果碳排放价格涨到 500 元/吨，但如果我们有能力把 CCS 的成本降到 300 元/吨，相当于我们可以从中赚 200 元/吨。这一点很可能是我们煤炭行业以后可持续发展的一个重要战略方向。

访谈组：党的二十届三中全会发出了进一步全面深化改革的号角，您认为母校如何更好地服务国家战略、助推行业转型升级？您对母校事业发展有哪些建议？

顾大钊：关于深化改革，我们学校现在是个综合性大学，但是毕竟它有能源的基因。因此我觉得学校应该紧密地围绕着国家的能源安全和能源转型来布局人才培养和学科建设，这里面有很多新的东西。现在能源安全这方面，我们做得还可以，其主要的核心是保证煤炭开采量，为国家提供足够的能源。以后进一步发展的增量是能源转型。能源转型又包括很多，包括现在的新能源，例如太阳能、风电等。我们学校的核心除了能源安全和能源转型之外，一定要盯住地下工程。这是我们的本行，之前无论是地质、建井还是采煤，都是对地下工程的研究，地下工程研究这么多年形成了非常强大的科研力量。但其实在地下工程研究方面，我们以前吃过亏、走过弯路，像隧道建设、地铁建设我们就没跟上，本来这应该是我们的强项，事实证明我们当时转型得不够。现在的煤炭地下气化、CCS 等的核心都是地下工程。所以一定要锚定方向，更多地聚焦于能源转型。能源转型面很宽，我们要在地下工程上下功夫，学校还要在这方面下大力度。如果现在再不转型，过不了多久，大学生基数少了就来不及了。在这一方面要确实把工作做好，要做到科技引领，人才为本。国家对科技提到了前所未有的高度，科技教育人才是一体的，其核心是人才。我们现在培养的人才数量是足够了，一年 1000 多万大学毕业生，但是怎么使这些人才更加符合我们国家的战略需求，实际上是很难的一项工作，必须要有长远发展的方向。

访谈组：请您对母校的青年学子讲些寄语和期许。

顾大钊：希望我们青年学子聚焦能源安全，为实现能源转型做贡献。我们能源行业相关的事都涉及两个方面：一个是能源安全，保障国家的能源安全；另一个是实现我们国家的能源转型。如果把这两个方面做好了，我们的工作也就符合了各方面的要求。

特别鸣谢——顾大钊院士对本稿的亲自审定大力支持！

抢治透水矿难，潜心科研报国

——武强口述

讲 述 人：武强
访谈时间：2023 年 3 月
访谈地点：中国矿业大学（北京）
访 谈 组：桑艳茹、张楠、胡婉怡、朱彤

人物简介：武强，男，1959 年 10 月生，内蒙古自治区呼和浩特市人，中共党员。水文地质环境地质学家，中国工程院院士、国际欧亚科学院院士，中国矿业大学（北京）教授、博士生导师，全国政协委员、全国政协人口资源环境委员会委员，国家煤矿水害防治工程技术研究中心主任，国际矿井水协会（IMWA）副主席，国务院学位委员会地质资源与地质工程学科评议组召集人，教育部科技委地学与资源学部副主任，享受国务院政府特殊津贴。1982 年从河北地质学院水文地质工程地质专业毕业后留校任教；1985 年考取中国地质大学（北京）水文地质专业研究生，先后获得硕士、博士学位；1991 年博士毕业后进入中国矿业大学（北京）从事博士后研究并任教；2015 年当选中国工程院院士；2021 年当选国际欧亚科学院院士。先后荣获首届中国优秀博士后奖、何梁何利基金科学与技术进步奖、李四光地质科学奖、全国创新争先奖及“全国优秀教师”和“北京市人民教师”等称号。长期从事矿山水防治与资源化利用教学和科研工作。曾作为国务院特别重大透水事故调查专家组组长，先后负责了 6 次特别重大透水矿难现场抢险救援或调查研究工作。在我国煤矿顶底板两大主要突水灾害预测预报方法与防控技术、煤-水双资源协调开发理论技术与协调组合模式以及矿井充水条件三维可视虚拟化分析系统研发等方面，取得了多项重要成果。

访谈组：您能简要分享一下您的求学经历吗？是什么样的机缘让您选择水文地质工程地质专业的吗？

武强：我 1977 年 6 月中旬高中毕业的时候国家还没有恢复高考，就按照当时的知识青年政策上山下乡去了。我的父亲是中医医生，我的母亲是妇产科医生，所以那个时候父母亲给我的规划是："先下乡当一名农村赤脚医生，为农村医疗卫生事业努力工作，争当优秀赤脚医生，然后通过推荐上医学院成为工农兵大学生，最终当一名医生。"所以，在高中期间，我父亲就让我阅读了一些中医方面的书籍，比如说《中医基础理论》《中药学》等，还练习给人打针、把脉等，中医把脉有关口诀我至今还能熟背出来。当时我对中医学挺感兴趣，所以我也准备报考医学院的中医专业。

在我下乡后的几个月，即 1977 年 10 月，国务院正式发布了恢复高考的文件，于是我回到城里开始复习备考。我们原来高中的老教师们自发义务地每天晚上给我们补课，我们仅复习了 20 多天就上考场了。当年的高考是各省份自己出题，仅考了 4 门课，分别是数学、语文、政治及物理化学（一张卷子）。考完之后填报志愿，当时我全部志愿报的都是医学院：北京医学院中医专业、内蒙古医学院中医专业以及其他的医学专业，最后填的是服从分配。由于 1977 年高考后不通知考生成绩，当时也无法查询高考成绩，我至今也不知道我的高考成绩。大概因为我的成绩不够北京医学院但又超过内蒙古医学院，最终我被河北地质学院水文地质工程地质专业录取了。

我们 1978 年 2 月入学的这批大学生来自五湖四海，人生阅历丰富，个人经历复杂，年龄相差甚大。有当过兵的、做过工人的、当过大队支书的、做过民办教师的、上过山下过乡的等，当然也有个别像我这样算作 77 级应届高考生的，五花八门。我是当年我们班里仅有两个应届毕业生中的一位，我们班几乎都是往届毕业生。我与我们班学生党支部书记同一个属相，年龄整整相差 12 岁。所以，那一代大学生的人生阅历都比较丰富，过去复杂艰苦的经历，使他们更加懂得学习的重要性，十分珍惜来之不易的大学学习机会。

访谈组：您作为水文地质环境地质学家，能否通俗地介绍一下水文地质工程专业？

武强：水文地质就是研究地下水的一个专业。它当时主要包括两个大的研究方向，一个研究方向是从供水水文地质角度，把地下水作为一种资源来研究，主要研究地下水的资源属性；还有一个研究方向是研究地下水的灾害属性，即矿床水文地质。我现在所从事的主要研究就是后者，即地下工程开发过程中的地下水灾害属性研究，包括矿山、铁路、公路、地铁、城镇建筑物地基、水利工程等的地下水灾害防治与资源化利用。所有这些地下工程，在开发过程中必然要与地下含水系统接触，扰动破坏隔水系统，地下水就会涌入矿井的采掘工程。如何防治地下水涌入地下工作面造成灾害事故？如何有效开发利用包括矿井水在内的这些大量的非常规水资源？就属于我所从事的地下水灾害防治研究。除了资源属性和灾害属性外，随着人类进步和社会发展，地下水更重要的一个属性就是生态环境属性，所有陆地森林、灌丛、草原、草甸及各种粮食、水果、蔬菜等农作物，均与地下水息息相关，如果地下水位太低，地下水位以上的毛细水的上升高度触及不到植被和农作物等根系，那么它们就会枯黄、枯萎，甚至死亡；反之，如果地下水位太高，由于土壤蒸发和植物蒸腾作用，地表土壤就会盐渍化，甚至可能出现地表盐沼化。所以要想保护好生态环境，首先要把地下水系统的收支平衡控制好，使其地下水位始终处于一个合理的变化区间。地下水除了上述属性外，还具有能源属性、医疗属性等。随着对学科研究的不断深化，水文地质专业的研究内容也在逐渐扩展。

访谈组：1991年您博士毕业后来到学校工作，当时您是在哪个系工作？可以分享一下给您留下深刻印象的人或事吗？这些经历对您之后的工作有什么帮助或影响呢？

武强：我1991年从中国地质大学（北京）博士毕业，之后来咱们学校北京研究生部的地测专委会从事博士后研究，进站的指导老师是高文泰教授和田宝霖教授。在我一生当中有两位姓田的老师对我有重要影响，一位是我的博士生导师中国地质大学（北京）的田开铭老师，另一位就是咱们学校的田宝霖老师。

那时的中国矿业大学北京研究生部地测专委会，基本上以研究煤田地质和测绘为主，与矿井生产实际密切结合的诸如矿井水防治与资源化利用、瓦斯防治、矿山环境等方向基本没人研究。田宝霖老师是当时地测专委会主任，主要从事煤系古植物研究，但他意识到矿井地质安全保障与环境保护这些研究方向对咱们学校北京研究生部未来发展的重要性，于是想从中国地质大学（北京）引进一位水文地质专业的老师丰富扩充咱们学校北京研究生部当时的煤田地质专业研究。所以他就去了中国地质大学（北京），找到了我的博士生导师田开铭老师，分享了他的设想和想法。正好我的博士论文主攻方向就是关于当时我国最严重的水害矿区焦作矿区的矿井水防治与资源化利用，与田宝霖老师的想法不谋而合。于是，在导师田开铭老师的大力推荐下，我就来到了咱们学校北京研究生部的地测专委会从事博士后研究，并开始协助田宝霖老师逐渐把咱们学校的水文地质专业发展起来了。

1991年刚到咱们学校北京研究生部地测专委会从事博士后研究时，北京研究生部及其地测专委会办公条件均比较艰苦，只有少数几位老教授有独立的办公室，实验条件也比较差。但就在这样的艰苦条件下，地测专委会的高文泰教授、韩德馨院士、田宝霖教授、金奎励教授、张鹏飞教授、梅美棠教授、任德贻教授等一批老先生刻苦钻研，忘我工作，在煤田地质领域取得了一大批有重要影响的重大科研成果，为我国煤田地质的科技进步和人才培养做出了突出贡献。

访谈组：您在2015年当选中国工程院院士，2021年当选国际欧亚科学院院士。您觉得当代青年学子应具备什么样的科研精神和能力素养才能在专业领域有所收获？您对广大青年科技工作者有什么寄语？

武强：从人才培养角度来说，我觉得作为一名学生或青年学子，第一点，要有理想和国家情怀，有了理想和情怀，后面的路才有了方向。第二点，必须要有信念，信念就是坚定自己能够做好。但是，理想和信念都是思想层面的要求，真正想要成才的话，我觉得还需要具备第三点，那就是毅力。有理想，有信念，再加上自己持之以恒的毅力，才能够成大器，成为国家的栋梁。如果你只有精神层面的理想和信念，而缺乏现实行动层面的毅力，那你仅仅是一个空想主义者；反之，如果你只有毅力而缺乏理想和信念，你自然也很难把握大方向，缺乏奋斗目标，一生碌碌无为，很难把工作做完美。所以，要从信念上、思想上、行动上保持一致，这样的话才有可能把工作做好，才有可能把自己锻炼成为国家的栋梁。当然，毅力的坚持并非易事，特别是在年轻的时候，好奇心比较强，社会上吸引你的因素也比较多，所以在这样的背景下，就需要看准方向，用一种持之以恒的毅力坚持下去，久久为功方能成功，也必将在未来有所作为。此外，我觉得还有第四点，那就是要有兴趣。如果你能够靠兴趣坚持学下去的话，那就是了不得的一件事。比如教育如果在家长和校内班主任与老师们的共同监督管理教育下，100 个孩子可能有 90 个上大学或读研究生或找到工作等，成为所谓的人才，但这类人才往往只是跟着学科走的人才；相比那种无限制、无约束、无专人监督管理的相对宽松教育的环境，同样 100 个孩子可能有 90 个属于我们认为不成器的那类，但如果在那种宽松无人监督管教甚至我们认为是混乱的环境下，有一个或者几个孩子凭借他们自身兴趣学成的话，那这类孩子就属于创学科的人才。实际上，社会的重大进步和发展主要靠少数的创学科的人才来推动的。

访谈组：您作为国务院特别重大透水事故调查专家组组长，多次负责特别重大透水矿难现场抢险救援或调查研究工作，能否简单介绍一下矿难抢险救援的关键点？

武强：在矿难的现场抢险救援和调查研究中，我主要负责的是矿山突（透）水事故方面的应急处置和调查。在矿难发生现场那种非常危急、紧张的情况下，首先要尽最大可能把井下被困矿工兄弟全部救出来，减少人员伤亡和损失；在事故应急处置结束后，需要调查研究这些事故形成的机理机制，包括技术和管理等方面的原因，梳理清楚，总结教训，举一反三，尽量避免以后再次发生类似事故。这是我觉得非常重要的两个方面。

这些事故给我最深的启示是：事故发生之后，首先一定要快速分析清楚突（透）水事故的充水水文地质条件，即解决充水水源与充水通道问题。因为只有把突（透）水事故的充水水源与充水通道分析清楚了，才能够根据矿山的具体情况，合理制定事故的应急处置方案。比如，若充水水文地质条件较好，只能首先采取注浆等工程措施将充水水源通道封堵住，然后再排水，之后才可能将被困矿工兄弟救出来；反之，若充水水文地质条件差，即可直接实施排水，疏降后可救出被困矿工兄弟。如果事故发生后充水水文地质条件搞不清楚，充水水源与充水通道无法快速识别判断，那就无法制定出合理有效的应急抢险救援方案，被困矿工兄弟的生命安全就随时都会受到威胁。所以，突（透）水事故一旦发生，如何快速精准识别判断充水水源与充水通道是能否成功抢险救援非常重要的一个前提条件。

访谈组：在您的事故救援经历中，有没有让您印象特别深刻的？可以同我们分享一下吗？

武强：在我的经历当中，印象比较深刻的是 2010 年 3 月我国连续发生的两起特别重大的透水矿难。2010 年 3 月 1 日，内蒙古乌海骆驼山煤矿发生特别重大透水事故，共计 32 人遇难。我们在乌海参加骆驼山煤矿特别重大透水事故的现场抢险救援过程中，3 月 28 日下午，山西王家岭煤矿又发生了特别重大透水事故，我们立即从骆驼山煤矿赶到王家岭煤矿。王家岭煤矿当时井下有 153 人被困，这是相当大的一个数字，如果这 153 人出不来的话，那这次事故的级别就会非常高，这就要求我们必须拼尽全力进行抢险救援。当时，党中央、国务院及山西省委与省政府、国家安全生产监督管理总局、中煤集团等都非常重视事故的抢险救援工作，国外同行和媒体也十分关注这次事故。最终经过八天八夜的艰苦复杂抢险救援，我们成功救出了 115 名矿工兄弟，这也创造了国际矿山应急抢险救援史上的一个奇迹。

当时事故发生后，王家岭煤矿充水水源问题存在很大争议。一种观点是来自老空区积水，而另一种观点是来自含水层地下水补给。这两种充水水源的观点显然相差很大。我作为国务院特别重大事故调查专家组组长到达王家岭煤矿以后，通过测量分析矿井井下采掘工程的淹没过程、速度和强度等水位演变情况，同时取井下水样做水化学分析等工作，以此得出的结论是造成该次事故的充水水源应该来自矿井老空区积水，且老空区积水形成时间不长。但是山西省煤炭厅等有关专家当时并不认同我的观点，认为不可能是老空区积水，其理由有两个方面：其一是我取得的井下水样的水化学分析的 pH 值较高，水质没有酸性特征；其二是山西省煤炭厅在王家岭煤矿当时回采范围没有颁发过任何采矿许可证，哪里来的老空区和积水呢？

我将我的结论得出的缘由向大家做了解释，虽然当时井下取得水样的水化学 pH 值较高，但是根据井下水动力场和采掘工程的快速淹没过程分析和淹没水样的水化学分析数据，判断此次水害事故的充水水源为老空区积水。一般说，老空区积水往往 pH 值比较低，呈酸性，但老空区积水的 pH 值并非都低，并非水质均呈酸性。在煤炭开采初期，包括地下水、地表水或老空水等水源均有可能渗透补给到采空区，此时老空区积水 pH 值就是原始补给到井下的水源的 pH 值。但随着时间延长，开采规模扩大，冒裂高度暴露到地表，形成爆氧条件，煤系地层中的黄铁矿被氧化后形成硫酸盐，这样矿井水随着时间延长的氧化条件就逐渐酸化，形成了 pH 值较低的酸性水；但随着工作面或采区或矿井逐渐回采结束，冒裂导致的地表塌陷和地裂缝区逐渐被复垦修复，植被复原后，井下采掘环境逐渐转变为密闭环境，原来氧化条件逐渐过渡到隔绝爆氧的还原条件，水中硫酸盐成分逐渐被还原为硫化氢气体，此时矿井水的 pH 值将逐渐升高。所以 pH 值较低的酸性矿井水水质只是矿井老空区积水水质演变的一个过渡阶段，并非所有老空区积水在其全生命周期过程中都呈酸性水状态。至于山西省煤炭厅的专家认为在王家岭煤矿当时回采范围没有颁发过任何采矿许可证，哪里来的老空区积水问题，我认为完全可能，因为周围其他矿山完全可能超层越界违规违法开采，形成老空区和老空区积水。事实上，最后待抢险救援和疏排水结束后，我们第一时间下井现场踏勘，证明了我当时对充水水源的判断是完全正确的。在工作过程中如果遇到学术意见与观点不一致情况，就要从学术上拿出证据和道理来说服他人，这些方面就需要靠长期积累的专业知识和实践经验了。总体而言，在党中央、国务院及国家安全生产监督管理总局、山西省委与省政府直接领导下，经过大家齐心协力共同努力，这次事故处置得非常成功，能够成功救出在井下被困八天八夜的这么多的矿工兄弟确实是非常不容易的一件事。

访谈组：您带领团队到矿山实地调研，并亲自下井观测地下出水点、采集水样岩样。您提出的煤-水双资源协调开采理论与技术的背景和重要意义在哪里？

武强：在煤炭开发过程中，矿山环境和生态系统的约束是非常严格的。若煤炭采完以后把地下水环境破坏了，诱发了地表塌陷、裂缝、崩塌、滑坡、泥石流等矿山地质灾害问题，矿山固体、液体、气体“三废”排放过多，这显然是不允许的。

我国的煤炭资源与水资源在空间上的分布呈逆向特点。煤炭资源在西部和北部多、东部和南部少，而水资源正好西部和北部少、东部和南部多。这样就造成了煤炭在大规模高强度开发过程中，不仅扰动破坏了天然水资源匮乏、天然生态系统脆弱的西北干旱、半干旱地区极其宝贵的地下水资源，地下水位大幅度下降又诱发了当地十分脆弱的生态环境问题，而且这些地区部分天然地下水原始水质呈高矿化特点，大量高矿化度的矿井水未经合理处置向地面直接排放，又引发了地表水环境、土壤和浅层地下水的污染。这样的结果就等于在原本十分脆弱缺水的环境情况下，又进行了人为开采的二次扰动，让当地的水环境水生态变得雪上加霜。所以，煤炭工业要想走上可持续性的高质量发展之路，就必须处理好煤、水、生态这三者之间的关系，而这三者关系的实质就是煤、水关系，这是煤炭资源开发过程当中必然要涉及的难题。基于此，我提出了煤-水双资源协调开采理论与技术，具体包括多种协调开采模式，如矿井排水、供水、生态环保“三位一体”优化结合模式，矿井水控制、利用、生态环保“三位一体”优化结合模式，矿井水控制、处理、利用、回灌、生态环保“五位一体”优化结合模式等。具体工程应用要根据不同矿井的具体充水水文地质条件，采取相应的不同协调开采模式。

访谈组：未来您主要攻克的难点在哪里？您认为在“双碳”目标愿景下，我国煤炭工业如何实现高质量发展？

武强：随着国家“双碳”目标的提出和逐渐落实，绿色发展必将被提升到一个新高度，成为我国未来一个时期经济社会高质量发展的总基调。煤炭作为一种传统的高碳化石能源，如何清洁化、低碳化地开发和利用是当下的热点。在 20 世纪 80 年代之前，国家为了保障经济社会发展所需能源供给，要求煤炭人开采出的煤炭越多就越是好汉；从 20 世纪 80 年代之后，随着煤炭开采规模和强度逐渐增大，煤炭生产安全问题逐渐显现，国家对我们煤炭人提出了更高要求，即在保证生产安全、不出现矿难的前提下，开采出的煤炭资源越多才越是好汉；从 21 世纪初开始，随着生态文明理念、绿色矿山建设与绿色矿业发展要求的提出，国家对我们煤炭人又提出了新的更高要求，即不仅不出现生产安全问题，还必须在保障矿山环境和生态系统损毁在可控范围之内、井下作业矿工的职业健康得到有效保障的前提下，开采出的煤炭资源越多才越是好汉；自 2010 年开始，随着全球气候变化和极端天气现象逐渐增多，我们国家作为一个遏制全球气候变化的负责任大国，对我们煤炭人又提出了更新、更高的要求，即不仅不出现生产安全、矿山环境与生态系统及矿工职业健康等问题，而且在煤炭资源开发和使用、消费过程中能够有效保证清洁化、低碳化的前提下，开采与使用的煤炭资源越多才越是好汉。从上述分析不难看出，随着我国从高速发展要求转向落实可持续性、高质量发展战略，对我们煤炭工业和煤炭人提出的约束限制条件越来越多，提出的要求越来越高，这就倒逼我们这些从事煤炭行业的煤炭人，要秉持更科学的态度，要具备更高的素质，要在保证生产安全与职业健康、不破坏矿山环境与生态系统、同时降低碳排放与保证清洁化生产消费等约束条件下，确保国家能源的有效稳定供给。这些要求就需要我们加强学习，研发出更多、更新的技术和装备。

访谈组：我们学校是以矿业特色为品牌优势的传统综合院校，现在随着时代和社会需求变化，传统专业面临转型，您能否分享一下如何进行多专业协同合作？如何打破学生专业间壁垒的问题？

武强：第一个方面，我觉得我们学校的学生一定要坚信我们所从事的煤炭行业、所选择的包括矿业工程、安全工程、地质工程等相关专业是有非常广阔发展前景的。我曾经多次讲过，煤炭目前虽然不是一个朝阳产业，但也绝不是一个夕阳产业，因为国家发展离不开有效稳定的能源供给，所以要对我们的矿业行业抱有坚定的信心。

第二个方面，作为煤炭人，要积极拓展自己的研究领域和产业领域，不仅要解决煤炭开发过程中的生产问题、安全问题和生态环境问题等，还要着力于解决煤炭使用消费过程中的低碳化、清洁化、原料化难题。同时站位要更高，视野要更宽，要站在保障我国未来能源有效、稳定、清洁、低碳供给的高度，要在目前传统能源与未来可再生能源及其他形式新能源彼此有效结合互补的理论研究、技术装备研发、产业发展规划等方面有所作为。因此，未来涉及的专业领域将会越来越宽，需要我们的学生能够有更宽广的知识面来探讨解决这些难题，积极响应国家对我们煤炭人所提出来的更新、更高要求。

特别鸣谢——武强院士对本稿的亲自审定和大力支持！

春风化雨育桃李，化石地层谱人生

——沈树忠口述

讲 述 人：沈树忠
访谈时间：2023 年 3 月
访谈地点：南京大学（线上访谈）
访 谈 组：吴子静、李姗谕、朱 彤

人物简介：沈树忠，男，1961 年 10 月生，浙江省湖州市人。地层古生物学家，南京大学地球科学与工程学院教授、博士生导师。1981 年毕业于浙江煤炭工业学校（现浙江工商大学）；1986 年和 1989 年分别获得中国矿业大学硕士和博士学位，后留校任教，先后担任助教、讲师、副教授；1996 年公派到日本新潟大学地质系做博士后；1997 年应邀赴澳大利亚迪肯大学从事博士后研究，2000 年底入选中国科学院百人计划，从澳大利亚引进到中国科学院南京地质古生物研究所工作，2018 年底入职南京大学。2002 年获国家自然科学基金委员会杰出青年科学基金资助。曾任科技部国家重点基础研究发展计划（973 计划）项目、国家自然科学基金委员会创新研究群体、国家自然基金委员会重大项目首席科学家，曾任国际地层委员会二叠纪地层分会主席，现任国际地层委员会副主席。2010 年获得国家自然科学奖二等奖，2015 年获李四光地质科学奖，2019 年获国际地层委员会颁发的个人突出贡献金奖，2022 年获何梁何利奖和全国创新争先奖。2015 年当选中国科学院院士。

访谈组：您可以简要介绍一下您来咱们学校北京研究生部求学前的学习经历吗？是什么原因让您选择了煤田地质与勘探专业，并选择了古生物学研究方向？

沈树忠：我曾就读于浙江煤炭工业学校（现浙江工商大学）。当时这是一所中专学校，学习地质技工方面的基础知识，毕业后分配到浙江长广煤矿公司下属的查扉井，从事矿山地质技术工作。在煤矿一线工作非常辛苦，每天需要同煤矿工人一起下井。煤矿每年都有冒顶和瓦斯爆炸等事故发生，起初我感到恐惧又迷茫，意志也比较消沉。

浙江煤炭资源匮乏，长广煤矿是当时省里最大的煤矿，下属十几个矿井。查扉井地处浙江与安徽两省交界处，非常偏僻。整座矿井就一栋楼，既是办公室，也是宿舍。大家白天下井，到了晚上少数几位单身汉在宿舍一起聊聊天。矿上订有几份报纸，由于没有什么文化生活，外部信息主要来自这些报纸，因此报纸上的内容读得特别仔细。有一天我在报纸上看到一篇小报道，中专生张泽伟考上中国科学院学部委员（现称院士）郝诒纯的研究生。我非常激动，欣然给他写了一封信，一方面表达了对他的敬佩，同时表达了自己也想考研究生的想法，并询问他是否能给我寄一些相关资料。没有想到，张泽伟真的给我寄来了两本地质出版社出版的书，一本是《古生物学》，另一本是《地史学》。我收到书之后很受鼓舞，这两本书给了我莫大的帮助。经过一年多的死记硬背，我几乎把这两本书的内容都背了下来。考研还需要考英文。读书时学校的英文教学条件不好，没有什么教科书，所以我平时会用一台短波收音机收听英文，同时也托人在杭州外文书店买了一本英语词典，用来记英文单词。两年后，我决定报考地层古生物学专业。选择该专业是因为不需要考高等数学，高等数学对我们中专生来讲难度太大。实事求是地讲，当时我对地层古生物学还谈不上喜欢，之所以选择报考该专业，是因为我当时工作的长广煤矿旁边有一个采石场的煤山剖面很有名，采石工人发现了很多化石，已经被保护起来了。记得 1982 年一个大雪纷飞的日子，我和我女朋友（现今我爱人）去看了煤山 D 剖面，如今这一剖面成了世界闻名的“金钉子”剖面。当时，我完全没有想到我后来会与生物大灭绝研究结下不解之缘。

访谈组：1983 年您在咱们学校北京研究生部攻读硕士学位期间，师从地层古生物学家何锡麟先生。您能和我们分享一下在求学期间令您印象深刻的人或事吗?

沈树忠：1983 年，我顺利考上了研究生。入学以后，我才从导师何锡麟先生处了解到，我的考研成绩很不错，但由于我是同等学力考取研究生，没有本科学历，学校对是否录取我存在争议。为此，还在一次会议上讨论了是否录取我的问题。据说，由于何先生的坚持，学校才最终录取了我。所以，我要特别感谢何先生给了我这个改变我人生的机会。

入学以后不久，我经历了一次重大挫折。当时煤炭系统的考生凡是英文成绩 60 分以上的，一律可以公派出国深造。我的英文成绩名列前茅，被录取为派遣到澳大利亚的留学生。我们边学英文，边联系出国的学校。联系过程中发现由于没有本科学历和学士学位，澳大利亚昆士兰大学的教授没有接受我，于是我留在国内，师从我的导师何锡麟教授，正式开启了研究生生涯。

正式进入咱们学校北京研究生部读书后，我感到了很大压力。由于没有本科学历，根据当时的相关规定，需要补充完成大学本科的课程，所以我在学习研究生课程的同时，还另外补学了 6 门大学本科课程，其中就包括高等数学。一开始学习时，由于劳累过度，一度不得不中断学业回家休养了几个月，这也算是我当时上研究生的又一次挫折。

我的导师何锡麟教授毕业于北京大学，是我国煤系地层与古生物学领域有重要影响的知名地质学家，主要从事腕足动物、古植物等研究。他善于拓展创新，喜欢了解国际最新动态。记得当时美国科学家在意大利古比奥剖面白垩系与第三系[1]界线上发现了铱元素异常，提出白垩纪末恐龙灭绝是由于天外体撞击事件造成的假说，一时风靡全球。何先生对这一假说非常感兴趣，认为二叠纪末同样存在生物大灭绝，但原因不清楚。这样，我的硕士和博士论文选题也就聚焦在了煤系地层中的腕足动物化石与二叠纪末生物大灭绝上。

我对当时地质系的其他几位老师印象也都非常深刻，尤其是从事古植物研究的梅美棠老师，她总是谈笑风生，非常和蔼可亲。从事煤岩学研究的任德贻老师，戴着一副深度眼镜，当时我心里想这位老师一定学问很高，心中敬佩之心油然而生。还有几位我特别尊敬的老先生，由于大名鼎鼎，不太敢跟他们多交流。一位是韩德馨先生，他当时和杨起先生被公认为是国内煤田地质研究的泰斗。还有做构造地质研究的高文泰先生和教我们沉积学课程的张鹏飞先生也令我印象深刻。由于我的地质专业基础差，沉积学这门课学得不好，成绩也差，张老师给了一个“中”，所以我对张先生印象特别深刻。当时的校长是彭世济先生，他给我的印象是身材瘦削，每次他在大会上的讲话都给我们很大鼓舞。

访谈组：您的硕士学位论文是《重庆中梁山长兴组腕足动物组合层序及二叠、三叠系界线附近生物大更替的研究》，您在完成毕业论文时一定去了重庆中梁山进行现场研究。这个过程中有什么有趣的故事吗?

沈树忠：我去做论文的地方是重庆中梁山煤矿的一个排风井，叫北风井。当时有一些矿工住在那里，旁边就有几个很好的二叠系—三叠系界线剖面。长兴组灰岩出露非常完整，层面上有很多腕足动物化石。何先生带我去考察，我们没有住的地方，只能就近住在一个废弃的猪棚里面，条件非常艰苦。由于离剖面近，工作倒也十分方便。我把门板卸下来，用两个凳子搭成床，找了一点铺盖和蚊帐就在里面睡觉。记得当时天气很热，蚊子特别多，睡不好，就这样我一个人在那里一待就是两个月，每天白天到剖面采集腕足类化石，吃饭就在北风井的食堂。记得有几位矿工对我在那里采集很多的“贝壳”化石很好奇，后来慢慢熟了成了好友。我至今对那里几位煤矿工人的印象还非常深刻，无奈后来都失去了联系，但他们的样子一直印在我的脑海里。就这样，我在北风井采集了18箱标本寄回学校做研究，完成了我的硕士学位论文。硕士学位论文答辩由中国科学院学部委员杨遵仪担任主席，记得杨老先生对我的扎实基础工作给予了高度评价，我觉得特别荣耀和自豪。

访谈组：您多年来在地层古生物学领域从事相关研究工作，在二叠纪地层学、二叠纪末生物大灭绝与环境变化、腕足动物古生物学等方面取得了系统性和创新性成果，并获得多项荣誉，于2015年当选中国科学院院士。您有哪些科研经验可以分享给青年人？在从事科研工作时遇到一些棘手问题，您是怎样解决的?

沈树忠：实事求是地讲，我并没有对自己的未来发展做过详细的规划，一切都

---

[1] 第三系，古近系与新近系的旧称。

是顺其自然。同何先生做完博士学位论文以后，我对古生物学和地层学产生了浓厚兴趣，但研究水平不高，对自己能够做出一些成果、发表一些文章，让大家可以关注到自己的研究领域，感到很有成就感。因此，一路走来，我认为持之以恒地学习是最重要的，而后续的发展和机遇都是留给有准备的人的。

博士毕业以后，我到了徐州中国矿业大学校本部工作。记得当时教学工作很多，天天上课，一门普通地质学课就有 120 学时，还有古生物学、地史学等课。1994 年春的一个早上，我突然接到一个电话，是中国科学院南京地质古生物研究所的金玉玕研究员打来的。他说有几个国际同行想到西藏去做点工作，问我是否愿意陪同前往？我觉得这是一个很好的学习机会，当时初生牛犊不怕虎，于是爽快地答应了下来。之后，我一个人出发前往西藏。我先坐车到了南京，然后从南京飞到成都，再从成都飞到拉萨，这是我第一次坐飞机。从拉萨出发，我又坐了两天一夜的长途汽车，才到了一个很偏远的地方，叫古错兵站。外国学者从尼泊尔首都加德满都过来，其中有几位是加拿大地质调查局的专家。我们在古错兵站汇合，然后一行 30 余人坐大卡车进到山里，到达海拔 8000 米以上的希夏邦马峰的脚下。国外同行有的登山，我在希夏邦马峰附近的聂拉木县色龙西山剖面采集了大量第一手的标本和样品。基于这些标本，我和金玉玕先生的研究小组一起做了很多相关研究，从此也结识了世界著名科学家金玉玕先生。他开展的国际前瞻性研究对我后来的研究影响很大，至今我们团队的许多研究还在继承金先生的研究思路。澳大利亚的几位教授听说我在西藏采集了大量标本，非常感兴趣，后来专门申请了一个澳大利亚基金项目，题目就是《中国的冈瓦纳》，申请成功以后邀请我去澳大利亚工作。到了澳大利亚后，我就围绕这个项目开展西藏的相关研究。之后，我又多次前往西藏，采集了更多的标本，基于此也写了不少 SCI 论文。多次前往西藏，才让我认识到在西藏做研究其实有一定风险，有一次在西藏我感冒导致大面积心肌缺血，差点把命留在了西藏。后来我所获得的国家自然科学基金委员会杰出青年科学基金和创新研究群体项目大多数是基于我在澳大利亚期间做的有关西藏的研究成果。所以，我想以自己的经历鼓励年轻人，要脚踏实地、甘于吃苦、厚积薄发，机会来的时候，要紧紧把握住。

访谈组：自 1996 年开始，您被公派到日本和澳大利亚学习 4 年多，这期间有什么感受吗？您认为当时国内外的地层古生物学研究的区别有哪些？国内外科研方式有哪些方面的不同呢？

沈树忠：1996 年，我被公派到日本新潟大学地质系与知名腕足动物专家田沢纯一教授合作进行研究。日本是一个岛国，它的构造运动非常强烈，地层受到后期改造很大，化石材料稀少，不是研究地层古生物学非常理想的地方，半年后我转到了澳大利亚。当时，中国人要在国际刊物上发表论文是不太容易的。在澳大利亚，我发现那里的同行思想活跃、表达能力强，我在科研论文写作方面学到了很多。但是，在国外做我们这一方向的研究也存在困难。一方面，由于是基础研究，在国外要想找到地层古生物学方面做得好的工作是很困难的；另一方面，在国外做研究不能自己主导科研，经费也不足。因此，经过反复思想斗争，2000 年底我还是决定回国工作。

回国之后，正好赶上中国科学院知识创新体系改革，我能够强烈地感受到国家以及中国科学院等对留学归国人员的重视，经费支持强度也超过国外的研究单位，当时我一心想做自己的研究，去自己想去的地方。我觉得我赶上了国内科研环境优化的机会，我能够在基础研究中发挥作用是件非常幸运的事。

访谈组：2010 年您作为骨干成员参与的“中国的乐平统及二叠纪末生物大灭绝研究”获得了国家自然科学奖二等奖。您能简要分享一下此项研究的主要概况和难点吗?

沈树忠：二叠纪末生物大灭绝是地质历史时期最大的一次生物灭绝事件。当时由于大海退，在泛大陆很少保存有完整的二叠系—三叠系海相剖面，而在华南保存了最完整的海相地层记录。我从澳大利亚回国后，考虑到我自己的博士学位论文研究基础，研究方向又与金玉玕先生的研究非常接近，同时也是金玉玕先生等力荐我回国的，于是我就申请到中国科学院南京地质古生物研究所工作。“中国的乐平统及二叠纪末生物大灭绝研究”是金玉玕先生主导的，具体的一些研究工作，比如出野外采集标本、描述和鉴定化石等基础性的工作是我们几个年轻人在做。遗憾的是，金玉玕院士 2006 年去世。嗣后，我接替他成为国际乐平统工作组主席，该项目的报奖工作后来由我与团队成员共同组织完成。

当时，我们国家很多研究条件相对落后，具体体现在两个方面。一方面，我们的高水平的研究和技术人员比较缺乏，一些先进的技术手段、实验室设备也比较匮乏，比如地球化学分析设备很少、高精度测年设备空白，所以我们有些研究还需要到国外去做；另一方面，我们研究人员本身的水平还有待提升，当时年轻的研究人员对于前沿科学问题的思考比较欠缺，尤其是对全球性的发展方向、研究热点等方面缺乏了解。我们团队在金玉玕院士的领导下，能够进行二叠纪末生物大灭绝和中国乐平统方面的研究，推动中国乐平统成为一个世界标准，是很不容易的。这得益于金玉玕院士当时前瞻性的学术思想，他始终强调要有良好的数学知识筹备和计算机能力。我们大家按照他的高要求，共同努力，做了大量的定量分析工作，在国际上产生了一定的影响。

访谈组：您目前在高校从事教育教学、科学研究工作，您认为大学青年教师应该如何进一步提升教学和科研能力，逐步成长为一名优秀的“大先生”?

沈树忠：我觉得青年教师的成长需要付出很多的时间和精力，才能够走到前列。现在所说的“大先生”，都是靠自身的勤奋努力得来的。一方面，青年教师要真正热爱科学研究，把科研当作兴趣爱好，不是为了完成任务。就像我现在，每天除了吃饭、睡觉，首先想到的就是到办公室工作，没人要求我这么做，这就是我的兴趣爱好；另一方面，青年教师们要真正热爱教学工作，善于传播知识，引发学生思考，通过授课培养后备人才，作为一位教育工作者，要有良好的师德师风。个人的未来发展往往取决于一个人能付出多大的努力，所以我认为青年教师应该把自己最主要的精力用在教学和科研上，这才是广大青年教师取得更大成就的途径。

访谈组：2019 年 7 月 4 日您成为亚洲首位获得国际地层学最高奖——个人突出贡献金奖的中国科学家，请您对母校地质类专业发展提些建议和寄语。

沈树忠：能够拿到这个奖我倍感荣幸，这也意味着我得到了国际同行的认可。但实际上比我做得好的大有人在，尤其是我国一批老一辈地层古生物学家。这个奖项对我而言既是荣耀，也是鼓励。中国矿业大学，包括北京和徐州这两个校区，同我当时在母校工作的时候相比，在研究方向、研究内容、研究手段等方面都发生了很大变化。目前，母校地质类专业更加注重与煤炭资源等能源相关的地质问题，我认为这样的发展趋势是正确的。科研要不断与时俱进，满足国家需求，追求国际前沿，专业发展应该随着国家需求和科学前沿的变化而不断更新。尤其是母校，需要解决国家在能源探测、应用以及高效利用等方面存在的问题。因此，需要建立自己独特的优势，应该围绕着本校有优势的核心学科来发展，从而取得国际、国内应有的崇高地位，这对于提高学校的知名度或者国际、国内的影响力都具有重要意义。

访谈组：请您对母校的学子讲些期望和寄语。

沈树忠：我的座右铭一直是四个字：天道酬勤。我一直觉得人的聪明才智是相差不大的，每一个人取得的成绩和发展潜力都与个人的付出和努力有密切的关系。所以，我特别希望大家能够在目前这么好的条件下，更加珍惜来之不易的机会，好好学习，勤奋向上，这样才能够取得更大的成就，为国家做出更多的贡献。

特别鸣谢——沈树忠院士对本稿的亲自审定和大力支持！

言传身教育人，科技励志报国

——王华明口述

讲 述 人：王华明
访谈时间：2023 年 4 月
访谈地点：北京航空航天大学
访 谈 组：桑艳茹、李吉福、朱彤

人物简介：王华明，男，1962 年 5 月生，四川省泸州市合江县人。1983 年获四川工业学院（现西华大学）机械系铸造专业学士学位；1986 年获西安交通大学机械系铸造专业硕士学位；1989 年获中国矿业大学北京研究生部矿山机械工程专业博士学位；1992 年在中国科学院金属研究所博士后出站到北京航空航天大学工作，同年获德国洪堡基金，赴埃尔兰根-纽伦堡大学工学院金属科学与技术研究所工作。2015 年当选中国工程院院士。现任北京航空航天大学教授、大型金属构件增材制造国家工程实验室主任、国防科技工业激光增材制造技术创新中心主任、大型整体金属构件激光直接制造教育部工程研究中心主任、北京市大型关键金属构件激光直接制造工程技术研究中心主任、教育部创新团队学术带头人。为国家杰出青年科学基金获得者、教育部“长江学者”、北京高校教学名师。入选首批国家“万人计划”科技创新领军人才。获全国五一劳动奖章、“航空报国金奖”一等奖、何梁何利基金科学与技术进步奖和第四届国防科技工业杰出人才奖等荣誉。

访谈组：您可以简要介绍一下您来咱们学校北京研究生部求学前的学习经历吗？是什么原因让您选择来母校学习矿山机械工程专业的呢？

王华明：1979 年我考上成都农业机械学院，学的是铸造专业。铸造的历史比较悠久，5000 年前青铜器时代就有了铸造工艺。我毕业时，学校改名为四川工业学院。当时我觉得大学毕业能去工厂当技术员或工程师就不错了，考硕士研究生只是抱着试一试的想法。那时候全国硕士点很少，考取难度很大，一般是在寒假期间进行研究生考试。我听说西安交通大学铸造专业招硕士研究生，考普通物理，不考高等数学，于是我就报考了西安交通大学。笔试考完以后接到成绩通知单感觉考得不错，但等了两个星期也没接到参加面试的通知，心想这肯定是没考上，于是就继续做毕业设计。大概到7月将要本科设计毕业答辩的时候，我收到了西安交通大学的调档函，我被录取了。硕士研究生考上后，我心想一定要在西安交通大学好好学习，因为从一个普通大学考上西安交通大学这样的重点大学研究生是非常不容易的。

当时大学生毕业后的工作还是包分配，没有选择的余地，比如一个班40个人，毕业分配就有40个指标。而硕士研究生毕业以后，只要找到了工作单位，到哪里工作都可以，一个人可能会有多个单位可选择。硕士研究生毕业以后，我还不想立即找工作，想继续攻读博士学位。但那时全国博士点很少，当时也不像现在有各种各样的信息渠道，没有电话，只可以写信。我看到浙江大学招铸造专业博士生，但我错过了浙江大学春季报考博士的时间，只得等下半年报考别的学校博士生了。后来了解到南京工学院博士生是冬季报考，1986年12月考试，于是报名了。我硕士毕业后就没有助学金了，宿舍也不能住了，所幸学校老师很关照我，帮我找了一间房子，同一位甘肃籍的同学一起住，一起考博士。我还向老师借了点钱，继续复习准备12月的考试。大约在5月时，我看到中国矿业学院北京研究生部的研究生招生简章，是7月考试，于是我就赶快报了名，省得拖到年底考试了。

那时候全国只有中国矿业学院北京研究生部和清华大学这两所学校招摩擦学专业博士生。中国矿业学院北京研究生部矿山机械工程的博士生导师是邵荷生老师。后来我考上了咱们学校，我原本就是学耐磨材料的，咱们学校的摩擦磨损研究室正好也做材料磨损研究，所以我便跟着邵老师学习矿山机械工程专业。

访谈组：1986年10月至1989年7月您在咱们学校北京研究生部学习并获得博士学位，您能和我们分享一下在这期间令您印象深刻的人或事吗？

王华明：在咱们学校北京研究生部的学习对我一生影响非常大。我1986年7月参加考试，顺利考取了北京研究生部的博士，国庆节以后开学报到。谈及令我印象深刻的事，主要有以下五个方面。

第一，我觉得咱们学校的老师和领导对学生都很好。当时学生少，一届博士生就十几个人，硕士生就二三百人，学生同老师之间接触都比较多，学校机关的领导和教师也能同学生打成一片。第二，北京研究生部学生住宿条件特别好，住的是单元房，四室一厅的，卫生间和客厅非常大，阳台特别舒服，每个房间都有阳台，宿舍楼有天井，我们楼里有电视机可以看电视，电视机一星期换一个位置，保证大家都可以看到。我们是住进新宿舍楼的第一届学生，我和何满潮是室友，他比我早两年当选院士，所以我们宿舍两人后来都当选为院士。他是中国科学院院士，我是中国工程院院士。当时学校宿舍楼建造的理念是30年不落后。所以，咱们学校对学生很好。第三，洗澡发澡票，洗澡不要钱。第四，学校的科研政策一直很宽松。那个时候为方便老师做科研和省钱，老师们科研花费打白条的收据是可以报销的，管理费扣得少，整体的学术氛围是比较宽松自由的。第五，入党的经历也让我记忆犹新。

我在读博士期间入党，北京研究生部党委书记徐有恒代表上级党组织亲自找我谈话。他没有架子、和蔼可亲，令我记忆深刻。我当时的入党介绍人是何满潮，他入党较早。我和他同住一个寝室，他是我们党支部的宣传委员和组织委员，其他同学受他的影响也都积极入党。在改革开放初期，北京研究生部我们这一届一共 16 名博士生，大概有 13 人是非党员，其中 11 人向党组织提交了入党申请，成为全国的典范党支部。何满潮思想敏锐，总结归纳提炼能力超强，不经意的事他第一时间就能抓住要点。我与他同寝室了一年多，后来他结婚后，我就搬去了另一个寝室。

访谈组：您在读博期间，当时咱们学校北京研究生部的基本情况是怎样的？这段求学经历对您今后的工作科研有什么帮助或影响呢？

王华明：在咱们学校北京研究生部读博的 3 年，我个人认为锻炼了自己独立工作的能力。当时学校的环境宽松，邵老师为我们提供保障条件，解答学术疑难，同时很放手，我们完全可以放手去做我们想做的研究。我当时需要去全国各地做各种各样的实验，通过各种各样的渠道去联系，完全自己动手，锻炼了我独立工作的能力。当时在北京的学习条件很好，图书资料可以到图书馆去借阅和复印，还有煤炭工业部情报中心、北京图书馆、机械工业部情报所，这些都是那时候获取资料的地方，我一天到晚骑着车去查阅资料并复印下来，学校能够报销复印费。实验方面，炼钢在西安冶金建筑学院（1994 年更名为西安建筑科技大学），锻钢在北京钢铁学院（1988 年更名为北京科技大学），我都能跟那些工人打成一片。我还曾骑着三轮车去现今北京西站所在位置的附近拉沙子来做磨料磨损试验用，一天拉两车。这些丰富的经历确实锻炼了我自己独立工作的能力。

访谈组：您先后获德国洪堡基金、国家杰出青年基金等，并于 2015 年当选中国工程院院士。一直以来，您是如何攻克科研难题的？您认为当代青年人在科研工作中应具备怎样的科学精神和素质能力？

王华明：我觉得对年轻人来说需要具备两方面能力：第一个方面是要有扎实的理论基础。我个人认为一棵树能长多高取决于其根有多深。数学基础、物理基础、化学基础、力学基础等。这些科学知识的基础是最重要的，时代在变化但科学知识的基础不会变。所以大三以前学的知识，可能是终身都受用的。第二个方面是选题要有价值。我觉得科研工作者做的研究一定要面向国家的重大需求，要对社会有实用价值，要促进社会进步。我觉得这个是非常重要的。做科研，你首先得知道问题在哪儿，需要解决的问题是什么。比如，原来煤炭行业的安全事故比较多，有关领域的研究者就应该想着如何去改善施工条件、装备条件、工作条件，从而从根源上杜绝事故发生。我觉得这就是以面向国家的重大需求为出发点的研究。要做先进的或是别人做不了的、别人做了但做得不足的研究。我认为上述的两方面最为重要，一个是基础，另一个就是以发现问题在哪来确定选题，同时要想发现问题，深入一线是很必要的。此外，我觉得选题要深入实际去发现问题。选择研究方向，只要方向选准了，就要一直坚持下去。古人说的“行万里路”其实就是找问题、找方向，

“行万里路”可能比“读万卷书”还要重要。

访谈组：您实现了用激光直接制造金属大型复杂构件的创新突破，使中国成为目前世界上唯一突破飞机钛合金大型主承力结构件激光快速成形技术、实现装机应用的国家。您是如何确定此研究方向并坚持开展这一研究的？您可以和我们分享一下这其中的故事吗？

王华明：我本科学铸造。几千年前的青铜器时代便应用铸造技术制造刀、剑等武器和生产工具了。青铜冶铸技术是一个关于金属冶炼和器件铸造的技术，青铜是金属冶铸史上最早的合金，铜里面加锡、铅等元素就变成了合金。后来有了钢铁，钢铁也是如此，炼完以后配成合金再去浇铸。我的研究方向是围绕金属展开的。提高金属的性能是金属材料发展的基本问题，怎么能让金属零件强度又高、韧性又好、寿命又长，这是一个永恒的主题，即怎么能让金属做得更好。

1989 年我从中国矿业大学北京研究生部博士毕业，进入中国科学院金属研究所跟随中国工程院院士胡壮麒做博士后。当时胡老师让我做高温合金激光表面熔化快速凝固理论研究。激光能量密度很高，照在金属表面一瞬间就会熔化，随后瞬间冷却转变成固体，表面层结构就彻底改变了，性能就提高了。那时候老师就让我们用这个方法去修涡轮叶片、发动机单晶叶片。如果叶片表面上有一个小的缺陷，叶片就废了，但是用激光照射后就能把它修复。其原理在于激光一照，金属快速熔化和凝固，结晶过程特别快，其化学成分就特别均匀，晶粒变得特别细，性能变得特别好。这是金属快速凝固后的一个基本特性。

后来，我就想：假如我用这个方法把金属熔化后一层一层地快速凝固往上堆，堆出的金属内部微观组织就很细，其性能肯定好。从本质上看，这就是金属快速凝固的基本特性。假如做一个飞机的零件，以飞机的起落架为例，它可能特别大。金属零件制造，几千年以来都是先熔炼金属，熔化成液态金属再浇到模子里面，冷却后得到铸件。浇铸大型金属零件，由于热量大，冷得慢，金属凝固结晶出来的晶体晶粒特别粗大，性能不好，也不致密。

从青铜器时代以来，冶金铸造都是要先把金属变成液体，再变成固体。但是那时候铸造的东西晶体太粗，强度不高，里面疏松不致密。而现在我们可以通过激光熔化堆积快速凝固的方法解决上述这些问题。我们希望用这种方法制造的大型金属零件的材料强度越来越高、韧性越来越好、尺寸规格越来越大、价格越来越便宜。这是我们追求的目标。

访谈组：作为中国激光 3D 打印技术的带头人，您能谈谈对激光 3D 打印技术开发应用前景的看法吗？

王华明：其实传统方法要做好大型金属零件挺难的，不仅需要昂贵的金属冶金和铸锻重工业装备等基础设施，而且技术难度大、成本高、性能低、周期长。高性能大型关键金属构件制造能力和性能，被世界公认为是重大装备制造的基础和核心关键技术。

现在我们激光3D打印技术研发出来，不再依靠传统金属冶金工业和铸锻重工业设施，也不需要模具，节省了很多很多的原材料，周期短，性能质量还好。从这个意义上来看，我们做的事情是一个伟大的、有价值的事情。我们通过激光熔化逐层堆积生长方法，把很多用传统的方法无法熔炼在一起的元素均匀融合在一起，比如铝和钨的熔点、密度、性质均相差很大，用传统的熔炼方法根本无法炼在一起，就像水和油是混不在一起的一样。而通过激光增材制造技术可将它们熔合在一起，形成一种新材料。所以我觉得激光3D打印技术会变革材料，产生新一代的材料。激光3D打印技术是数字化、智能化的，基本上不需要人，工作环境也是安安静静的，耗能少，还便宜。因此，应用这个技术不再需要传统的重工业装备，对于未来重大装备的材料、制造以及整个制造业可能都会带来巨大的变革。

访谈组：多年来您在高校始终坚持本科一线教学工作，自1995年以来讲授了金属学原理等14门主要课程。您有什么样的教学经验传授给青年教师？您认为青年教师应该怎样提高自己的教学与科研能力？

王华明：我从1995年开始一直在上课，现在也还在给本科生上物理冶金学等专业基础课。一方面，我觉得老师必须得上课，这本就是教师的本职工作；另一方面，我个人认为要当好老师、讲好课，是不容易的。老师可能在讲课的过程中才发现原来好多自己觉得会的东西其实是不会的。我个人在上课的过程中，不断在思考，不断在提高自己，有了很多收获，所谓教学相长，所以老师还是应该好好上课。

作为教师，首先要有一桶水，才能给学生一碗水。你在教学生知识的时候，你一定要知道得更多。我觉得上课的过程也是一个学习提高、思考收获的过程。举个例子，在我们团队当中，除了激光3D打印技术这个研究方向外，还有做耐磨、耐腐蚀、耐高温、涂层、表面科学与表面技术等研究方向，应用在轴承、密封、泵、阀门、机械运动副零部件等方面。金属零件只要运动就会有磨损，只要有接触就有相对运动，就会有摩擦、有磨损。怎么能让材料在高温条件下、在海水里、在腐蚀条件下耐磨，我认为这是一个普遍的难题，这既是材料学又是力学的问题。我1995年在给本科生讲金属学原理课，讲到拓扑密堆结构金属间化合物时，就给我的科研带来了很大启发，并由此形成了我们团队除金属增材制造外的第二个特色研究方向。我觉得教师上课时的思考，或许能够发现一个新的方向。此外，我觉得青年教师一定要有总结提炼的科研能力。如果我不上这门课，就没有学习到这个方向，尤其讲偏基础一点的课程，基础学科对于教学与科研确实有用。

访谈组：当前学校正在全力建设世界一流的能源科技大学，您对母校未来发展有什么期望？

王华明：咱们学校历史悠久，有务实的优良传统。我希望母校可以在传统优势的基础上老树开新花。就能源来说，这是社会永恒发展的支柱，未来离不开能源。我国的能源结构短期之内难以改变，煤炭作为支柱能源在一定时间之内还不会改变。但是怎么运用更清洁化、智能化的技术把煤炭用得更好，是我们要考虑的新方向。

要不断开辟新领域，继续把传统优势发挥好，形成新优势，形成新特色。

访谈组：您认为当代青年应该如何将自己的成长与国家的前途命运紧密联系？您对母校学子有哪些寄语？

王华明：中华民族现在真正赶上了一个特别好的时代。在这种环境条件下，我们生逢其时，重任在肩。对青年人来说，要有自强之心，要有自豪感，尤其在这样关键的时候，广大青年要发奋图强、众志成城，让中华民族屹立于世界民族之林，实现伟大复兴。

第一，青年学生要增强自信心和自强心，沉下心来把理论基础打牢固，同时要有创新意识，从自己做起，脚踏实地盯着自己的目标使劲往前进，为民族复兴做出应有贡献。第二，要始终把服务国家作为自己永恒不变的精神追求，把为国出力、扎根人民作为一辈子的志向，把肩负国家使命和探索科学前沿相结合，把开展科研创新和面向国民经济相结合，坚持学术至上，不断努力钻研。第三，国家尖端科技领域前景广阔、任重道远，青年学生作为祖国未来的希望，更要把握青春，有远大的理想、浓厚的兴趣、执着的追求、长期的努力，成为祖国需要的优秀人才，为中国和世界科学技术的发展贡献力量。

党的二十大指出，到21世纪中叶把我国建成富强民主文明和谐美丽的社会主义现代化强国。现在距离2050年只有20多年了，现在的青年人到那个时候正是国家建设的中坚力量。中国现在的发展速度很快，在很多领域，我们广大青年都要自立自强、坚定信心、乘势而上、赓续奋斗。

特别鸣谢——王华明院士对本稿的亲自审定和大力支持！

心无旁骛深耕力学研究，百折不挠勇攀科研高峰

——魏悦广口述

讲 述 人：魏悦广
访谈时间：2024 年 9 月
访谈地点：北京大学
访 谈 组：崔子怡、左东方、朱彤

人物简介：魏悦广，男，1960 年 1 月生，陕西省渭南市人，教授，博士生导师，力学家，中国科学院院士，第十四届全国政协委员。1982 年在西安矿业学院力学师资班获得力学学士学位；1986 年在中国矿业学院北京研究生部获得工程力学硕士学位；1992 年获得清华大学博士学位。1982 年从西安矿业学院毕业后在山东矿业学院函授部任教；1986—1989 年在山东矿业学院岩石力学教研室任教；1992 年博士毕业后在中国科学院力学研究所从事博士后研究，并担任副研究员；1995—1998 年在美国哈佛大学从事博士后研究，并做访问学者；1998 年回国后在中国科学院力学研究所担任研究员；2016 年担任北京大学力学与工程科学系教授；2017 年当选中国科学院院士；2022 年担任北京大学信息与工程科学部副主任。曾担任科技部 973、国家基金委创新群体以及中国科学院国际学术团队等项目首席科学家。曾获国家自然科学奖二等奖（2008 年、2013 年）、三等奖（1995 年）、中国青年科技奖（1994 年），中国科学院青年科学家奖（1993 年），入选中国科学院“百人计划”（1998 年），获国家杰出青年科学基金资助（1999 年）和北京大学国华杰出学者奖（2022 年）等奖励和荣誉。主要从事固体跨尺度力学、弹塑性断裂力学、复合材料力学等研究。在国际上建立了协同考虑应变梯度和表界面效应的跨尺度理论；建立了可压缩应变梯度理论和适合应变梯度理论的有限元方法，并由此预测出金属的微尺度断裂强度高达其宏观屈服强度 10 倍以上的重要结论，突破了传统力学理论的预测极限，引起跨尺度力学研究在国际上的广泛开展。

访谈组：您可以简要介绍一下来中国矿业学院北京研究生部求学之前的学习经历吗？是什么原因让您选择了工程力学专业？

魏悦广：我是恢复高考后的第一届本科生，即77届本科生，当时考到西安矿业学院（现西安科技大学）力学师资班学习力学专业。由于当时高校教师非常缺乏，青黄不接，煤炭工业部在其所属高校设置师资班，专门培养高校教师。当时西安矿业学院设置了力学师资班，后来从我工作的单位了解到山东矿业学院77届设置的是数学师资班，淮南矿业学院设置的是物理师资班，阜新矿业学院设置的是机械制图师资班，等等。当时国家实行的是计划招生、计划分配等政策，通常转专业很难，我被分配到力学专业就学了力学专业，毕业后就从事了力学专业，所以心里也比较安稳和专注，只考虑如何学好力学专业。我所在的力学师资班主要是由力学教研室和数学教研室的老师负责课程设置和授课，所以大学阶段所修课程除了许多力学课程之外，还有许多数学课程，这样的课程设置让我们打下了坚实的力学和数学基础。正是由于这样的培养模式，让我在之后的力学研究、教学和人才培养方面表现出了许较强的优势。1982年1月大学毕业后，我服从分配来到离家较远的山东矿业学院工作，前两年半在函授部任教，给山东省各矿务局的函授生讲授材料力学和理论力学等课程。工作两年半之后，我报考了中国矿业学院北京研究生部工程力学研究生班（当年教育部在全国设置了研究生班，以缓解稳定高校教师队伍与教师自身提升要求之间的矛盾），主要是因为中国矿业学院北京研究生部陈至达老师在力学界的名望和学识，他是钱伟长先生的学生，我就希望能师从陈至达老师，提升自身专业水平。很庆幸我如愿考上了研究生班。

访谈组：访谈组： 1984年至1986年您师从陈至达教授在校学习并获得硕士学位，您能和我们分享一下在这期间令您印象深刻的人或事吗？这对您后来的科学研究工作有着怎样的帮助？

魏悦广：我所在的研究生班共有18位同学，大多数是来自高校的老师和研究院的在读研究生。在学校学习的两年里，陈至达老师对我的影响很大，让我收益良多，其中最关键的是陈老师做研究的方向——做力学的基础前沿性研究，而该类研究同时又与重大工程应用紧密相连。当时陈老师研究的是与杆、板、壳相关的大变形理论，属于力学的基础前沿方向，该研究方向又辐射了一大批重大工程实际问题的答案。用现在的话来说，陈老师的研究既是学科前沿，又面向国家重大需求。陈老师的学术水平很高，他站得高、看得远。我学习了相关知识、了解到未来的进展后，就清楚了自己今后的方向定位。我深刻感受到要想学好力学，就要掌握好数学和物理的相关知识。陈老师的数学和物理相关知识很丰富，他总是结合实际问题开展深层次的基础科学研究，他曾提及过他之前的经历让他萌生了研究大变形问题的想法，所以就有了后来他围绕杆、板、壳的大变形理论的研究。我的硕士论文研究方向是非均匀的杆、板、壳的统一力学表征，陈老师对此也十分感兴趣。

当时我们研究生班的主导师是陈至达老师，除了陈老师之外还有几名老师一同指导我们，包括赵国景老师、赵鹏年老师等，赵国景老师是我的副导师。学校在1984年一共招收了3个研究生班，我们是84级3班，中国矿业大学（北京）原副校长姜耀东同我是同届同门的同学，他是84级2班的。3个班的同学往来比较密切，选课、上课都在一起。当时的教室基本都在理化楼，我们的宿舍是现在学校的学12楼。当时的课余体育锻炼很丰富，有打乒乓球的，有打篮球的，还有打排球的。我喜欢长跑，每天早晨，我都会绕着学校外围街道跑一两圈，无论刮风下雨从未间断。我印象里还参加过海淀区的比赛。我上大学时就是学校长跑队的，拿到最好的一个名次是西安市越野赛第五名。现在我已经把跑步当作一个日常习惯，如果哪一天没有跑步，反而觉得不舒服。

访谈组：2017年您当选为中国科学院院士，取得了骄人的科研成就，您在科研过程中如何应对科研挑战？

魏悦广：1986年我从咱们学校硕士研究生毕业后回到山东矿业学院岩石力学教研室工作，与我国著名岩石力学家陈子荫教授共事3年，也获得他多方面的指导。1989年我考入清华大学固体力学专业的博士，我的导师是黄克智先生，副导师是杨卫老师。我依旧从事力学方向的理论研究，比如纤维轻质复合材料的弹塑性失稳。毕业后到中国科学院力学研究所做博士后，师从王自强老师，开展了弹塑性断裂力学和基于高阶渐近场的断裂准则研究。我觉得我运气也挺好，博士后期间评上了中国科学院青年科学家奖，因此也得到了出国访学的机会。在王自强老师的推荐下，1995年，我前往哈佛大学从事博士后研究，并做访问学者，从事基于应变梯度理论的跨尺度力学研究。当时哈佛大学已经开展了应变梯度理论方面的研究，但是遇到了研究瓶颈，研究结果与明显的物理规律有矛盾，无法进一步推进。我接手这项工作以后，严格建立了完整的力学数学模型，放弃若干人为假设，编写计算求解程序，解决了之前的问题和矛盾，得到了我的合作者、国际著名学者、哈佛大学Hutchinson教授的高度认可。由于我具有解决力学数学疑难问题的一些优势，使得我的访问学者时间一再延期，直到1998年8月回国。此次我在哈佛大学做了3年半的研究工作，并且回国后应哈佛大学邀请继续与之合作长达10余年之久。

我之所以一直坚持在力学领域的基础理论方向开展研究，探讨力学深层次的问题，能这么长时间坚持研究方向不变，原因首先就是陈至达老师教导的，要面向学术学科前沿开展高水平的基础研究。其次就是在学习和工作中能感受到工程领域都非常需要力学理论的把关，以此来指导实际工作的创新性开展。

访谈组：您深耕力学领域，担任科技部973、国家基金委创新群体以及中国科学院国际学术团队等多个项目的首席科学家，您有哪些科研经验可以分享给青年科研工作者？

魏悦广：我认为青年科研工作者要成长为某一行业领域的专家，首先，要有自己的专业特长，要成为自己研究领域的“小专家”，才能逐步站得更高、看得更远。如果没有自己的特长，就只能粗略地、泛泛地看问题。只有成为某一领域的骨干成员，才能继续往前走，进而引领整个领域。其次，要下功夫，刻苦钻研，扩大知识面，将自己的所学专业和国家、社会需求相结合，注重创新能力和实际技能的培养。最后，要有健康的体魄，养成良好的体育锻炼习惯，比如我自己就坚持跑步锻炼，这是能够不断取得创新成果的体质要素。

访谈组：您在新材料的力学性能方面开展了大量的研究和思考，您能分享一下新材料科学的研究前沿有哪些吗?

魏悦广：谈到新材料在工程实际中的服役性能，即它的强度、韧性、破坏、寿命等，主要是力学机制起主导作用，这就需要采用跨尺度力学理论来表征，因为它的总体力学性能紧密地依赖于微观结构特征。若按凝聚态物理的说法，新材料研制与微观调控即量子调控有关。从理论上讲，新材料的宏观性能可通过微结构的设计得以实现。比如，人们可以通过微观调控，使得材料的性能得以十倍、百倍的提升，可满足航空航天和国防等高精尖工程技术领域的需求，也可解决核心关键技术的“卡脖子”问题。现在我们国家在新材料力学理论研究方面还相对比较落后，因此工艺提升比较缓慢。相比而言，发达国家虽然在相关理论研究方面的优势并不是太大，但其在相关精细制造技术方面的经验积累有较大优势，明显优于我们。所以当前要想赶超发达国家，就要积极推动新材料的理论研究，以此达到精细制造技术的突破，实现跨越式发展。力学性能是新材料应用的关键要素，材料做出来后要投入使用，要满足寿命、承载等的能力要求，因此相关力学研究极其重要。新材料和传统材料最大的差别是从微观上基本消除了缺陷，而传统材料的制作工序决定了其微观上存在着难以消除的缺陷。比起传统材料，新材料肯定有好的一面。要研究新材料就必须具备较深入的理论基础，起码需要把理论搞得透彻一些。

访谈组：您长期坚守在教学科研第一线，您如何看待产学研深度融合，科学研究如何真正实现服务于国家、时代的需求的目标?

魏悦广：以新材料的研发为例，力学理论对新材料的研发提供了关键的理论基础。只有深耕基础理论，将力学理论理解透，才能更好地推进新材料的创新研制。早期传统力学对于常规材料在工程应用中的指导，极大地促进了工程技术的发展进步。当前对于新材料而言，如果没有强有力的跨尺度力学理论做支撑，则不能设计出高性能的微观结构。没有跨尺度力学理论的指导，单凭经验制作新材料，材料的性能无法真正实现高性能，无法获得缺陷消除机制。只有在一定程度上掌握了新材料相关的理论和机理演化，才能真正设计出高性能的新材料，才能认识到新材料的服役性能。所以，现代工程技术应用都非常关注理论水平的提升。国家也非常重视基础研究，以解决“卡脖子”技术问题。

访谈组：您如何看待基础研究在推动国家发展新质生产力中的重要作用?

魏悦广：党中央高度重视科教兴国、人才强国工作，习近平总书记的重要讲话给科技工作者提出了明确要求，尤其为推动科技创新、加强基础研究在发展新质生产力中的重要作用指明了方向。基础研究是科技创新的源头，是实现高质量发展的重要基础。实现高水平科技自立自强，发展新质生产力，离不开对基础研究及应用基础研究的重视。加强基础研究，归根结底要靠高水平人才。面对当下科技界出现的浮躁现象，我们应继续深化人才评价机制的改革，长期稳定保障优秀中青年科技人才薪酬待遇，使他们能够沉下心来搞研究，才能从根本上激发广大科技人才的创新活力与潜能，努力培养造就更多的一流领军人才和创新团队。

访谈组：党的二十届三中全会中提出“深化教育科技人才体制机制一体改革”，您曾表示要深化科技和人才评价体制改革。您觉得母校如何着力培养拔尖创新人才、培育一流科技领军人才和创新团队？

魏悦广：教育界非常关注人才体制机制的改革，然而众所周知对已建立的人才评价体制进行改革会遇到很多困难，如何把真正的人才选拔出来是核心。我参加了一些关于人才的战略研讨会，我个人觉得一个人要成长为真正的人才，一方面要在某一研究领域有自己的特色特长，另一方面还要与同领域国内外同行进行广泛交流，以获得较广泛的认可。人才培养重点在于真才实学的能力培养和自身素质的自我提升，同时也要有更多的成果产出和积累。学校在学科发展上，要紧密围绕学科领域的发展趋势，打造学校的特色与特长。

访谈组：您对母校学子有哪些寄语和期望？

魏悦广：第一，大学生要有扎实的基本功。珍惜当下的学习科研环境，潜心学习，厚积薄发。第二，大学生要有抱负。既要有广博的知识面，也要兼顾自身专长。第三，大学生要坚持身体锻炼，保持学习工作中的充沛精力。

特别鸣谢——魏悦广院士对本稿的亲自审定和大力支持！

胸怀国之大者，引领智能矿山

——葛世荣口述

讲 述 人：葛世荣
访谈时间：2024 年 8 月
访谈地点：中国矿业大学（北京）
访 谈 组：崔子怡、左东方、朱彤

人物简介：葛世荣，男，1963 年 4 月生，浙江省天台县人，教授，博士生导师，中国工程院院士。1979 年考入鸡西矿业学院（现黑龙江科技大学）煤矿机械化专业学习；1983 年考入中国矿业学院北京研究生部学习，1986 年获得矿山机械工程专业硕士学位；1989 年获得中国矿业大学机械工程专业博士学位。1986 年从中国矿业学院北京研究生部毕业后到中国矿业学院矿山机械系任教；1997 年 3 月任中国矿业大学副校长；2007 年 9 月任中国矿业大学校长；2018 年 10 月任中国矿业大学（北京）校长、党委副书记；2021 年当选中国工程院院士。曾获国家技术发明奖二等奖（3 项）、国家科技进步奖二等奖与三等奖、何梁何利基金科学与技术进步奖、全国创新争先奖、中国青年科技奖等奖励及“全国优秀科技工作者”等荣誉称号。发表论文 300 余篇，出版专著 5 部，获专利授权 30 条项。主持 863 计划重点项目、973 计划课题、国家自然科学基金联合基金重点项目等多个国家级项目。长期从事煤矿智能运输工程研究工作。

访谈组：您能简要介绍一下您来中国矿业学院北京研究生部求学前的学习经历吗？是什么原因让您选择了矿山机械工程专业？

葛世荣：1979 年高考恢复不久，学校鼓励能参加高考就尽量参加，当年我读高二，自学完高三的课程，就提前参加了高考，很幸运考上了鸡西矿业学院（现黑龙江科技大学）。当时，我生活在黑龙江嫩江的农场，常听到毛泽东同志号召“农业的根本出路在于机械化”，常年耳濡目染农场机械化作业，觉得机械化很高大上，所以高考志愿报了 5 所大学，都选了机械化有关的专业，比如农业机械、冶金机械、煤矿机械，最后被录取到鸡西矿业学院的煤矿机械化专业，开启了我从事煤矿机械化，后来研究煤矿自动化、智能化的大门。另外，在20世纪70年代煤炭是国家工业发展的“粮食”，被称为乌金。煤炭是对国家发展至关重要的能源，因此学习煤矿机械化专业对我也有很大吸引力。

在鸡西矿业学院读本科时，老师对学生很用心，班主任、辅导员对学生都是个性化辅导，非常关心学生的前途发展。得知我有考研究生的想法，就告诉我如何报考、考哪些课程、如何备考之类的信息，英语老师还单独给我“吃小灶”，辅导考研英语。在各位老师的指导下，我参加了1983年的研究生考试，矿山机械工程仍是我最热爱的专业，当时第一志愿就报了中国矿业学院北京研究生部。

访谈组：1983年至1986年您在北京研究生部攻读硕士研究生期间的学习生活是怎样的？有哪些让您印象深刻的人或事？

葛世荣：我记得当年一共招收了60名研究生，被分成两个班级，我们是研83级1班。由于住宿条件有限，我们1班大部分同学住在临时改造的通风楼宿舍。民族楼和理化楼是上课的地方，理化楼北面是食堂。那会儿学校还没有图书馆，只有资料室，我查阅资料要到校外的煤炭工业部情报所、机械工业部情报所、冶金工业部情报所，都是骑着自行车一天往返。我们学习生活很简单，也很充实。给我们上课的老教授学术造诣很深，教我们大变形力学的是陈至达老师（钱伟长先生的学生）、教工程数学的是贺祖琪老师（华罗庚先生的学生），教液压传动的是周士瑜老师，教摩擦学基础的是邵荷生老师，教结构动力学的是赵国景老师，等等。我们在这些老先生们的言传身教下，学习了很多跨学科的基础课程，对我们未来专业发展给予了非常大的帮助。我们的业余生活丰富多彩，当时著名指挥家李德伦先生每周三下午都到学校讲授音乐欣赏。他拎着录音机给我们讲小提协奏曲《梁祝》，讲贝多芬的交响曲。我对音乐的喜爱和理解得益于李先生讲座的启蒙。此外，北京舞蹈学院老师每周六晚上带着他的学生，教我们学习国标舞。我们班级还会组织郊游活动，到香山、十三陵、颐和园等地去郊游。印象最深的是1984年10月1日晚上，我们班同学一起骑着自行车，到天安门广场参加庆祝新中国成立35周年群众联欢活动。中国矿业学院北京研究生部当时优良的学风、教风给我留下了深刻印象。

访谈组：您在担任中国矿业大学（北京）校长期间，是如何推动学校打造学术引领的新平台，加速学科和专业升级改造的？

葛世荣：我是2018年10月到学校任职的，那个时候学校已经得到长足的发展。我们的学校虽然面积不大，但综合实力不容小觑，我把学校描述为“浓缩的精华”。所谓“浓缩的精华”，首先是师资力量雄厚；其次是要能培养出高素质、高能力的学生，他们要热爱学习、刻苦学习、善于学习；再次是服务国家、行业的能力要强，可以为国家、为行业做出一些引领性的贡献。当我得知要来学校任职之后，就开始思考我们学校能为煤炭行业或者能源行业做些什么重大贡献，解决什么重大难题，做出哪些引领性成果。恰好我当时协助国家煤矿安全监察局做矿山机器人发展规划，再加上我本身做了多年煤矿机器人研发工作，就觉得智能化、无人化将是煤炭行业未来发展的重要方向，学校可以抓住矿山智能化、无人化建设机遇，将其作为我们学校引领煤矿行业发展的一个重点方向。为此，我就大力推动矿山智能化前沿性研究，协助国家煤矿安全监察局制定了《煤矿机器人重点研发目录》，成立了中国矿业大学（北京）智慧矿山与机器人研究院。

为了成为“浓缩的精华”，学校这几年来坚持内部整合、外部联合的办学思想，构建研究型本科教育和创新型研究生教育体系，创建世界首个智能采矿工程、碳储科学与工程本科专业，沙河校区设立加强通识教育的福中书院，在沙河的福中书院，本科一、二年级和研究生一年级加强通识教育。

在内部整合方面，我们优化组建了能源与矿业学院、应急管理与安全工程学院、人工智能学院和机械与电气工程学院。人工智能学院的成立是基于打造智能矿山引领性学术平台的理念，在矿业领域打造前沿性的学科平台。特别是 2018 年 3 月国家改革组建应急管理部，同年年底学校重新组建成立了应急管理与安全工程学院，是学校响应国家重大需求的举措。在外部联合方面，我们谋划了教育部与应急管理部共建国家安全科学与工程研究院，目前国家安全科学与工程研究院已成为学校安全学科建设的重要科研平台。此外，在鄂尔多斯成立了中国矿业大学（北京）内蒙古研究院。

访谈组：在矿山智能化发展的大背景下，您觉得要建设引领行业发展的世界一流能源科技大学，如何理解矿山智能化发展的必然要求和重大意义？

葛世荣：矿山智能化之所以是煤矿行业发展的必然趋势，是因为矿山智能化的根本目的是让矿山工人不再直接面对危险的、繁重的体力劳动，远离伤亡风险和恶劣工作环境。通过人工智能技术的应用，将矿山工人从体力劳动者变成脑力劳动者。现在，一些矿山企业通过实现智能化采矿，让危险的工作变成一种轻松的劳动，实现矿工的全面发展，也就是实现人的全面解放。习近平总书记强调坚持以人为本，生命至上。在矿山企业用机器人代替矿工去从事危险性高的劳动，正是坚持人民至上的本质要求。归纳起来，矿山智能化的重大意义就是减人、增安、提效、低碳。矿山无人化采矿作业是一项系统工程，也是矿山智能化发展的努力目标。

访谈组：您曾提出利用数字孪生搭建煤矿智能化新平台，您能介绍一下平台建设的关键技术和应用前景吗？

葛世荣：煤矿开采数字孪生是我在 2020 年提出的，发表了矿山数字孪生相关的论文。通俗地说，数字孪生就是工业领域的元宇宙。通过数字孪生技术，一方面可以将井下看不见、摸不着的作业场景 1∶1 映射成数字场景，矿工通过数字场景就能了解作业场景的真实面貌；另一方面将人力矿工转变为数字矿工，进行井下采煤等作业。所以，我当时提出数字孪生的目的，是要开拓一条矿山无人化技术路径。数字孪生是一个新技术，也是人工智能的关键技术之一。我们要抓住这些关键性的、前沿性的科技方向，搭建与之相关的学科平台。当前，我们成立了人工智能学院，开设了人工智能本科专业，建设了数字孪生矿山研究所，我担任所长，组建了数字孪生技术的研究团队。

访谈组：2021年您当选中国工程院院士，从摩擦学研究到煤矿智能运输工程研究，您取得了很多令人瞩目的重大成果，研究方向在围绕能源行业需求不断深化。在从事科研工作的过程中，您是如何解决科研难题的？您觉得广大青年科技工作者应具备怎样的科研精神和能力素养才能更好地服务能源行业需求？

葛世荣：我从攻读博士学位阶段开始了与摩擦提升机有关的摩擦学问题研究。摩擦学是机械学科的基础，当年我听过邵荷生教授的摩擦学课程，王华明院士、林福严教授、陈华辉教授都是他的学生。当时学校的摩擦学研究是很知名的，北京市摩擦学学会的牌子就挂在民族楼。当时我做的研究工作是摩擦提升机、带式运输机、刮板输送机，都离不开摩擦系数、摩擦磨损问题，所以我尝试着研究矿山装备摩擦可靠性问题，觉得这个研究方向很有意思，这样就把高速重载矿山运输装备的摩擦控制问题凝练出来了。我刚开始是研究煤矿运输工程，根本上是研究摩擦学问题，只有把摩擦学问题做深、做透，矿山的运输装备才能够可靠运行。在研究解决摩擦问题的过程中，我们发现摩擦系数变化莫测，必须加以控制，于是就开始研究摩擦自适应控制。比如，在光滑的冰面上走路，为了避免滑倒，就会用脚使劲踩以增大摩擦，这就是自适应控制摩擦。当时并没有人开展摩擦可靠性研究，我的博士论文就做摩擦提升机的摩擦传动可靠性研究，开辟了摩擦可靠性研究领域，并以摩擦可靠性为突破口，解决了矿井运输装备可靠运行难题。实际上，当时我潜意识中已经从摩擦控制入手，开始了煤矿智能运输工程领域的科研工作。由此，我在2022年获得机械工程领域的国家杰出青年科学基金项目。这说明我的研究方向选对了，解决煤矿运输重大实际问题的切入口也找对了。所以，我认为解决科研难题必须学会另辟蹊径。第一，学会换个思路寻找新方法，弯道超车是不可能的，交通规则也不许弯道超车；第二，在弯道上速度也提不起来，超车有风险，应该换道超车，另辟蹊径实际上就是换道超车；第三，要善于找其他高手来合作，当你遇到无法解决的问题，或者受限于本学科的知识、本领域里的能力，向高人求教，与其他学科同仁合作，换一种思路就可能找到解决难题的新路径。

对于青年科技工作者而言，在自己喜欢的领域练就找题、答题、破题3个本领，十分重要。首先，要学会找问题，抓住核心问题，找好切入口。比如，刚才我提到的矿井摩擦提升问题，关键核心是摩擦学问题，既然是摩擦学问题，而且摩擦系数本身就是变化莫测的，我就要研究自适应控制技术，开始发明装置来控制它。其次，要学会答题。在我看来，有些科研问题没解决好，实际上是《矛盾论》《实践论》没学好，毛泽东同志的《矛盾论》《实践论》作为理论名篇，是重大的哲学方法论。没有对路的方法做指导，如何能答题？找到问题，学会答题，最后才能破解难题。破题之后，还要学会举一反三，思考掌握的新方法在其他领域还能做什么研究，哪些领域还有类似的现象……这样，科研领域就慢慢扩大了。举个例子，我研究摩擦可靠性的同时，还研究人工关节生物摩擦学，进行了 10 多年人工关节摩擦可靠性研究，我们团队进入了这个领域的前几名，我还应邀到欧盟去讲学。现在，我提出摩擦学新方向——智能摩擦学，都是 30 多年前摩擦可靠性研究方法的举一反三、触类旁通的拓展。

访谈组：党的二十大报告指出："深入推进能源革命，加强煤炭清洁高效利用。"站在新的发展起点，您觉得学校服务国家战略需求方面还要在哪些方面发力？

葛世荣：中国的能源在很长一段时间还离不开煤炭，推进能源革命就要推动煤炭清洁高效利用，它包括 4 个革命：一是通过智能化实现煤矿生产从有人开采变为无人开采，二是通过低碳化实现煤炭利用从高碳排放变为低碳排放，三是通过清洁化实现煤电生产从高碳燃煤发电变为低碳煤基发电，四是通过绿色化实现矿区生态从环境破坏变为生态重构。这是煤炭能源新质生产力的新四化：智能化、低碳化、清洁化、绿色化，实现智能化的开采、低碳化的利用、清洁化的发电、绿色化的矿山。这些也是学校未来重点发力的方向。

访谈组：您曾提出"安全、高效、清洁、低碳"的新型能源体系，您认为学校在推动构建新型能源体系方面还需要做哪些努力？您对学校事业发展有哪些建议和寄语？

葛世荣：首先要把低碳化的煤基能源体系做好。低碳化的煤基能源体系包括低碳化的煤基电、低碳化的煤基油、低碳化的煤基气、低碳化的煤基氢，再加上矿区原位碳中和。做好这五大技术可以形成一个新型煤基能源低碳化生产体系。我建议学校要把这方面做好。在行业发展之初，是一种高碳污染或者是高碳排放的能源体系，现在要构建"安全、高效、清洁、低碳"的新型能源体系，因为我们国家还是离不开煤炭的，如果能将煤炭转化为低碳化的煤基电、煤基油、煤基气、煤基氢，煤炭也是低碳排放的清洁能源。

访谈组：您认为学校作为能源特色高校应该如何办好人民满意的教育？

葛世荣：习近平总书记要求我们心怀国之大者。学校要建设世界一流能源科技大学，今后一段时间要把煤炭这篇大文章做好。煤炭科技创新研究好了，就把国家能源安全保供研究好了。把煤炭从高污染变为低污染，解决行业发展难题，这是国之大者的体现。我们的老师心怀国之大者，应当站在国之大者的角度思考问题，积极研究国家能源战略相关问题。

访谈组：您在新生开学典礼上的讲话多次火爆出圈，您对青年学子在奋进中国式现代化新征程上有哪些期望和嘱托？

葛世荣：现在回想我的青年时光，45 年前我因为对机械化的浓厚兴趣，选择学习煤矿机械化专业，之后一直从事煤矿机械化研究。可以说我做了 45 年的煤炭人，坚持 45 年没变化。我觉得青年人一定要想清楚自己想做什么，能做什么，成为什么。这三个问题想不清，成事就很困难。我本科毕业设计专题做的是矿井提升机滚筒开裂问题，硕士论文研究的又是矿井提升机滚筒强度问题。博士论文研究的还是矿井摩擦提升机防滑问题。当时是干一行爱一行，钻研到底，从学士学位到博士学位可谓“十年磨一剑”。之后，触类旁通、举一反三，研究领域不断衍生。这就又回到之前谈到的话题，成功之道在于学会找问题，善于答好题，最后才能破解难题。

特别鸣谢——葛世荣院士对本稿的亲自审定和大力支持！

高校篇

教书育人四十载，唯寻真知启后人

——张明旭口述

讲 述 人：张明旭
访谈时间：2023 年 1 月
访谈地点：安徽理工大学（线上访谈）
访 谈 组：桑艳茹、张嘉璐、朱彤

人物简介：张明旭，男，1955 年 8 月生，安徽省淮南市人。工学博士，安徽理工大学二级教授，博士生导师，安徽省煤炭学会选煤及综合利用专业委员会主任委员。1982 年 1 月毕业于淮南矿业学院（现安徽理工大学）并留校任教；1990 年 10 月赴美国西肯塔基大学化学系访学，1992 年 10 月回校；1993 年 2 月先后任矿物工程系副主任、主任；1995 年 7 月至 1999 年 7 月在中国矿业大学北京研究生部［1997 年更名为中国矿业大学（北京校区）］攻读矿物加工工程博士学位；1998 年 8 月至 2005 年 12 月任淮南工业学院（2002 年更名为安徽理工大学）副院（校）长；2005 年 12 月至 2007 年 2 月任安徽理工大学党委副书记、副校长；2007 年 2 月任安徽理工大学党委书记。曾兼任中国矿业大学博士生导师，中国煤炭学会选煤专业委员会副主任委员、中国煤炭学会矿井地质专业委员会主任委员、国家科学技术进步奖评审专家、中国煤炭工业协会科学技术奖评审专家、教育部本科教学评估专家等。任职期间，不断推动学校高质量发展，注重学科建设，规划学校中长期发展。曾在担任矿物加工系主任期间，从零起步，积极谋划和申报材料学科并建立材料科学与工程学院，目前材料学科已发展为二级学科门类齐全的国家级一流学科，材料科学与工程学院也成为学校举足轻重的学院。在学校博士单位授权和首批博士学科申报中，充分整合学校多学科资源，作为学科带头人领衔，成功获批环境工程博士点授权，成为学校首批获批的两个博士授权学科之一。曾在担任学校党委书记期间，下定决心，克服困难，建设了 3000 多亩❶、安徽省单体校园面积最

❶ 1 亩=666.$\dot{6}$ 平方米。

大、招生规模最大的新校区，以及300余亩配套的全产权、学校自主开发、教职工自主挑选面积和户型并以成本价出售给包括退休职工在内的教职工家属区，为学校长期发展打下了十分坚实的基础。扎根教学科研一线，长期从事矿物加工工程和环境工程方面的教学和科研，教书育人40年，曾指导硕士、博士和博士后数十名。曾主持多项国家、省、市科研项目及具有广泛影响的中美国际科技合作项目“中国环境健康与污染减排”。曾获多项煤炭工业部、安徽省各类奖项，列为国家煤炭系统专业技术拔尖人才，为安徽省学术和技术带头人等。出版统编教材和学术论著多部，在国内外发表学术论文数十篇。

访谈组：您可以简要介绍一下您读博以前的经历吗？作为1977年恢复高考后的第一届大学生，是什么原因让您第一志愿选择选煤专业的？

张明旭：我1962年上小学，1969年才毕业，那时候小学毕业时间都不正常，经常几届一起毕业。1969年我上了中学，1973年底高中毕业。1974年初按照当时的国家政策，到农村去插队落户，在农村待了两年多。1976年我被上调到安徽淮南化肥厂，当了工人。1977年下半年我国恢复高考，我有幸参加高考并在当年4%的录取率下以第一志愿的学校和专业录取到淮南煤炭学院（1981年更名为淮南矿业学院）选煤专业，毕业后留校从事教学与科研工作。然后到美国留学，两年后回国继续在学校从事教学与科研工作。

我大学第一志愿选择淮南煤炭学院和选煤专业，有一些特殊性和偶然性。我的父母都是知识分子，在旧中国受到良好教育，所以他们希望我们这一代在新中国也应该受到更好的教育，能够上大学，一代比一代好。1977年恢复高考的时候，我虽然在淮南化肥厂是一名普通的工人，但受到我的家庭影响，考大学是我的梦想！当年累积10年的高中毕业生都在热血沸腾、摩拳擦掌地准备参加高考，基本上都是报清华大学、北京大学、上海交通大学等名牌大学，几乎很少有人报考一般的普通院校，更不用说报考煤炭院校了。而我选择报考淮南煤炭学院和选煤专业，是考虑到竞争的压力应该更小，而录取的可能性应该相对比较大。对于选煤专业，我也不明白选煤具体是干什么的。但是我家就在淮南，经常路过的淮南望峰岗选煤厂是一个十分高大的红色工业建筑，它是由苏联当年第一批援助我国建设的，觉得里面很神秘。报考填志愿的时候，我姐姐刚从淮南煤炭学院毕业一年，她向我推荐了选煤专业，介绍说淮南煤炭学院只有这一个专业是不用在煤矿下井的。我父母都是当地矿区总医院的医生，我从小就生活在矿区总医院里。我们家离总医院太平间也就两三百米，我从小就经常看到很多矿难事故家属在太平间悲痛欲绝的场面，在我的印象中煤矿下井是危险的。所以，当时我姐姐说只有这一个专业不需要下井，我就选了这个专业。我姐姐告诉我，当时整个煤炭行业院校里，有两个学校开设选煤专业，一个是四川矿业学院（1978年更名为中国矿业学院），另一个就是淮南煤炭学院，所以选煤专业是煤炭行业里的小众专业。在开学典礼时，我发现我们选煤专业一个班招了 39 个人，其中只有 2 个人的第一志愿是选煤专业。一个是我，还有一个比我大好几岁，他是我的老相识。他报选煤专业是因为他的父亲是淮南望峰岗选煤厂的总工程师，并且他就在淮南望峰岗选煤厂工作。通过他的介绍，我大致知道了选煤是干什么的。在学校经过几年系统学习后，我更进一步了解了选煤专业的深刻内涵，也就这样一辈子和选煤结下了缘。这就是我当时选择这个专业的由来。

访谈组：1995 年至 1999 年您攻读博士学位，能和我们分享一下在北京读博期间给您留下印象深刻的人或事吗？

张明旭：对我来讲，印象最深的是学校矿物加工专业的老先生们。1981 年底，我毕业后留在淮南矿业学院工作。在教学与科研中经常和选煤专业的老前辈们打交道，比如陈清如、王祖讷、张荣曾及我的博士生导师单忠健等。这些老先生们年龄都很大了，但他们非常热爱选煤专业，全身心地投入其中，对学生无微不至地关心。作为同行，他们是前辈，我们是年轻人，但大家朝夕相处得非常融洽，这对我的影响非常大，在与老先生们的接触中，他们的楷模精神为我做出了榜样，慢慢地改变了我对人、对事的看法，尤其是对我之后的教学与科研影响非常大。

1995 年，我到咱们学校北京研究生部攻读博士。当时我快 40 岁了，我的辅导员方家虎老师曾经是我淮南矿业学院的学生。我说："原来我是你的老师，现在你是我的老师。有事需要请假，我都会按照规定执行，一定不给你添麻烦。"我的一个博士同班同学也是我在淮南矿业学院教过的学生，他本科毕业后在咱们学校读硕士，读完硕士又接着读博士，正好我也来读博士，我们两个就成了同学，并且住在同一个宿舍。我大学的一位同班同学跟随单老师读博士比较早，毕业后留在学校任教，等我读博士的时候，他成为我的专业课老师，我选的几门课都是他讲授的。所以在我读博的那个时期，我的学生是我的老师，我的学生是我的同学，我曾经的同班同学是我的老师等。这些都是非常有趣的事情，也是当时那个特殊年代才能发生的事情。

访谈组：1998 年，您在读博期间，还担任淮南工业学院副院长，请问您是如何平衡学业与工作的？博士毕业后先后担任了学校的党委副书记、副校长、党委书记等职务，您又是如何平衡业务工作和行政工作的？

张明旭：1995 年，我师从单忠健老师攻读博士学位。我读博的前期，系里的行政工作并不繁忙，因为当时我们系比较小，只有矿物加工一个专业，每年只招收 60 名学生，后来我当系主任后开始筹建无机非金属材料专业，慢慢工作量才大了一些。我和系里的领导们商量好，我一年中一半的时间在北京，尤其是前面两年要学好基础课程，我在北京期间他们会承担我的工作，让我安心学习。1998 年，煤炭工业部撤销，学校要补充两位校级干部，我在同年暑假期间被选拔为新任校级干部。当时正值我读博后期，正在写博士学位论文，我们院长希望我抓紧用半年到一年的时间把博士学位论文写完，之后抓紧回来，全心全意开展学校的行政工作。恰好此时教育部给了学校一个在国家高级教育行政学院全脱产的进修名额，对领导干部进行综合培训，为领导干部发展打基础，院长便把我送到那里去进修。院长说："你正好利用此机会抓紧完成博士学位论文答辩再回来吧。”院长给我开了绿灯，我抓住这个千载难逢的机会，用几个月时间完成了大部分博士学位论文的写作。进修班结束后我便搬回咱们学校北京研究生部的学生宿舍，为博士学位论文答辩做准备了。1999 年暑假博士毕业后，我立刻回到淮南工业学院继续工作。2002 年，学校更名为安徽理工大学，我从副院长变成了副校长，后来担任党委副书记、党委书记，行政工作担子越来越重，作为一个双肩挑干部，必须要比别人付出更多。从 1995 年我们申请矿物加工的硕士点批下来后我就开始招收硕士研究生了，到我在学校担任领导职务时，我们的团队就已经基本成型了。大家一起努力，每年招收几个硕士研究生。紧接着学校有了博士点开始招收博士研究生，为我们团队注入大量高层次研究人员。我带着科研团队一起实验，一起讨论，大家齐心协力。这是我最累的阶段，但在这个位置上我就必须承担起应有的责任。我每天白天考虑行政工作，下班后在办公室或者实验室进行科研工作，每天都很晚回家。好在我们整体非常团结，大家关系和睦、合作密切，所以整个教学与科研工作过程都很顺利。

访谈组：您曾获得过多项煤炭工业部和安徽省的相关奖项，列为国家煤炭系统专业技术拔尖人才，为安徽省学术技术带头人、环境工程博士点学科带头人等；出版统编教材和学术论著多部，发表学术论文数十余篇。对此，您有什么科研经验分享给青年人？在遇到科研难题时，您是如何解决的？

张明旭：在科研方面，我比较惭愧，因为和同时期的同行们相比我申报的科技成果是很少的，当然这里面有一些特定的原因，但也正因为此，这些同行和同事对我在其他方面的工作给予了很多支持和帮助。比如，中国矿业大学及中国矿业大学（北京）与安徽理工大学的矿物加工专业联系紧密、合作愉快，我们能够经常得到他们的支持和帮助。此外，我们行业内很多同行是同乡、同学、朋友等，大家在一起相处合作时间长了，增进了了解和信任，也形成了良性循环，我们会得到他们更多的合作和支持，比如在统编教材、高层次科研项目合作方面，我们都有幸参与，有的还担任重要角色。这些交流与合作带给了我和我的学校很多机遇，也带给我们一些成果和收获，这对像我们这个层次的学校都是十分难得的。我的体会是在这个专业里，人品和能力非常重要，大家对你的人品和能力一定要充分认可，如果太计较名和利，别人就不会与你合作，你也会因此失去很多机会。这对我们这个层次的学校更是如此，所以要做事，首先要做人：做好人，做大家认可的人，做能担当重任的人。

访谈组：您多年扎根教育与科研一线，教书育人 40 年，不仅担任国家自然科学基金、国家科学技术进步奖、中国煤炭工业协会科学技术奖评审专家，教育部本科教学评估专家，而且多年给本科生上课，培养硕士生、博士生、博士后。您认为学生在不同的学习阶段分别有什么学习侧重点？大学生应该如何平衡学业与科研的关系？

张明旭：根据我对国内外高校的了解，我认为在工科院校，本科阶段一定要把基础打深、打牢，尤其要学好与专业相关的基础课和专业基础课，只有这样将来到了社会上才能得心应手，才能飞得更高、更远。在研究生阶段，对自己研究方向的研究一定要深入透彻，要热爱所从事的专业和研究内容，只有这样才能够对研究领域感兴趣、有信心，才能够进行深入持续的研究，才能够实现研究的创新。如果对自己所学的专业没有爱好、兴趣，就无法开展更深入的、持续的、积极的创新研究。在博士阶段，一定要热爱自己的研究，痴迷于研究的内容，这样才能干出热情、干出激情、干出花样、干出创新、干出成果。

大学阶段学业和科研是分不开的。我在美国待了两年，几乎天天在实验室里。我发现美国许多大学生都是从本科阶段就开始跟着老师，一边修学分，一边参加实验室的科研。每个导师都带有很多学生。做科学研究和实验室实验也是学生更加深入了解和学习专业的方式。科学研究能力是学业优秀的一种能力和潜质。我经常和我的学生谈心，我们矿物加工是个小众专业，我告诉他们今后不管是在矿物加工的哪个相关领域，从事哪一方面工作，只要你把专业的基础夯实打牢，在不同阶段把科学研究的兴趣和能力培养起来了，无论从事什么工作都能很快胜任，都会有出路，都会有出息，都会比非本专业的从业人员更有优势，更能捷足先登。

访谈组：感谢您多年来对母校的关心和支持，您对母校未来的发展有什么期望？对母校的学弟、学妹们有什么寄语？

张明旭：母校给了我展翅高飞的翅膀和起飞的平台，希望母校能够为更多的学弟和学妹提供更坚强的翅膀、更高的起飞平台以及展翅高飞的勇气和信心，一切以为学生的健康成长和可持续发展为本。我也想对学弟和学妹说：一定要干一行爱一行。这是我多年来的体会和秘诀，你对哪一行热爱，哪一行就会给你提供成功的机会和回报。我起初选择矿物加工，也是盲目的。但是我选择了它，我就爱它，一直爱它。实践证明，它也成就了我。当今科学技术的飞速发展、高度融合、相互交叉，已完全颠覆了我们对传统矿物加工的认识。现代整个矿物加工的工艺和技术日新月异，装备和材料突飞猛进，过程和控制技术越来越先进，已经拓展到机械、电子、控制、信息、计算机、新材料、新药剂等领域。只要你热爱它，为它努力，只要你有足够的信心、耐心和充分的勇气，只要你具备了展翅飞翔的本领，矿物加工这个领域就能给你提供展翅飞翔的平台和腾飞的天空，所以希望大家一定要脚踏实地，不要好高骛远。只要你脚踏实地，练好本领，你就一定能够把握住无限的发展机会，成就自我，回馈社会。

特别鸣谢——张明旭校友对本稿的亲自审定和大力支持！

心倾三尺，永葆初心

——何学秋口述

讲 述 人：何学秋
访谈时间：2023 年 1 月
访谈地点：北京科技大学（线上访谈）
访 谈 组：李吉福、程俊聪、曹明萱、朱彤

人物简介：何学秋，男，1961 年 8 月生，辽宁省灯塔市人，中共党员，教授，博士生导师。我国培养的第一批安全科学与工程博士，现任北京科技大学二级教授、学院学术委员会主席、学校学术委员会委员。兼任中国社会组织中安安全工程研究院理事长、国际矿山安全科学与工程委员会（ICMSSE）主席。为国家杰出青年科学基金获得者（1999 年），国家有突出贡献中青年专家（1996 年）；入选国家教委跨世纪优秀人才（1995 年），北京市应急管理领域学科带头人（2022 年）。曾任中国矿业大学校长助理、国家安监总局规划科技司副司长、贵州煤监局和煤炭局党组副书记与副局长、中国安全生产科学研究院党委书记、华北科技学院党委书记等。曾获国家自然科学奖四等奖 1 项（1993 年）、国家科学技术进步奖二等奖 2 项（2002 年、2007 年）。截至 2022 年 12 月，发表论文 391 篇（其中 SCI 156 篇），出版中英文著作 20 余部，获得发明专利 50 余项，主编的国家级规划教材《安全科学与工程》被全国 50 多所高校采纳为教材。已培养毕业的博士研究生 60 余名，其中 8 人获得“长江学者”等国家级人才称号。先后主持了国家杰出青年科学基金、国家自然科学基金重点项目、国家“九五”至“十三五”规划项目、973 计划项目等多项国家重点项目或课题，发起并主办国际矿山安全科学与工程学术会议 5 届。

访谈组：您可以简要介绍一下您上大学前的求学经历吗？是什么原因让您选择了矿井工程安全专业？

何学秋：1978 年我考入阜新矿业学院，1982 年毕业。毕业时，我原想直接参加工作，没想考研。后来家人劝我，觉得我年纪小，最好能继续深造。因此，我决定

报考硕士研究生。起初我打算报考本校通风安全专业，后来因为有一个年纪大一些的同学，担心考试失误不能再考了，所以我就同他一起换了志愿，报考中国矿业学院北京研究生部。

关于选择矿井工程安全专业有两方面原因：第一，我本科学的是地下采煤专业，对煤矿有一定的了解，知道井下安全最重要。第二，当时煤矿的安全形势非常严峻，全国煤矿事故造成的伤亡人数非常高。因为认识到了安全对煤矿的重要性，所以我就想，如果读硕士研究生，将来就要为国家解决点什么问题。所以报考专业的时候，我选择了咱们学校的矿井工程安全专业。

访谈组：1982 年至 1985 年您在咱们学校北京研究生部读书期间，有什么印象深刻的人或事和我们分享一下吗?

何学秋：我到咱们学校北京研究生部读研之后，第一个印象比较深的是咱们学校的知名学者多，在安全、采矿、矿建、地质、力学、管理等学科领域都有全国或国际知名学者。这些学者对我们研究生有很大影响。他们的家国情怀、敬业精神、大家风范、渊博学识，给予我们无形的教育和熏陶，感觉他们就像神一样的存在。我跟着第一任导师汪泰葵先生学习了一年。汪先生曾留美，曾任中国矿业学院副院长，20 世纪 60 年代就是二级教授。我们刚学基础课的时候，汪先生就给我们复印好英文资料，要求我们阅读并写读书笔记。我的第二任导师是周世宁先生，他 1999 年当选为中国工程院院士。周先生的敬业、创新精神是我感受最深的。在周先生的指导下我完成了硕士和博士阶段的学习。他非常重视培养学生的敬业精神、创新能力、实践能力，经常带领学生深入煤矿井下，要求我们学会如何发现和解决实际问题。总之，我对老一辈矿业科学家的渊博学识和敬业精神印象非常深刻。

第二个印象比较深的是任课老师和辅导员老师。因为当时咱们学校北京研究生部的老师比较少，会请周边学校的老师来给我们上课，本校和外请的任课老师都给我们留下了深刻的印象。令我印象最深的贺祖琪老师，他教我们数理方程。贺老师讲课时那种痴迷于数学的状态令我难忘；还有来自清华大学讲流体力学的叶宏开老师、来自北京农业大学（现中国农业大学）讲自然辩证法的老师等。听他们讲课确实能够受益良多。给我们上过课的这些老师给我留下的印象都非常深，给我的冲击力、感召力都特别大。他们讲课的状态确实非常好，当我作为研究生来听课的时候，感觉讲得非常透彻，水平很高。我对辅导员高慕鸿老师印象深刻。高老师非常平易近人，会经常和我们谈心，了解同学们的思想状况，对学生非常周到和贴心。

第三个印象比较深的是写毕业论文。那时候写毕业论文，同学们都非常努力、非常踏实。导师指导我们选定题目后，会让我们独立开展实验研究工作，大幅提升了我们的独立科研能力。从设计实验图纸，找工厂加工实验设备，打包托运，到现场和工人下井做实验，大部分要求我们独立完成。这个过程中我得到了很大的锻炼和成长。我是在河南焦作中马村一矿井下做煤层原始瓦斯压力测定实验的。在做实验过程中，需要用氮气加压将黏液压入钻孔里封堵裂隙。有一次阀门没控制好，氮气加压罐就鼓了起来，幸好与我一起做实验的伙伴发现后立即把氮气阀门关了，然后赶紧卸压，避免了加压罐爆炸事故。

总而言之，我在咱们学校北京研究生部的学习收获满满。很感谢国家给予我宝贵的学习机会。我也很珍惜时间，每天基本都是三点一线，就是学习、学习、再学习，只争朝夕要把毕业论文写好。我觉得这些学习和实践的过程就是培养我的过程！无论是上课时老师们教授的知识和方法，还是导师们对论文研究的严格要求，母校把我们这一代人培养锻炼得比较全面，而且具有吃苦精神和奉献精神。

访谈组：我们了解到您现在还奋斗在教学与科研一线，在多所高校担任教授和博士生导师，您认为青年学子应该如何提升自己的竞争力呢？

何学秋：我认为无论是学生还是青年教师要有竞争力，最重要的就是要提升自身的素质和能力。

第一，要树立正确的人生观、价值观、世界观。要是没有正确的三观，没有家国情怀，就没有内生动力，遇到困难后就没有办法来说服自己继续前行。所以，我觉得作为年轻人，要树立正确的三观，培养自己的家国情怀。要开阔自己的心胸和眼界，努力提升自己的人生定位，将来的路就会走得远一些。如果定位不高，就走不远，而提升能力和素质也会很困难。因为没有精神支撑，容易遇到困难就躺平。因此，我觉得最重要的就是树立好自己的三观，真正建立起家国情怀。

第二，要不断地提升自身的哲学思辨能力。要相信每个人都应有自己的哲学思想方法。在不同的学习阶段，都要不断积累提炼自己的哲学思想方法。在当今信息时代，知识大多可以从网络上搜到，但是适合自己的哲学思想方法是搜索不到的。一个人如果没有适合自己的哲学思想方法，很难做成事。每个人通过学习与实践都可以凝练出自身的哲学思想方法，这样在面对学业、事业、生活等问题的时候，就能将问题解决得比较好。因此，我认为在青年时代的学习、工作和生活中，要学会不断凝练出自己的哲学思想方法。

第三，应结合自身的特点，分析自己的兴趣爱好和能力特长，选定一个适合自己的发展方向，对未来要有规划。这样做极其重要。中国每 5 年要做一个规划。两个百年奋斗目标，就是党中央在领导国家发展过程中做出的国家未来发展方向和规划。每个人也是同理，要想发展得好，提升自己的竞争力，就要分析规划好自己的未来，同时在发展的过程中结合实际不断地进行调整。

第四，必须要脚踏实地。如果不脚踏实地，没有吃苦耐劳的精神，那是不可能有竞争力的。要有持之以恒的耐力和决心。

我觉得青年人要想培养竞争力，应该在以上这四个方面不断提升能力和素质。要经常想一想，等自己到了 30 岁、40 岁、50 岁的时候，能成为什么样的人？能为国家、所在行业、所在单位做出什么样的贡献。

访谈组：您首次研制了开发非接触电磁辐射法预测含气煤岩灾害动力现象的技术和装备，首次证明了外加电磁场强化煤层瓦斯流动的新途径等，您认为青年学子

应如何培养创新科研能力？

何学秋：我认为创新能力最重要的就是哲学思辨能力。思辨能力从哪里来，取决于自己哲学思想方法凝练、掌握得怎么样。这是一个根本问题。当哲学思辨水平越来越高的时候，创新的灵感和思维就会自然而然地涌现出来。

第一，年轻人要想有创新能力，应学会通过学习、工作、生活等不断凝练和提升自身的哲学思辨水平。

第二，对事物要有一种追求本源的精神。事物的本质是什么？往往创新都是对事物本源的一种新的认知。

第三，要养成经常关注各学科领域发展前沿的习惯。不仅要关注自己所学的行业领域前沿，而且要特别关注基础学科的前沿问题。我觉得上大学之后，不能只埋头读书。知识的积累是学习的第二目标，我认为第一目标是如何凝练和提升自身的哲学思想方法水平。

第四，要养成勤于思考的习惯。如果对事物有一个追本探源的精神，又经常关注各学科的国际前沿，通过经常思考，可能在某一个问题上就会突发灵感。有时候为了创新而创新，可能不会出现灵感。但是如果长期坚持学习积累，再加上勤于思考，那么创新的灵感就会迸发。

第五，要敢于挑战、敢于突破，同时要遵循基本规律。在创新过程中始终要遵守哲学原理和基本自然定律。要养成及时记录灵感的习惯。

访谈组：在30余年的科研和工作经历中，您取得了丰硕的科研成果和众多的荣誉奖项，是什么初心和动力驱使您在煤矿安全领域锲而不舍、砥志研思？

何学秋：这些年我越做安全研究，就越觉得这个学科有味道，就越恋恋不舍它，就越热爱它。因为安全学科是一个保生命健康的学科，一个保事物平安的学科。所有的行业都需要安全，安全无处不在。我主要从事矿山安全研究。近年来我国矿山安全状况快速好转，从事这个领域的所有人都一定为此感到自豪，我也可以很自豪地说：这其中有我的贡献。

这些年我做煤矿安全研究，会到煤矿井下采掘工作面做实验，经常会遇到响煤炮和喷孔情况。当第一次听到煤炮时我也感到害怕，立刻想跑，工人说："别跑，都是经常的事，没事的。"后来我就习惯了。矿工长年累月在井下一线工作，我常想，要是能为一线矿工的生命安全做些贡献，减少危险，减少伤亡，其价值是无法衡量的，也是积大德的工作。只要切实为生产安全做点实实在在的事，就真的能够让矿工、高危行业工人减少伤亡，这些价值是无法比拟的。我希望安全专业的青年学子能够树立起这种信仰和追求。要追求为国家、为行业、为人民做事。只要踏实做了，个人事业的发展也会得到认可。

访谈组：您认为当代青年学子应树立怎样的理想抱负？在新时代的背景下如何将个人理想同国家使命相联系？

何学秋：父母把我们带到这个世界上来很不容易，每个人都要珍惜这一生所能够经历的各种事情，要在经历中成长，在成长中为社会做贡献，要学会把个人理想与国家发展结合起来。要静下心来思考，人活这一辈子，能为这个世界留下什么有价值的东西呢？这样就自然而然能把家国情怀和个人理想结合起来了。个人理想，如果不与人类社会进步的潮流结合起来，那么个人理想是不可能实现的。所以必须要把个人理想与国家使命结合起来。要观大势，有家国情怀，响应国家需要。我们要把家国情怀装在心里，要把自己的理想建立在国家的大势、大政策、大号召上，结合自身的优势和特长，踏踏实实地往前走，这样个人理想和国家使命就会很好地结合起来了。

访谈组：请您对学校安全应急学科的发展提些建议和寄语。

何学秋：现在我们处在新时代，是大变局、大变革、大创新的时代。在这样一个大背景之下，关于中国矿业大学（北京）的安全应急学科发展，我的建议是：第一，要按照党的二十大报告绘制的发展蓝图，及时调整和布局学科发展。第二，要提前谋划，尽快壮大安全应急学科。要特别重视培养中青年优秀人才队伍，拓展专业方向。中国矿业大学（北京）要为国家安全应急事业未来发展提前谋划，争取做出新的贡献。第三，找准中国矿业大学（北京）安全应急学科的优势，按照党的二十大绘就的蓝图，瞄准和发展那些能够占领制高点的学科发展方向。国家在这个领域急需打造若干学科团队以支撑国家的安全应急事业发展。

预祝我们学校的安全应急学科将来发展得越来越好！

特别鸣谢——何学秋校友对本稿的亲自审定和大力支持！

坚守能源教育使命，创新行业学科发展

——杨小林口述

讲 述 人：杨小林
访谈时间：2024 年 8 月
访谈地点：河南理工大学
访 谈 组：左东方、朱彤

人物简介：杨小林，男，汉族，1963 年 12 月生，湖南省邵东市人，中共党员，教授，博士生导师，国务院特殊津贴获得者，河南省优秀专家，第十三届河南省人大代表，第十三届河南省政协委员。1996 年考入中国矿业大学北京研究生部，并于 1999 年获得岩土工程博士学位。2003 年 2 月至 2004 年 8 月，任焦作工学院副校长；2005 年 7 月至 2007 年 1 月，任洛阳工业高等专科学校校长；2007 年月至 2015 年 5 月，任洛阳理工学院校长；2004 年 8 月至 2005 年 7 月，任河南理工大学副校长；2005 年 7 月至 2007 年 1 月，任洛阳工业高等专科学校校长；2007 年 1 月至 2015 年 5 月，任洛阳理工学院校长；2015 年 5 月至 2023 年 12 月，任河南理工大学校长、党委副书记。他长期从事隧道与地下工程、岩土工程、爆破工程、采矿工程的教学与科研工作。主持完成了国家重点研发计划、国家自然科学基金、河南省杰出青年科学基金等 20 余项科研项目。曾获国家级教学成果奖二等奖、河南省科技进步奖一等奖与二等奖等奖项以及“河南省优秀教师”等荣誉称号，入选河南省高校创新人才培养工程人选、河南省十大教育领军人物等。发表论文 100 余篇，出版专著 4 部与规划教材 2 部。

访谈组：您能简要介绍一下您来中国矿业大学北京研究生部求学前的学习经历吗？是什么原因让您选择了岩土工程专业？

杨小林：我是 1996 年到中国矿业大学北京研究生部攻读博士学位的，我们当时的班级是博 96 级 1 班，有 16 名学生，我的年龄在班里算偏大一点的。从我求学经历来讲，我是 79 级的本科生，我们这一届算是新三届的最后一届。我是湖南人，当时焦作矿业学院主要是面向中南 5 省招生，而同时期面向全国招生的煤炭高等院校，只有中国矿业学院和阜新矿业学院，所以湖南的考生大部分录取到了焦作矿业学院。1983 年我本科毕业后就留校工作了，在高校工作已经超过 40 年。我本科学的是矿井建设专业，留校后主要从事爆破工程专业的教学科研工作，在 1984 年至 1985 年之间到山东矿业学院进修了 1 年爆破工程方向的研究生课程。1986 年我考入东北工学院（现东北大学），师从钮强教授攻读爆破方向的硕士学位，1989 年初毕业之后又回到焦作矿业学院从事教学科研工作。1993 年我所在的矿井建设专业从采煤系分出来了，组建了建筑工程系（现在是土木工程学院），我担任建筑工程系副主任。从 1989 年到 1996 年，虽然我在专业方面从事了很多科研和教学工作，但总感觉自己的基础理论还需要再提升，所以我决定继续深造，报考了中国矿业大学北京研究生部的博士。选择母校的第一个理由是行业优势。母校是全国煤炭领域的龙头高校，在全国的影响力以及地域优势都非常大。第二个理由是母校的专家学者多。母校汇聚了当时整个矿业行业最顶尖的具有影响的一些大家，所以我选择报考了中国矿业大学北京研究生部的岩土工程专业，师从王树仁教授。

访谈组：您能分享一下母校学习生活的情况吗？有哪些人或事给您留下深刻的印象？

杨小林：第一，是母校科研氛围很浓厚。当时中国矿业大学北京研究生部还没有招收本科生，全部是研究生。无论导师还是教研室、研究室都把科研放在第一位，我们研究生能很快融入科研团队里，真正面向科研一线。另外，师生间、同学间互相讨论交流科研工作的氛围也很热烈。当时全校每届招收的博士生数也不多，一年也就 30 多人，分春、秋两届。我所在的博 96 级 1 班是春季入学的，班上共 16 名学生，学什么专业的都有，所以不同学科间的交流非常充分。这是让我印象非常深刻的一个方面。

第二，是母校非常注重研究生基础能力的培养。现在看来，母校当年厚基础的培养理念很超前，正如现在国家开展强基计划一样，目的就是要加强学生基础能力的培养。我们当时的课程体系里有很多都是数学、力学的课程。我的导师王树仁老师给我制定的培养计划，除了必修的外语、政治以外，基本都选了数学和力学方面的课程。攻读博士学位期间，专业技术知识在一定程度可以通过自学和独立研究来获取，但是一些基础知识、基本原理，通过自学往往达不到很好的学习效果。当时我印象最深的是著名的力学专家陈至达先生，亲自给我们讲大变形力学。我们当时开始学习张量分析时基本上都看不懂，陈先生就给我们从张量的基本原理和表达方法开始讲，安排他的学生给我们课后辅导。这样的教学模式逐步奠定了我们良好的数学和力学思维模式。还有一些课程，如分形力学、损伤力学、计算力学、数值分析、数学物理方程等，基本上都是数学、力学方面的基础课程。我攻读博士学位期间的课程学习模式，与本科生差不多，就是听课、做作业、深入讨论等。而这个阶段的学习对我后来教学科研工作的影响是最大的。这给我打下了坚实的理论基础，培养了我按照科学、理性逻辑的思维去发现问题和处理问题的能力。现在我带学生也同样要求学生注重基础原理的学习与掌握。现在的学生大多注重于世界前沿的先进技术，并不重视基础理论，也很少去深究这方面的问题。通过学习基础理论、理解基本原理，对个人逻辑思维和解决问题能力的形成有非常大的影响。我记得在博士入学复试的时候，王树仁老师问了我一个基本力学问题：弹性力学的三大基本假设是什么？如何理解？这应该是本科生都应该理解的问题。但他把这个问题作为博士入学复试的题目，就是要考核学生，是否对理论基础有深入的理解，力学的起源是从哪来的、怎么发展的、最基本的假设前提是什么。给我留下印象最深的，就是母校对基础理论、逻辑思维和方法的培养，旨在授人以渔，让学生把基本原理和方法学会学通，就能触类旁通地解决复杂问题。这也是对我今后工作影响最大的一个方面。

第三，是母校有浓厚的人文交流和体育运动的氛围。从事能源行业必须要有好的体魄才能承担一线艰苦的科研工作。当时尽管母校的校园不大，运动场地也不好，但课后同学之间的体育交流和比赛活动非常多，文体活动丰富，有球类运动、歌唱活动等。印象里我一个月就会穿坏一双运动鞋。学校的课外活动气氛很活跃，所以母校培养出来的学生身体和心理素质都不错，大家工作起来都有热情和激情。

访谈组：您一直深耕于岩土工程、爆破工程等领域，是国务院政府特殊津贴获得者、河南省优秀专家等。在开展科学研究中，您都遇到过哪些棘手的科研难题，您是如何破解的？

杨小林：1999 年博士毕业后，我又到北京交通大学从事隧道方向的博士后工作。一则是因为 20 世纪 90 年代末期煤矿行业进入了低谷期，对矿井建设的需求萎缩，煤矿爆破开采技术也要求改造为机采，井下基本上不允许使用炸药雷管，所以传统爆破的专业优势很难再发挥出来。二则是因为隧道与矿井建设有相通性，很多隧道施工方法都源自矿山施工的技术和方法。所以我就去了北京交通大学，师从王梦恕院士从事隧道研究。2002 年初我博士后出站就回到了焦作工学院，担任学校教务处处长。2003 年破格担任副校长，分管本科教学工作。此期间我重点参与了推动学校发展的 3 件大事：一是 2003 年学校获准为博士学位授权单位；二是 2004 年学校更名为河南理工大学；三是 2005 年本科教学工作水平评估为优秀。2005 年我调任到洛阳工业高等专科学校担任校长。2007 年洛阳工业高等专科学校与洛阳大学合并升本，更名为洛阳理工学院，我担任洛阳理工学院第一任校长，一直到 2015 年。因为我的团队和学科还在河南理工大学，所以 2015 年 5 月被调回到河南理工大学当校长，一直到 2023 年 12 月。

此期间经历了煤炭行业几十年的发展历程。在高校最深的体会就是总在跟着时代的发展跑，但总有跟不上的感觉。信息时代之后，技术革新非常快，高校无论是人才培养还是学科发展，都要适应技术的飞速革新。比如我从事的矿井建设专业，从开始围绕浅部矿井的立井和巷道施工开展研究，到深大立井施工技术与装备的研究，再到掘进机掘进和信息化施工技术的研究等，发展变化速度快、交叉性强。所以从事工程领域的科研，要从工程需求出发的角度来思考和解决研究中遇到的各种难题，要把复杂问题简单化。如何简化问题，这就需要有深厚的理论基础和逻辑思维。母校厚基础的培养，使我形成了一种基于问题导向的思维方式和解决路径。很多的科学问题，经常是走到一定程度就会进入死胡同，很难再往前走，怎么办？要解决一个复杂的科学问题，要先理清问题的基本来源，找出它的关键环节，把它转化为一个个简单问题就容易解决了。所以我认为，解决科学问题首先要发现问题的根源，发现问题以后，通过深入思考，找出解决问题的关键点，把它聚焦为一个个简单化的基础问题来处理。这是关于科研方面我的一些感受。

访谈组：您在担任河南理工大学校长期间，有效地提升了学校的人才培养质量和社会影响力。您觉得行业类高校在人才培养和学科发展方面如何应对行业升级转型所带来的挑战？

杨小林：从行业认可度和公众影响力等出发，当今社会对高校如何培养人、如何推动学科发展都提出了更高的新要求。对于高校而言，培养特色优势学科专业往往需要很长时间，但是当前社会的产业结构更新迭代很快，高校的学科专业发展往往跟不上经济社会发展的需求。而工程领域的学科又不同于其他学科，会受到行业发展起伏的巨大影响，在学科发展的过程中，有可能整个行业会出现萎缩甚至消失，这会直接影响到学校的特色发展。

如何调和学科发展和行业转型的矛盾？我认为首先要坚守行业特色。新时代以后，中国对能源的需求和开发发生了重大转变，但我们已经建立的煤炭行业学科优势和专业特色改变不了，中国矿业大学（北京）如果没有煤炭领域的学科优势，就很难进入到世界一流行列高校。河南理工大学如果去掉安全和矿业优势学科，在普通高校里面，也就失去了竞争优势。所以要提升学校的影响力，实现对国家有贡献、满足国家重大需求的行业高校，一定要坚守学校长久以来积淀的行业特色，不能放弃已有的办学特色优势。

其次要在坚守中创新。2015 年我回到河南理工大学的时候，面临煤炭形势断崖式下滑，当时对学校的教学科研影响也是很显著的。由于我国煤炭产能充足，从国家发展战略来讲，煤炭资源开发不再是“卡脖子”的难题。在这种情况下，我们就要主动思考如何利用煤炭资源来解决国家的“卡脖子”能源问题，进而从这个角度来发展以煤炭为基础的新兴产业，以解决学科发展和人才培养的困境，即传统学科专业如何突破的问题。我们以新工科建设为契机，优化调整了传统的学科专业，2005 年我们建立了安全科学与工程学院，该学院的安全科学与工程专业 10 年期间建成河南省唯一的 A 类学科。我们的矿业工程从卓越工程师教育培养计划到智能采矿再到非常规天然气开采等，都是立足于国家能源“双碳”战略背景下，思考煤炭行业转型需要什么样的业态和模式，进而创新学科方向，并基于此调整学科和专业人才的培养方向。所以行业高校的新工科建设，首要是基于传统优势专业学科怎么进一步适应国家新需求的理念来进行优化调整，然后才能吸引更多的学生有兴趣参与到这个行业里来。我担任河南理工大学校长期间，基本理念就是要坚守和服务行业，在坚守的过程中才能不断实现创新。

访谈组：您一直从事隧道与地下工程、岩土工程、爆破工程和采矿工程的教学与科研工作。您觉得能源行业高校青年教师如何提升自身教学能力与科研能力？

杨小林：第一，要有情怀。要能沉下心来真正地从国家需求、行业需求来思考自己的职业规划，确定了职业发展的大目标后，要踏实做好这份工作。对于能源行业高校青年教师，首先要成为一名合格的教师，要承担起教师的职业使命；其次要成为一名科研人员，要培养科学家精神和奉献精神。既然选择了煤炭行业、就要去投身于解决煤炭行业发展中的难题中。青年教师要有这样一种精神和情怀。

第二，要积累厚实的理论基础。科学研究最需要的是个人的理论基础和思维能力。青年教师如果基础不扎实，后续发展就容易受到掣肘。要多看基础书籍，现在很多的青年教师和学生的学科跨度比较大，遇到问题大多是因为基本原理没有搞清楚，所以青年人一定回过头来把本学科的基础打扎实。

第三，要能深入一线开展实践，要能够吃苦。作为煤炭行业的科研工作者必须要了解一线工作实际。像我们原来做科研工作，经常在矿上一待就是一个月，有时候下井 30 多个小时。只有深入一线才能充分锻炼实践能力，提高对工程的全面认识。

第四，要有创新思维，培养发现问题解决问题的能力。创新精神是一种原动力，青年教师要在工程实践的基础之上，结合国家重大需求、行业发展需要，基于平时的积累去思考和发现一些问题，找出一些创新的思路方法来解决问题。

我觉得，这样才能提升青年教师的科研能力。

访谈组：河南理工大学与中国矿业大学（北京）同为能源行业特色高校，您觉得在进一步全面深化改革的背景下，高校如何助力能源行业改革发展？

杨小林：首先，要在突出原有传统煤炭特色的基础上，适应新时代的国家需求和行业发展，从人才培养、科学研究等方面着力推动行业的转型升级。传统行业的发展往往有周期性，每个阶段国家需求不一样，重视程度也不一样。新时代以后，煤炭行业已经从传统采矿发展到智能采矿，到如今要发展新质生产力。推动新质生产力的核心在于创新和人才，那么高校的人才培养就要服务新质生产力。对于母校而言，就要培养引领行业发展的领军人才；对于河南理工大学而言，就要培养企业需要的、有创新精神的应用型人才。

其次，要突破传统理念构建人才培养和学科体系。当前智能采矿的需求提出了包括装备控制、安全环境一体化等一系列技术和装备问题，就要求高校有针对性地进行专业改造升级。同时，原来的煤矿行业是以煤炭开采为基本需求的。现在随着行业发展，已经将煤炭从燃料转变为原料，将产业链外延到煤制油、煤化工等领域，这些行业改革都需要高校从学科建设、专业结构上去服务转型需求，所以要从突破传统的基础上来构建人才培养和学科体系，进而构建相应的科研和创新平台，才能推动行业转型发展。

因此，对于行业高校而言，不仅仅是在人才培养方面发力，更要贯彻党的二十大提出的以教育、科技、人才“三位一体”为核心布局学科发展，才能够真正推动能源行业的转型升级。

访谈组：党的二十大报告提出“全面提高人才自主培养质量，着力造就拔尖创新人才”。在新一轮技术革命和产业变革发生的历史关键期，您认为母校如何不断提升创新人才自主培养能力？

杨小林：人才自主培养是新时代发展教育强国的迫切需要，也是高校面临的一个重大问题，我觉得应该从三个层面去理解。

第一个层面，从国家需求上来讲，要实现教育强国，人才自主培养这是第一位的。如果不能形成自主的人才培养体系，还受制于国外，就不可能实现教育强国的目标。而实现人才自主培养首先要树立“为党育人、为国育才”基本理念，一定要站在国家需求层面上和中国现代化实践层面上，构建人才自主培养的体系。这是实现人才自主培养的第一标准，也是我们作为教育工作者必须坚守的第一原则。所以高校要进一步强调立德树人的根本任务，加强思想政治教育工作。

第二个层面，从行业发展上来讲，要培养拔尖人才、领军人才，对于母校而言，就要培养世界领先的能源煤炭行业领军人才，这样才能够支撑起世界一流能源科技大学的发展需求。要立足全球视角，培养能引领行业发展的拔尖人才。如果未来，无论是在采矿领域还是煤加工领域、煤化工领域的拔尖创新人才都是母校培养出来的，而且也建立了与之对应的优势学科和创新平台，我们才能真正实现引领世界行业的发展。所以，人才自主培养体系的建设一定要立足于构建引领世界行业发展需求的拔尖人才培养。

第三个层面，从学校自身发展来讲，要提升创新人才培养能力和质量，首先要转变教育理念和改革培养模式，从填鸭式的培养模式转变为因材施教的培养模式。树立以学生为导向的教育理念，以人的能力激发和发展来进行教育管理和教学改革。其次要提升配备资源的能力，通过合理配备教师资源、教学资源及教学辅助资源等来促进人才培养，因为个性化培养需要很多的公共资源的支撑，所以资源的配置和投入都很关键。最后要形成人才培养的良好氛围，形成培养社会主义事业建设者和接班人的氛围和环境，这也是一个学校校风的体现。好的校风对于人才培养至关重要，每所学校的校风又不一样，母校要践行自己独特的、优秀的校风、学风和教风。

访谈组：党的二十届三中全会发出了进一步全面深化改革的新号令，您觉得母校如何更好回应高等教育高质量发展的时代要求？您对母校事业发展有哪些宝贵的建议？

杨小林：第一，要坚持世界一流能源科技大学的目标定位，围绕国家重大战略需求，创新学科体系，夯实基础研究的引领地位，形成独特的学科平台和人才培养优势。近几年国家在大力推进强基计划，母校历史上在基础学科教育方面，比如数学、力学等方面有一定优势，再加上北京的人才和区域优势，应该把握住这两个优势，在学科的基础性、前沿性研究方面发力，重点培养行业卓越领军人才。从矿业学科发展来看，如何能在众多的国内外矿业类高校中打造优势明显的学科特色，实现学科的厚基础发展，是母校值得深入思考的问题。

第二，加快大学科平台、大科研团队的建设，优化人才梯队结构。加强青年教师培养扶持力度，搭建人才培养平台，强化政策引导，做好优势传承。注重青年教师的科研创新能力的培养，加大学科领军人物、拔尖人才的培养力度。

第三，优化管理模式，强化资源配置。当前母校面临的发展压力还是比较大的，无论是地理条件还是资源条件存在先天不足，与北京的几个行业高校比，在本科招生分数、影响力方面还有一定差距，这就更需要通过改革管理模式来实现资源的拓展，形成特色优势。

访谈组：请您对母校的青年学子提些期望和寄语。

杨小林：首先希望母校的青年学子要铭记校训、践行校训、传承校训。“明德至善、好学力行”中的“明德至善”体现了对人的精神培养的要求，要以德为本，从德向善，是对中国优秀传统文化的传承；“好学力行”是蔡元培先生勉励我们学校毕业生的，体现了学校学行相辅、注重实践的教育理念。我觉得母校的校训有很深的精神内涵，也很有哲理，值得我们一代一代传承下去，也必须传承下来。学校的青年教师、青年学子都应该把校训印刻在心中，弘扬校训精神，践行校训精神。这是每一个矿大人最基本的职责，也是检验是否为合格矿大人的标准。

其次，要坚持守正创新，这是青年学子应该坚守的。“守正”指的是：母校这样一所拥有115年发展历史的高校，在服务国家能源行业发展改革中，形成了宝贵的精神文化，要把这种精神传承下来作为我们的信念和理想。如果青年一代不能守护和传承这一精神，丧失了对行业的热情和激情，就不可能真正地为能源行业做贡献，更谈不上为国家发展做贡献了。但是只有“守正”也不行，还需要“创新”。只有主动创新，才能够推动学校发展、才能够引领能源行业的发展，才能够解决国家需求、服务国家发展。从个人角度来讲，只要做到守正创新，自然而然你就能成长为一名合格的矿大人、一名优秀的矿大人，才能成为一名优秀的、有成就的行业领军人才。

特别鸣谢——杨小林校友对本稿的亲自审定和大力支持！

躬行实践重创新，言传身教播春风

——张瑞新口述

讲 述 人：张瑞新
访谈时间：2023 年 2 月
访谈地点：中国矿业大学（北京）
访 谈 组：桑艳茹、赵贝妮、朱彤

人物简介：张瑞新，男，1964 年 12 月生，内蒙古自治区固阳县人，中共党员，教授、博士生导师。1988 年 7 月中国矿业大学硕士研究生毕业，至 1998 年 9 月在中国矿业大学采矿系露天开采研究室从事露天开采教学科研工作，此期间的 1990—1993 年在职攻读博士学位，1994—1995 年以煤炭工业部公派普通访问学者身份在印度尼西亚一家矿业公司从事露天煤矿开发工作，1997—1999 年以国家公派高级访问学者身份在英国诺丁汉大学从事矿业工程虚拟现实技术应用研究工作。1998—2000 年在中国矿业大学（北京校区）从事矿业工程博士后研究工作。2000 年在中国矿业大学（北京校区）［2003 年更名为中国矿业大学（北京）］专兼职任教至今，担任采矿工程、计算机应用技术学科教授、博士生导师，从事矿业工程、安全工程和计算机技术的应用教学与科研工作。2002—2016 年调任国家安全生产监督管理总局通信信息中心，先后任主任助理、副主任、主任兼党委副书记，负责国家安全生产信息化规划、建设和运维管理工作。2016—2023 年任华北科技学院（中国煤矿安全技术培训中心）校长（主任）、党委副书记，应急管理大学（筹）党委副书记。2023 年 12 月起任中国安全生产科学研究院党委书记、副院长。先后主持完成 80 余项有关安全生产、应急救援、采矿工程、矿床资源开发、计算机技术应用等方面的科研项目，主持国家重点研发计划项目 1 项、课题 3 项，国家安全生产监督管理总局信息化项目 10 余项，参与“十一五”国家科技支撑计划子课题、973 计划项目、国家自然科学基金谢和平创新研究群体项目等纵向项目研究工作，获国家科学技术进步奖 1 项、省部级科学技术进步奖 20 余项；发表学术论文 140 篇（其中 40 余篇被 SCI、EI 收录），出版学术专著 6 部；培养博士 40 余名、硕士 100 余名。先后赴英国、美国、加拿大、俄罗斯、印度尼西亚、波兰、澳大利亚等国访问考察，多次出席国际性学术会议并宣读论文。现担任教育部全国安全类教指委主任委员、教育部全国安全类行指委主任委员，中国煤炭学会、公共安全科学技术学会常务理事等。1994 年获得国务院政府特殊津贴，1997 年获得孙越琦青年科技奖。

访谈组：您从本科到博士的求学经历一直与采矿工程专业相关，您当时选择这个专业的原因是什么？

张瑞新：我 16 岁即 1981 年上大学，本科专业是露天开采。入学后我非常珍惜从内蒙古边远农村走出来上学的机会，学习非常用功，上课认真，把老师授课内容几乎全部记录下来，及时并独立地完成作业，加上反复地复习，每门功课差不多都名列前茅，毕业总成绩全班第一，考研也考了第一名。可能你们现在想象不到，我们当时是学校刚从四川山区迁回徐州新校园招录的第二届大学生，校园一切都在基建中，第一年上课的教室在中学或临时性的建筑中，毕业时教学主楼才完工。大多数专业类教材都是学校老师们精心编写油印的，因此配图也是蓝图，当我们领到油印的讲义和一大沓蓝图时，需要花很长的时间把插图一一地裁开并对应地粘贴在讲义中，此时书就变成非常厚的一大本了。每当翻阅这些讲义时，都会从浓浓的油墨香中感受到老师们的心血，油然而生的是鞭策自己更加勤奋地学习。40 多年过去了，此情此景依然萦绕心间，让人挥之不去。

1985 年毕业时我参加了研究生考试，成绩居本专业第一。学校推荐我作为本专业唯一的法国公派研究生出国学习，但是我选择本校就读，师从我最为崇拜的于汝绶教授。他是新中国成立初期苏联援中专家带出的第一批露天采矿研究生，先留校，后到云南边陲从事矿山设计、矿山施工等工作 10 多年，改革开放后又调回母校任教。他是中国露天采矿学奠基人之一，又具备采矿工程设计和现场施工等丰富的实践经验，精通中国历史文化，知识渊博。在他的言传身教下，在他的理论与实践并重的指导下，我很早就开始运用露天采矿、数学地质、计算机技术等多专业融合来从事科研工作，在读期间就发表学术论文，顺利完成毕业论文，留校任教。由此也奠定了我后半生学术研究的坚实基础和多学科交叉融合的研究途径。

我 1988 年 6 月硕士毕业留在本校本专业的研究室工作，主要跟随于汝绶教授、杨荣新教授等老先生们从事露天开采优化设计和工程技术改造方面的科研工作。一年多的科研磨炼和积累，促使我师从张先尘教授和张幼蒂教授在职攻读采矿系统工程方向的博士学位。从 1990 年至 1993 年底，我应用计算机技术、人工智能、数学地质等多专业结合的方法，逐步建立了露天矿地质模型、采矿优化设计模型，在老先生们的指导下先后参与完成了国家自然科学基金、高等学校博士学科点专项科研基金、煤炭科学基金等纵向项目，以及露天矿多个横向项目，发表了 10 多篇论文。结合科研项目及中国七大露天开发煤田的最优开采顺序决策研究，撰写的《露天煤田开发次序与开采工艺优化决策智能系统的研究》博士学位论文顺利通过答辩，1994 年初获得了工学博士学位，成为中国矿业大学露天开采研究室和教研室第一个国内培养的博士研究生。由此形成的研究方法和科研能力亦成为我学术生涯可持续发展的坚实基础。

自 1988 年留校，我一直潜心跟随露天开采学术泰斗们学习、科研，综合运用计算机技术与采矿工程、地质工程等相结合，参与完成露天开采新理论、新方法、新工艺和工程实践的多项课题，发表了 30 余篇论文，获得了一项国家科学技术进步奖和多项省部级科学技术进步奖，1994 年初博士毕业的同时破格晋升为副教授，担任了露天开采研究室副主任，获得了国务院政府特殊津贴，也成为中国矿业大学露天采矿学科后备带头人。

从本科到博士，从助教到教授，我一直围绕采矿工程学科下的露天开采专业开展科研，研究工作实质上跨越了采矿工程学科的范畴，已经将地质、采矿、安全、计算机、人工智能、管理、系统工程等学科有机地结合了起来，把理论研究与工程实际应用融为一体，以自己的研究成果能在现场得到成功应用成为继续从事科研、继续培养研究生的不竭动力。由此形成的技术路线、思维方法和检验标准也成为我培养研究生的独特模式。尽管我指导的研究生有采矿工程、计算机应用技术、安全工程、资源规划等不同专业或方向，但是在研究生 3~4 年的学习研究期间，我往往安排他们历经多种专业角色的锻炼，甚至要在科研现场实习，要结合科研在现场开展调研、监测、采集数据、实验研究等达到半年以上。回顾自己的每一次进步和发展，无不归结于改革开放让我赶上了好时代、好政策；求学遇上了好学校、好老师、好同学；就职遇上了好单位、好领导、好同事。所以是时代和机遇成就了我，我一直深怀感激和感恩之情。

访谈组：1997 年 9 月至 1999 年 4 月，您作为国家公派高级访问学者在英国诺丁汉大学从事矿业工程虚拟现实技术应用研究工作，您认为当时国外科研环境与国内科研环境有何不同?

张瑞新：英国是工业革命的发源地，有诸多大学的采矿工程教学与科研在 20 世纪 80 年代之前处于世界先进行列。随着矿业在英国等西方发达国家的萎缩，其计算机科学技术、人工智能、虚拟现实技术等新技术在矿业中的应用日益兴起。我在攻读博士学位期间注意到了英国诺丁汉大学人工智能与虚拟现实技术研究所（IT & VR Group）在专家系统、虚拟现实等方面的研究工作处于国际前沿。1996 年我考上了国家公派高级访问学者，因此我就在 1997 年 9 月至 1999 年 4 月加入诺丁汉大学这个国际领先的学术团队。该团队的负责人是资源、化工与环境学院院长 Denby 教授（我做高级访问学者期间的指导老师，还是我中英联合博士后研究导师之一）的带领下，学习虚拟现实技术，并开展采矿工程虚拟现实的应用研究工作。

无论是人工智能还是虚拟现实技术，这些都非常新颖，当时诺丁汉大学在这个方面居于世界领先地位。该团队拥有一批当时国际知名的采矿、医学等领域的虚拟现实技术的专家和来自多个国家的博士生，拥有最为先进的计算机系统，特别是专门用于数值模拟的软件平台。我所在的学院办公室与实验楼为一体，除了良好的办公环境外，楼里分布着工程力学、矿山通风、化工、矿物加工、环境监测、计算机网络以及各类大型数值模拟计算平台。在此期间，我主要在实验室编程、制作模拟模型，偶尔也去听研究所老师给本科生、研究生上课。他们没有固定的教材，老师及时把更新的课件、参考书目、作业题打印给学生。除了听老师授课外，学生需要花费大量的时间编程、建模，来完成小论文或者作业。因此，他们学生的自学能力和动手实操的能力都很强。

这次访问学者的经历进一步拓展了我的思维模式和研究方法。我回国后努力把虚拟现实技术应用在科研和教学中，博士后出站留校任教后开了两门研究生课程：矿业人工智能与虚拟现实技术应用、矿床构模与可视化技术，主要给采矿工程、地质资源、安全工程的硕士生和博士生授课。从2000年开设讲授，10多年没有印制固定的教材。开课前把更新后的纸质版讲义发给学生，并提供电子版、配套的软件和数据，讲授时间与上机练习时间合理安排，课程考试包括专业性分析题、自行设计制作的虚拟现实模拟小模型。这样可以突出学生系统思维和主动实践能力的培养，这可能是中英高教的差异吧！

我在目前工作的高校也经常去听课，发现部分老师讲课较长期沿用内容已陈旧、缺乏新进展的教材，授课又以课堂讲授为主，在发挥学生的主动学习、查阅资料、动手实践上有差距。当前，高校强调大师去讲重要的课程，其目的是利用大师在课堂教学中把其在长期的科研中、在国际平台上的学术交流中形成的创新思维、创新性成果及时地展示出来，这样才能让学生体验到、意识到最新的知识、最具有影响力的创新魅力，从而激励学生学习的动力。

访谈组：1998年至2000年您从事计算机虚拟现实方向的博士后研究工作，是什么原因促使您选择中国矿业大学（北京校区）进行博士后研究工作呢？

张瑞新：1998年我在回国前与谢和平教授（2001年当选中国工程院院士）联系确定读他的博士后。诺丁汉大学让我延期半年做中英联合培养博士后。我在英国诺丁汉大学做高级访问学者期间，推动了英国诺丁汉大学同中国矿业大学的合作。双方签订了高校合作协议，中国矿业大学推荐一定数量的博士研究生、硕士研究生和本科生到诺丁汉大学深造。1998年9月我回国办理博士后手续，随后又到英国诺丁汉大学直至1999年4月做了半年的中英联合培养博士后，参加了英国贸易与工业部资助的废旧矿井瓦斯抽放合作项目工作。

回国加入中国矿业大学（北京校区）谢和平教授团队，从事矿业虚拟现实技术应用研究工作。用了大概两三个月的时间学习谢老师的分形岩石力学的理论，结合岩石破碎过程建立了模型并制作了破碎过程的虚拟仿真，展示出破碎块度的分形特征，进而得到了导师的认可。应用虚拟信息仿真等计算机应用技术强化其分形岩石力学教学课件的展示效果，配合他进行矿岩支护和开采安全的应用研究工作。博士后出站后，我留在中国矿业大学（北京校区）采矿工程系继续从事教学与科研工作，并担任了学校信息处理研究中心主任，集中管理学校并行计算机房资源，以及矿业、力学等大型数值模拟软件面向全校师生的服务管理工作。

访谈组：2000 年 7 月至 2002 年 4 月您在学校担任采矿工程、计算机应用技术学科教授、博士生导师。两个不同学科的知识积累在您的科研与教学工作中发挥着什么的作用？能否举例子说明一二？

张瑞新：前面讲过我主要从事采矿工程的专业教学、研究生培养和科研工作。事实上，采矿工程涉及地质、力学、机械、管理、计算机技术应用等多个学科，特别是露天开采优化必然要依托系统工程和计算机技术，构建地质和采矿数值模拟模型，甚至会应用人工智能、系统管理决策以及大数据等新技术，来提升采矿智能化水平。因此，我在长期的教学和科研中，把这些学科融合在一起，形成了先进适用的研究技术路线和教学、科研方法，完成了一批应用效益好、高水平的学术成果。我作为学科带头人之一，与其他几位老师共同申请并获批了计算机应用技术博士点。作为学校采矿工程、计算机应用技术的教授、博士生导师，通过科研培养了百余名采矿工程、计算机应用技术、资源开发与规划等专业的硕士研究生、博士研究生。

在长期的科研和研究生培养实践中，我建立了一套较为科学适用的研究生培养模式。主要包括：一是尽可能把不同专业的研究生有计划地通过跨越多专业的科研锻炼，使他们的专业知识得到拓展，综合能力得到提升。具体做法是：所有的研究生，无论他们的专业是计算机应用技术的，还是采矿工程、资源开发与规划的，在不同的学期或学年，根据他们的个人已有的专业训练或发展特长，会有计划、有针对性地调整到露天开采课题组、矿山安全课题组或计算机应用技术课题组，使他们经历多个专业方向科研的锻炼。总之，我的学生在毕业前经过不同专业、不同岗位、不同课题组的磨炼，使他们能够在学习过程中逐步在如何做一名助手、如何承担一部分研究工作、如何主持课题研究工作中专业知识和综合能力得到拓展，科研成果和学位论文也在多种学科交叉、多种专业融合的历练中形成。二是针对目前学生个性强、团队协作意识弱的实际情况，建立了教学管理、文体卫生和财务小组，分工完成在读研究生的日常管理和考勤，规范学术交流和文体活动。我的课题组都是高年级博士生带低年级博士生，高年级硕士生带低年级硕士生，并且实施课题组组长考核制，组长对组员的出勤、学习、科研、集体活动等情况进行动态评价，给出评分，据此奖惩。三是在不断纠错中培养学生的科研能力。在严格要求学生钻研知识的同时，要允许学生在科研中走弯路、犯错误。要给他们一定的锻炼和成长机会，当他们在科研过程中感觉走错了路，反复探索新的途径失败后，再去与他们讨论、指导并把他们拉回到正确的轨道。如此反复，就会使他们提高发现问题、解决问题的能力，从而提升了学生的科研能力。

我所有的科研课题基本上都是为了培养研究生而申报的，研究生不参与课题就难以得到系统性的科研锻炼，所以我申报的课题首先要满足研究生培养的实际需求。另外，科研必须完成真正可以应用而且成功应用的成果。在这一原则下，我承担的许多科研课题大部分在现场得到了成功的应用，先后获得 1 个国家级奖项、20 余个省部级奖项。我的许多研究生在毕业之前也有专利，有论文，有科研成果，甚至有获奖项目。这样一来因为他们有了采矿工程的基本能力，再拥有一定的计算机应用技术、安全工程等专业的能力，其就业面广，也能找到较好的工作。

访谈组：您认为这两个学科的结合是否是当前新专业智能采矿的发展方向？您是如何看待学科交叉融合的专业？您认为应该如何发展这一类专业？

张瑞新：学科发展有历史的脉络，是认识事物的过程。深海、深空、智能采矿、“双碳”、应急等新兴领域，不能再靠单一学科来解决问题了。所以，我比较支持在传统优势学科的基础上，按照发展需要加强学科交叉，打造学科群。当今，诸如基因工程、新材料、人工智能、计算科学、大数据等本身就是多个学科群的叠加、融合，学科交叉融合才能有新的突破性发展。所以，采矿工程自然而然地随着时代的发展，已经逐步脱离了单一学科的属性，成为把传统的采矿工程、地质工程、信息科学、人工智能、管理科学及计算科学等全面深度交叉融合起来的智能采矿。智能采矿要求精准识别、精准控制、精准决策，这些早已不能只用某一学科的知识来解决问题了，必须实现学科交叉和跨学科融合。要发展好这个专业，就要把相关学科的优秀团队组合到一起，改进人才培养方案，建立最新型的实践性教育教学平台和环境，打造高水平学科群和专业群。

访谈组：您先后主持完成80余项有关安全生产、应急救援、采矿工程、矿床资源开发、计算机技术应用等方面的科研项目。对此，您有什么科研经验可以分享给青年人吗？在从事科研工作时有没有遇到一些棘手问题？您是怎样解决的？

张瑞新：科研是培养科技工作者具有创新研发能力的基本过程。对个体来说，科研目的不是重点，重点在于科研过程。硕士生和博士生的毕业常常要审核他们是否具备独立科研的能力，是否具备分析问题、解决问题的能力，就是这个道理。这些能力从哪里来？要从科研工作中锻炼、培养出来。因为，科研任务所涉及的对象、内容，采用的方法、手段和途径是复杂的、多样的，不能简单地照搬和应用。过程和结果也不相同，有强大的逻辑关联和复杂的过程。每一项科研任务的完成都需要采用合适的方法对研究内容进行深入系统性分析研究，要经过反复失败、修正、再失败、再修正的过程。对研究生来说，必须要有正确的科研态度，必须脚踏实地参与到科研实际中，相对独立地承担并完成较为复杂课题的研究，这样才能学到和逐步掌握科研的方法论，培养和积累分析问题和解决问题的能力，最终才能具备独立从事科研工作的能力。

我在科研和培养研究生的过程中，允许学生在半年或一年的时间内围绕一个课题或专题反复研究，我定期听取汇报，交流过程性成果。允许他们走弯路、犯错误，适当时机指出或指导他们发现错误，进而指导他们修正错误。经过半年或更长的时间在科研中磨炼、迭代、成长，这就是一种比较科学的育人过程。科研是培养研究生的必然途径，所以要正确地对待它。在科研工作中肯定会遇到棘手的问题，我尽可能地会多花一点儿时间，多做一些调研，多指导一些学生。在关键时间点把把关，可能会让学生做得轻松一点，但是也要掌握好度，往往是导师操的心多了，学生就失去了碰壁与磨炼的机会。所以，在看到问题时，我会有意识地先看看学生怎么处理，遇到问题后再给他们一些指导。要与学生认真探讨、找出解决问题的办法，把失败的教训提炼出来，让大家能够吸取教训，并且启发他们用更多的技术方法来补救它。

必须让学生经历失败，并且学会用什么样的方法去补救。科研走错路可以调整，即便在一定时间完不成也可以重新来，只有这样学生在科研工作中才能获得真能力、真本事，由此才可以让学生终生受用。

我现在常常抽出时间带学生们到矿区采场调研，到现场学习交流，发现问题并提出解决问题的意见和建议。我也经常邀请相关专业领域的专家（诸如露天开采设计大师、矿业计算机模拟软件开发大师、遥感测绘信息处理专家）或者毕业的学长来课题组交流、授课和培训，培养学生认识世界、规划人生的方法，指导他们学会分析问题、解决问题，在不断地进步中成长。

访谈组：2022 年 2 月，学校申报的碳储科学与工程专业获批增设，并于 2023 年开始招生。作为学校专业升级改造和学科交叉融合的重要实践，您认为我们应该如何发展这样的学科？应当如何应对新一轮科技革命与产业变革对人才的需求？

张瑞新：我关注到了碳储科学与工程专业的发展，并从 2022 年起已经着手开展露天矿"双碳"的科研工作。当前，我国能源体系面临稳定供应与清洁低碳转型的双重挑战，在多种因素交织叠加的环境下，煤炭将继续发挥能源"压舱石"作用，煤炭清洁高效利用也将成为"双碳"目标下必须答好的一道"必答题"。无论是 2030 年前实现碳达峰，还是 2060 年前实现碳中和，都会对我国经济社会发展产生重大影响。

我认为，"双碳"的研究工作应该从多学科交叉融合着手人才培养，不仅仅是减碳的问题，而且要在降耗、增效和绿色、循环等环节上并行。这涉及资源与环境工程、采矿和安全、循环经济和管理等多个方面。所以，对发展中国家来说，更重要的是解决好碳消耗、碳排放的核心问题。建议进一步加强师资建设，对新的跨学科专业给予高度重视，在全国聘请和引进相关研究人员组成专业教师团队，认真谋划人才培养方案，解决好专业知识融合、高水平教师参与、教学科研创新等问题。

访谈组：最后请您对母校的发展提些宝贵建议。

张瑞新：中国矿业大学（北京）作为"双一流"建设高校，希望母校围绕矿业工程、安全工程等国家一流学科，加快学科和人才培养改革创新，注重和发挥学术大师培养和引领高水平学科团队来提升大学核心竞争力的担当职责和使命，持续把一流学科的人才培养、科技创新、服务行业的使命落实好。希望母校的青年教师不仅仅要着力于个人水平的提高，更重要的是围绕骨干学科、专业形成可持续攀登科教高峰的梯队。希望母校能凝聚好各类学科的优秀人才，利用好校友资源，建立更有效的产学研用一体化联盟，推动学校学科专业发展，早日成为世界一流的能源科技大学。也期望中国安全生产科学研究院和中国矿业大学（北京）加强合作交流，利用好、发挥好国家安全科学与工程研究院平台，面向未来，加强合作，实现共赢！

特别鸣谢——张瑞新校友对本稿的亲自审定和大力支持！

十年磨一剑，砺得梅花香

——李卫军口述

讲 述 人：李卫军
访谈时间：2023 年 1 月
访谈地点：浙江大学（线上访谈）
访 谈 组：胡婉怡、廖锌涛、桑艳茹、朱彤

人物简介：李卫军，男，1980 年 4 月生，山西省长治市人。中国矿业大学（北京校区）1999 级地质工程专业本科生（学校恢复本科办学后该专业第一批本科生）；2003—2006 年在中国矿业大学（北京）攻读硕士学位；2006—2009 年在中国矿业大学与美国亚利桑那州立大学攻读博士学位，为两校联合培养博士生。现为浙江大学“百人计划”研究员，获相关仪器发明专利 5 项和软件著作权 2 项，其中 1 项已经转让，2 项转化。截至 2022 年 12 月，发表 128 篇论文，其中 SCI 论文 110 篇；以第一作者及通讯作者在国外刊物 *Science* 子刊 *Science Advances*，*Nature* 旗下期刊 *Communications Earth & Environment*，*Geophysical Research Letter*，*Journal of Geophysical Research-Atmospheres*，*Environment Science and Technology* (*Letter*)，*Atmospheric Chemistry and Physics*，*Journal of Hazardous Materials* 等大气科学和环境科学相关领域的杂志上发表论文共 60 篇；出版中英文双语专著 1 部，*H* 指数为 49。国家自然科学基金优秀青年科学基金项目获得者。近年来连续获得多个学会青年科学奖：2019 年获得中国化学会青年环境化学奖，2020 年获得中国环境科学学会青年科学家奖金奖、中国颗粒学会青年颗粒学奖，2022 年获得南京大学紫金全兴环境基金青年学者奖。目前为 *Scientific Reports*，*Atmosphere* 杂志编委，承担 *Geoscience Frontiers* 的 SI 主编、承担 *Frontiers in Sustainable Cities* 的 SI 主编和 *Journal of Environmental Sciences* 青年主编。

访谈组：您能简要介绍一下您上大学前的求学经历吗？您作为咱们学校恢复本科办学后地质工程专业的第一批本科生，请问是什么机缘促使您选择该专业？能给

我们介绍一下当时地质工程专业学生的情况吗？

李卫军：我的家乡在山西省长治市的一个农村，小学和初中都是在村里读的，教育条件比较艰苦。我对自己的定位是一个努力但不聪明的人，这个从小的定位支持了我后来的学习和科研。我初中毕业的那一年我的家乡突然开始重视高中教育，增加了高中招生人数。我在机缘巧合下参加了当地比较好的学校——长治县第一中学的提前招生考试，被录取到长治县第一中学。当时大部分学生是在村里读相对差一点的小学，初中就到镇上或者乡里读好一些的中学，而我小学和初中都是在乡村里读的。我就读的初中因为教学资源差，在我读高中后两年就被撤销了。不过我就读的高中在当地县城是最好的，离家也比较近。我读高中时挺刻苦的，在我心目中"刻苦"两个字贯穿了我的中学时代。那时，我晚上学的时间比别人长，学校熄灯后我会再点蜡烛学到半夜1点多。因为我知道自己是从很差的初中考来的，有很多知识比不上别人，所以更要刻苦去补，努力实现我的大学梦。高中学校硬件条件较差，宿舍是睡10多个人的大通铺。我觉得宿舍学习环境不太好，在家里的支持下，在校外租了一位老人家储存粮食的小房子。这里居住条件虽然艰苦，但每天晚上看书学习的环境很安静。老人家对我帮助很大，每个月只收100多元房租，非常便宜。我本来想把考上中国矿业大学（北京校区）的好消息分享给她，并向她表达感激之情。但遗憾的是，在离大学开学还有20多天的一个早上，老太太因为意外去世了。每当想起这件事情我都很伤心，心情也久久无法平静，因为这位老人家在我最紧张的高中学习阶段对我格外照顾，也正是有了安静的学习与休息环境，我才能如愿考上大学。

我是和我爸爸一起选的学校与专业。因为我家乡的煤比较多，家人觉得我本科毕业后可以回家乡工作，于是就选择了咱们学校。当时我多多少少接触过一些地质常识，比较欣赏李四光等科学家，便选择了地质专业。我很幸运被中国矿业大学（北京校区）第一批次录取了。学习一段时间后，我就慢慢地喜欢上这个专业了。

我们大一是在北京广播学院旁边的东校区就读，当时和矿业工程专业的学生一起在这个校区。因为我们是这个校区的第一批本科生，再加上是本专混合的一个体系，所以管理上略微有些欠缺。不过我依旧按照自己的行事风格，努力地学习。我们地质工程99班班风优良，当时地质工程专业就1个班，一共有30人。学校很重视第一届地质工程专业的学生。我们班级比较团结，获得过北京市优秀团支部、北京市三好班集体等多项荣誉。班级有26人考研和保研，这个成绩也远远超出学校老师的预期，这也再一次证明了优秀班集体对学生们是多么重要。

访谈组：您硕博期间的研究方向是环境科学，师从邵龙义教授。本硕博在母校的求学经历，有哪些人和事给您留下深刻印象？

李卫军：我的硕士导师是邵龙义教授，选择他是因为我对邵老师为外国人翻译的印象特别深刻。当时我英语不是很理想，觉得选个英语好的老师能给自己一些挑战，之后我顺利地加入了邵老师的团队。在这个团队里我是个特别有主见的学生，邵老师建议我学地质方向，但我拒绝了，因为我想选择环境科学方向，邵老师也很尊重学生的选择和想法，最后也同意了我的选择。

硕博期间我的英语不是特别好，因而我把周末打工赚的收入都花在英语学习上。我还去学校旁边的北京语言大学同准备出国的人聚在一起学英语。当然那个时候我并没有出国的计划，只是为了锻炼和提升英语口语。邵老师总说我胆子大，当别人还不敢上台演讲的时候，我已经上台了。

博士期间我也遇到了各种各样的问题。我 2007 年至 2008 年都在美国，当时我的美国导师对中国的印象还在停留在 20 世纪 90 年代，从交流中我能够感受到他们觉得中国比较落后，对我的科研也没有多高的期望。一直到我自己发第一篇论文的时候，美国导师还是看不上我的科研能力。于是我就自己钻研，等到我第二篇论文进行第二遍修改时，美国导师才认可了我，专门给我打电话说："你这篇文章必须加上我的名字。"正如邵老师所说：我们中国人必须要用我们的行动和成绩，让外国人佩服。这一点我印象非常深刻。至今这篇论文仍是我引用率最高的论文。我用论文质量打动了美国导师，他才希望把他的名字加到我的论文里，这之后我的美国导师花了大量精力去修改这篇论文，我从中也学习到了很多技巧。所以，我非常感谢我的美国导师。

访谈组：2013 年至 2017 年，你从山东大学环境研究院讲师直接破格成为教授，这其中您有怎样的付出与努力？能谈谈您被破格提拔的原因吗？

李卫军：刚去山东大学的时候我觉得那里还挺好的，但是深入这个环境后，我觉得这里与我学生时期的环境完全不同。从实验室建设到实验数据产出完全靠自己，并且当时实验平台还不是特别好。我就问自己，我怎么能够到达别人到不了的高度？这是我一直思考的问题。我若要取得一定的成绩，那我就要在很短的时间内做出比别人多几倍的工作量，这就一定要努力。工作之后的实验条件很艰苦，但是我已经深深地爱上科研，我知道经过前期在国内外的学习锤炼，我的科研在国内已经形成了一个独特的方向，相对来说国内同行中还没有人在这方面有深入的研究。

我认为要在科研上有所成就，首先是要找到一个独特的科研方向；其次是注重论文成果积累。作为一个科研人，一定要记住发表高水平论文是最重要的事情，论文既要有质量，又要有数量，因为这样才能形成自己的理论体系和工作体系，才能在科研界树立自己的威望；最后是要享受研究的过程，我每取得一个新成果就会觉得很有成就感，内心觉得这是一件非常有意义的事情。

当时我注意到山东大学有条"35 岁以下可以破格成为教授"的规定。当我在 32 岁知道了这个事情后就开始为之奋斗。我大概用了两年的时间完成了别人七八年的工作量，34 岁的时候我成功获得山东大学教授职位。通过这件事情，我认识到一定要做一个有准备的人，在面对自己的目标时一定要有计划，然后不管成功与否大胆去做这些事情。我认为我从小就保持着积极努力和非常专注的态度，这对科学研究大有裨益。同时我也认识到作为一位优秀的科研人员，并不是埋头苦干、发表论文就行，还需要让别人看到自己的成果。因此，一旦我有时间就到国际国内的会议上宣传自己的成果，唯有通过此类平台才能让同行了解自己的新成果，同时也让自己去认识更多优秀的科学家，等到机会来临才能把握住。我觉得这也是我能够被山东大学破格提拔为教授的原因。

访谈组：从 2010 年至今，您获得全国百篇优秀博士学位论文提名奖、中国化学会青年环境化学奖、中国颗粒学会青年颗粒学奖等多个重量级奖项，您可以和我们分享一下这些殊荣的背后有着您怎样的初心吗？是什么样的坚持与付出使您取得这些成绩？

李卫军：我认为初心非常重要。作为一个年轻人，即使学术上做出成绩了，平时也要保持低调，要尊敬前辈，比如说像邵老师这样的前辈，我对他们都特别尊敬。要通过学术会议和其他科研人员建立联系，增强自己与同行之间相互的认可，在这种学术氛围里就能交到很多好朋友。我特别喜欢俞敏洪的一句话：一块砖没有什么用，一堆砖也没有什么用，如果你心中没有一个造房子的梦想，拥有天下所有的砖头也是一堆废物，但如果只有造房子的梦想，而没有砖头，梦想也没法实现。所以一个人要实现自己的梦想，最重要的是要具备两个条件：勇气和行动。

访谈组：您现为浙江大学“百人计划”研究员，获多项发明专利和软件著作权，以第一作者身份在国内外刊物发表论文百余篇，其中还有多篇论文入选 ESI 高被引论文。在发表高质量论文方面，您有哪些科研经验可以和我们分享？您在科研中遇到过哪些棘手的问题，您是怎样解决的？有什么经验可以和我们分享吗？

李卫军：在我看来，要发表好论文，首要是打下好的基础，要多读国内外科学文献。我去美国之前读了至少 500 篇 SCI 论文，这些文章让我大开眼界。不仅要读论文，还要做归类。作为科研人员，不仅要有表达能力、逻辑能力，对文章还要有批判能力。现在我和学生在课题组开会的时候，就让学生来批判某篇论文，谈这篇论文还有什么问题。在撰写高质量论文方面，一定要具备开阔的眼界，要多交流。当我在科研中遇到瓶颈时，就出去开会吸取别人的思想。我在开会的时候做报告，别人给我提出或许从来没有想过的建议，就有可能是我下一篇论文的主题，一次短短的交流对我来说可能会带来很大的触动。对学生来说，发表高质量论文需要多和老师进行沟通，多参加学术会议。我也总是听取不同人的想法，善于捕捉不起眼的思想碰撞的火花，然后为我的科研所用。总之，要发表高质量的论文，第一要有好的基础，第二要有良好的沟通能力和强大的学习能力，第三要有批判能力，同时也能认真听取别人的建议，要多同优秀的人接触，也要了解自己科研方向的学术前沿。

在科研中遇到的问题非常多。比如过去我有很多次失败的答辩，但这也让我明白，对待科研要保持平和的心态，要想做科研是为了什么。如果能遇到高的人才平台那当然是最好的，但是如果没有，我们是否能稳下心来继续追逐，这确实是很多人会面对的困境，包括我在内。当我面对太多失败之后，我学会了接受失败，并能分析失败的原因，这对我未来有更高的科学追求是大有裨益的。

访谈组：您在专业领域和母校的老师有合作吗？未来还有哪些方面能够开展合作研究？

李卫军：当前我同母校的合作最主要是和邵老师合作，还没有和别的老师进行过合作。毕竟邵老师是学术经验丰富的老师，有一些理念是比较先进的。我很希望未来能和更多母校的老师进行合作，现在由于科研方向的问题，合作还比较少。希望未来能有一个比较合适的机会和大家进行合作。

访谈组：8 年的母校学习时光，现在回想起来，您对母校有什么期冀？对学弟、学妹们有哪些寄语？

李卫军：我经常浏览母校公众号消息，对那些拿到国奖的学弟、学妹们感到特别欣慰，而且截至目前我还招过两名母校地质专业毕业的直博本科生。对我来讲，我是真心希望母校越来越好，希望学校能够把学弟、学妹们培养得很优秀。

第一，我期冀学校能够把握住国家的发展机遇。一个高校在历史的进程中一定是在不断发展变化的，包括但不限于学生随时代的想法变化、老师们科研方向的变化以及国家政策大方向的变化。我觉得学校要抓住国家在历史大进程中的重要方向，解决国家重大需求，如果我们学校能够填补 1~2 个国家重大需求的空白，这对我们学校科研发展和对外宣传是非常有益的。希望母校能够在历史的洪流中把握住国家的重大需求，尤其是在“两个大局”中、在能源体系的变革中，我觉得我们的母校能够发挥独特作用。第二，希望母校能够在硬件条件上投入更多。我在浙江大学深深体会到一个学校硬件条件的重要性，期许学校给学弟、学妹们创造更多温馨的、高端的学习环境，让他们能在学校舒适地学习和生活。第三，我们一定要有优秀的师资。如果没有一流的师资就吸引不了一流的学生，而吸引优秀的人才需要有良好的机制。我希望我们母校勇于变革，要有优秀的管理体系、良好的工作环境，加强国际化交流，学生到了海外就相当于在给母校做广告，这绝对是好的投资。

最后，希望学弟、学妹们能够脚踏实地，怀揣着梦想前进。不管未来是创业、科研、国外求学，我希望你们可以早早地埋下梦想的种子，发展得越来越好，也希望你们在未来有所作为时可以反哺母校。

特别鸣谢——李卫军校友对本稿的亲自审定和大力支持！

遥测青山品质，彩绘蓝天情怀

——肖武口述

讲 述 人：肖武
访谈时间：2023 年 1 月
访谈地点：浙江大学（线上访谈）
访 谈 组：曹明萱、张嘉璐、张钰浛、朱彤

人物简介：肖武，1983 年 9 月出生，湖南省涟源市人。中国矿业大学（北京）2002 级测绘工程专业本科生（恢复本科办学后该专业首批学生）、2006 级硕士生和 2009 级博士生。2012 年博士毕业后留校任教，曾到美国南伊利诺伊大学做访问学者。2017 年起在浙江大学公共管理学院任“百人计划”研究员、博士生导师。入选自然资源部高层次创新型科技人才培养工程杰出青年科技人才（2018 年）、自然资源部高层次科技创新人才（第三梯队）（2019 年）、北京市优秀人才培养计划（2014 年），获得美国土地复垦科学学会杰出青年奖（2020 年），为首批“越崎青年学者”获得者（2017 年）。担任 *International Journal of Coal Science & Technology* 副主编、国际数字地球学会中国国家委员会数字能源专业委员会委员、北京大学中国都市经济研究基地学术委员会委员、中国土地学会青年工作委员会委员、中国煤炭学会土地复垦与生态修复专业委员会委员、美国土地复垦科学学会会员、《煤炭学报》与金属矿山首届科学编辑、《煤炭科学技术》青年专家学术委员会委员。主持国家自然科学基金青年科学基金项目与面上项目、国家重点研发计划项目子课题、国土资源部公益性行业科研专项、北京市优秀人才项目、教育部人文社科基金项目等科研课题 20 余项。以第一作者和通讯作者在 *Remote Sensing of Environment*, *Land Degradation and Development* 等期刊上发表论文 80 余篇（其中 SSCI, SCI, EI 检索论文 60 余篇），多篇论文入选 Top1% ESI 高被引论文，获得中国精品科技期刊顶尖学术论文奖（F5000）。获得国家发明专利 16 项、实用新型专利 1 项、软件著作权 1 项，研究成果先后获省部级科学技术进步特等奖 1 项、一等奖 5 项、二等奖 4 项。担任 60 余种国内外期刊审稿人。

访谈组：您能简要介绍一下上大学前的求学经历吗？您作为学校恢复本科办学后测绘工程专业首届学生，请问是什么样的机缘让您选择了该专业？您能给我们介绍一下当时学校测绘工程专业的专业课程设置情况和学生学习情况吗？

肖武：我小学在湖南省涟源市的双江小学就读，初中在涟源市蓝田中学就读，高中在涟源市第一中学就读。2002 年我参加高考，顺利考入中国矿业大学（北京），这是我在大学之前的求学经历。

选择测绘工程专业是一个巧合，其实当时我报考的第一专业是生物工程、计算机科学与技术，这两个专业在当时是相对热门的专业。即使放在今天来看，生物工程还是比较热门的专业，大家可能觉得生物工程专业未来会有比较好的前景，所以都去选择这个专业，当年生物工程专业的分数线很高。在机缘巧合下，我调剂到了测绘工程专业。在调剂的过程中，我也在思考什么是我想要的职业。我高中学习的时候，比较感兴趣的科目是地理，测绘工程专业需要进行外业调查和数据获取，也需要结合最新的计算机科学与技术开展内业数据处理与分析，可以说是与我的兴趣结合比较好的一个专业。测绘工程其实是空间信息科学，是用空天地的对地观测手段和方法去了解地球空间信息和人类各种活动及其影响的过程。1999 年学校恢复本科招生，2002 年测绘工程专业恢复本科招生。早期北京校区是作为研究生部主要培养硕士、博士研究生的。恢复本科招生之后，学校的本科教育与教学工作也在摸索中不断发展。系里的老师相对较少，开始阶段只有 10 多名老师，这些老师要去承担 4 个年级的课程，他们的教学工作任务量是非常大的。但是在缺少老师的情况下，学校依然做好了全面的教学工作，在 20 多年前就构建了包括 3S 技术在内的相对完备的课程体系，同时还有矿山测量、开采沉陷、土地复垦等具有母校特色的课程。这使得我们进入学校之后就有了一个相对完整的课程体系来系统地学习。

我是母校测绘工程专业恢复本科招生后的第一届本科生，当时招了两个班。每个班 30 人左右，分别由崔希民和赵学胜两位老师担任班主任，李晶老师担任辅导员。这是当时教学、办学的一个大概情况。

访谈组：您作为母校测绘工程专业恢复本科招生后的首届学生，本科毕业后继续在母校深造，取得了硕士和博士学位。 2012 年您留校工作， 10 余年的北京求学和工作经历有哪些人和事给您留下了深刻印象？

肖武：在母校生活、学习、工作的阶段，是我人生中最难忘的一段时光。现在回想，在母校最美好的 15 年里，的确给我留下了非常深刻的印象。

2012 年我即将博士毕业，初步准备回家乡发展。毕业的时候，我的导师胡振琪教授同我进行了一次深刻的谈话。他给我讲了这个学科的重要性，我们这个平台发展的未来，以及我学有所成之后能不能继续去从事矿区土地复垦与生态修复这个事业，去延续传承文化、专业和精神，对我触动很大。所以毕业的时候，尽管我拿到了其他学校的一些录取通知书，但最终选择了在母校继续工作。

如果说印象比较深刻的人和事，我想第一还是母校老师在相对艰苦条件下所秉承的科研态度和教学态度。

第二就是老师们对学生的关怀是无微不至的。我记得我们第一次班会是在学一楼宿舍里。20 多年前设施相对比较落后，电视、电脑这些设备都没有，当时崔希民老师就把自家的电视贡献出来，让我们把电视搬到宿舍做了简易的 K 歌设备。所以印象中，老师们不仅在教学中让同学们感受到专业教学的严谨，在生活中也让同学们感受到无微不至的关怀。我想，当时在崔老师看来，这是微不足道的事情，是老师应该做的事情，但是对于学生们而言，在相对艰苦的情况下有这样的温暖，内心感触很深。

第三就是 2009 年我经历的校庆。其实本科和研究生阶段的学习是有点懵懂的，就是纯粹学习。为帮助校庆筹备，我们在学习之外梳理了学科发展的历史和校友的一些资料，进一步加深了我对学校的了解，也更系统地了解母校百年的发展历程，让我印象非常深刻。

第四就是我所看到的学校设施的逐步完善和提高。2002 年我刚来上学的时候，田径场只是一个泥土的田径场，没有塑胶跑道、草坪和入口，甚至校门都不显眼。现在，学校各类的硬软件设施包括实验设备都比较完善了。

这几点是我相对来说印象比较深刻的。

访谈组：当时是什么样的机缘让您选择到了浙江大学？

肖武：到浙江大学最主要因素是家庭。我爱人是浙江人，我是湖南人，我在第一次职业选择的时候，本来有去其他学校任教的想法，但是当时还是听取了导师的建议，希望继续从事土地复垦与生态修复事业，便留在了母校。留校之后，我和爱人两地分居，有了孩子之后，我希望能有更多的时间和精力照顾家庭。

其次是事业发展的因素。浙江大学是最早招收土地资源管理专业的高校之一，在国土空间治理等领域有很好的底蕴和基础，在国内也走在前列，比如他们在土地整治和生态修复方面是最早参与国家相关标准制定并开展教育和实践教学的。针对现在国土空间修复新的需求，浙江大学也有教学团队多元化需求。另外，学科中教授土地测量学等测绘类课程的老师面临退休，我也很幸运获得了这个机会。在征询了系里各位老师的意见后，获得了他们的理解和支持后，我从母校来到了浙江大学。

访谈组：多年的科研工作，您遇到过什么样棘手的问题，您是怎样解决的？有什么经验可以和我们分享一下吗？

肖武：科研过程需要不断地去解决碰到的各种问题，重点是要去构建好自己的知识结构体系。我们的学习结构是一个金字塔形，本科阶段你会学到很多宽泛的、基础性的知识，越往上走，专业性越强，当然难度也会逐渐增大，棘手的问题也会随之出现。当你碰到一些棘手的问题时，一定要坐得住冷板凳，一定要沉得下心。第一是有耐心，要有做长时间研究的准备。第二是要保持一颗好奇心，要比较快速地接触和了解这个学科领域最前沿的一些技术。好奇心是推动研究走得更远、更宽、更深的核心要素。如果你有足够的耐心和好奇心，在我看来，棘手的问题都能够迎刃而解。以上这两点我觉得非常重要。

访谈组：您所从事的遥感监测领域，您觉得什么是解决“卡脖子”问题的关键力量?

肖武：“卡脖子”问题在每个行业都有，比方说我从事的遥感监测领域，每个阶段的“卡脖子”问题都是不一样的。举个简单的例子，在我读研究生的时候，我们的“卡脖子”问题是数据的获取。当我们想做很多研究的时候，发现数据不可获得或者数据的价格过高。当时的卫星监测基本被欧美主导和垄断，商业卫星全部掌握在美国、德国、日本等国，中国并没有自主开发的卫星。2008 年左右我们做了一项研究，用 30 米分辨率的数据都需要收费，而且费用很高，更别提亚米级的数据分辨率。后来我国通过高分系列卫星，逐步建构了自己的对地观测卫星体系，从雷达到光学再到同步轨道卫星都有。

现在，我们可以获取数据之后，要去解决的就是拥有数据之后运算能力不够的问题，就有了计算的“卡脖子”问题。在数据处理分析方面，还有机器学习和大数据处理的问题，就需要大数据、人工智能等一些最新的前沿技术，更好地运用到数据当中。

所以“卡脖子”问题，每个阶段呈现的形式不一样，但是要去解决“卡脖子”问题，一定是个系统工程，这个系统不是说为了解决这一个“卡脖子”问题而独立开展研发的。我举一个最简单的例子，无人机遥感技术涉及无人机电池的续航问题、通信的储存问题、能量的获取问题等。这些问题需要通信领域、能源领域等都取得一些进步，才能使得我们在遥感监测领域，将其他领域的进步技术融合起来，促进遥感领域的发展，所以“卡脖子”问题的解决是一个系统工程。

访谈组：您作为首批“越崎青年学者”获得者，您认为青年学者应该以怎样的态度和方法在科研领域里有所作为?

肖武：首先保持对新鲜事物的好奇心是做好科研的关键；其次是兴趣，兴趣的培养我觉得也很重要，认同所从事的事业和方向并进一步热爱这个事业是不断创新的动力源泉。当然这种认知是需要慢慢培养的，正是这种认知让你对科研产生兴趣，兴趣让你从内心认同这个事业和专业，慢慢地你会产生热爱，这种热爱会把科研工作中的“柴米油盐”变成“诗和远方”。很多情况下，并不是爱一行去做一行，而是做一行之后去爱一行。

访谈组：您毕业 10 余年来，对母校特别是测绘类专业学生有什么寄语吗?

肖武：测绘类专业伴随着我国对地观测和航空事业的发展，可以说是朝阳行业，未来在各个领域都大有所为。我经常在课堂上提问，让同学们来考我：哪个领域可以用到以及如何用到 3S 技术？这些问题引发了同学们对这个专业的好奇心和兴趣，而通过我的回答则进一步激发了大家对这个专业的热情。测绘类专业是“顶天立地”的专业，既需要用到高大上的遥感观测手段，在与具体的工程建设相结合时也需要用到传统的测绘手段。这里我想借用本科时期给我们教授开采沉陷学课的戴华阳老师的一句话“遥测青山品质，彩绘蓝天情怀”送给大家。

另外，我还想把“今日事今日毕”送给大家。大家现在都处于一个信息多源或者信息爆炸的环境，每天有抖音、游戏等很多分散学习的事情，我想这是大学阶段每个同学都会面临的问题。怎么样兼顾爱好和学习，关键在于如何更加合理地分配时间。如何避免拖延呢？我觉得心要静下来，要知道怎么样去提高学习效率、工作效率，怎么样去更加合理地分配时间，做时间的主人，特别是要合理分配好大学4年的学习时间。

特别鸣谢——肖武校友对本稿的亲自审定和大力支持！

持之以恒夯基础，鞠躬尽瘁固安全

——肖华华口述

讲 述 人：肖华华
访谈时间：2023 年 1 月
访谈地点：中国科学技术大学（线上访谈）
访 谈 组：桑艳茹、程俊聪、周健梅、朱彤

人物简介：肖华华，男，1984 年 9 月生，湖南省宜章县人。中共党员，教授、博士生导师。2007 年本科毕业于中国矿业大学（北京）安全工程系，后推免至中国科学技术大学硕博连读，2013 年获安全科学与工程博士学位，此期间于 2012—2013 年在中国科学技术大学从事助理研究员工作。后赴美国马里兰大学从事科研工作，历任博士后、科研助理教授职位。2018 年回国后在中国科学技术大学工作，先后任研究员、教授。入选国家海外高层次人才引进计划和中国科学院海外高层次人才引进计划等。以第一作者和通讯作者在《美国科学院院刊》（*PNAS*）以及燃烧、安全领域顶级期刊 *Combustion and Flame*，*Proceedings of the Combustion Institute*，*Journal of Hazardous Materials* 等上发表高水平 SCI 论文 50 余篇；成果被美国工程院、国际燃烧学会、国际氢能学会、《纽约时报》等 50 余家国际权威机构和媒体争相报道，*PNAS* 论文被美国物理学家网 Phys. org 评为“2016 年度世界最具影响力的 20 篇科技论文之一”；主持的“国家海外高层次人才引进计划青年项目”终期评估优秀；担任国际氢能学会会刊 *International Journal of Hydrogen Energy* 客座主编，第一届国际氢安全科学与工程会议共同主席，以及亚太燃烧会议、国际爆炸与反应系统动力学会议、中国工程热物理学会燃烧学学术年会等多个国内外权威学术会议的火灾、爆炸论坛主席。

访谈组：您可以简要介绍一下上大学前的求学经历吗？当时您是出于什么原因选择安全科学与工程专业的？

肖华华：我老家在湖南省宜章县，当时是国家级贫困县，经济水平和教育水平

相对落后，所以我感觉自己在很多方面是后面才慢慢赶上来的。我读的小学是一个乡镇小学，在教育条件和师资力量等方面与城市的小学存在较大的差距，到初中才开始学英语，这是很多来自农村、乡镇的八〇后学生都会面临的问题。我高中就读于一所省重点中学，那时候学习进步很大，慢慢有了一些觉悟，懂得了要努力学习这种朴素的思想，正如毛泽东主席所讲的“好好学习，天天向上”，所以我立志要好好学习，要考好大学。小学和初中时的学习氛围不浓厚，到高中后，发现自己学习还可以，于是就有了这样的冲劲，高考也取得了不错的成绩。

说到专业选择，我们读本科时不叫安全科学与工程，而是叫安全工程。我高考后选择了几个专业，安全工程是其中一个。当时我看到我们学校的安全工程专业排名第一，所以就把安全工程作为选择的专业之一，当然最后也录取到了这个专业。

访谈组：在您本科学习期间，有哪些让您印象深刻的人或事？有哪些事情对您之后的科研经历产生较大影响？

肖华华：让我印象深刻的人和事有很多。对我影响比较大的是当时教高等数学的张晓宁老师，我清楚地记得她不是我们专业的，是理学院的，现在已经退休了。她总是充满热情地投入教学中，是一位教学水平非常高、非常富有正能量的老师。她治学态度严谨，为人和蔼可亲，给我留下了深刻的印象。清华大学校长梅贻琦有句名言“所谓大学者，非谓有大楼之谓也，有大师之谓也”，意思就是大学里不一定要有大楼，但一定要有大师。

实际上我们入学时，母校的硬件条件相比其他学校还是比较艰苦的，但是学校里优秀的老师们给予了我们很大的鼓舞。我们学院很多老师也给我留下了深刻的印象，比如曾任资源与安全工程学院院长的朱红青老师，还有陈鹏老师，陈老师在我推免研究生时给了很多宝贵的建议。很多老师也给我很深印象，就不一一举例了。这些老师给予了我们很多鼓励和帮助。当时我们班只有一个保研到外校的名额，我就是拿到这个名额的学生。然而保研去外校有很大的不确定性，最终在这些老师的指导和帮助下，我顺利保研成功，这对我后面的科研产生了很大的影响。当然我们班里很多同学一起互相鼓励，也给了我很多学习和生活上的信心。现在回头看大学时光，还是非常宝贵的。

访谈组：是什么原因让您选择火灾与爆炸动力学研究方向的？在实验时是否发生过让您印象深刻的事情？您产生过放弃的想法吗？

肖华华：很多印象深刻的事情都是关于火灾的。我来到中国科学技术大学后，在火灾科学国家重点实验室做研究。这个实验室的主攻方向就是火灾，而我的研究方向又正好和爆炸相关。氢气易泄漏、易燃、易爆，是很危险的物质，但同时又是一个很清洁的能源载体，具有广阔的应用前景，国家现在也非常重视氢能源的利用，因此我们实验室的一部分研究领域就是针对氢能源安全的。我当时做的实验是氢气的火灾和爆炸，具有一定的危险性和挑战性。

印象深刻的是，我当时读研究生，实验间有一个老师在旁边办公，而且研究生办公室离实验间也不远，我每次做实验的声音特别大，旁边办公室的老师、研究生办公室的师兄弟知道我要做实验了就赶紧离开。因为实验时会发出较大的声音，不了解情况的人听到后会容易感到害怕，所以最后基本上就是我自己和一个实验室的师兄或师弟一起做实验。我们当时在实验室四楼，从楼下路过的人一听到实验产生的声音，不知道发生了什么事情，以为是哪个地方出了事故，有时候他们还会打电话到学校去问这里发生什么事情。当时其实自己心里也有一点打退堂鼓，觉得很危险，但仔细想一想其实没有那么危险。只要了解氢气的特性，遵守安全规范，严格按照实验的操作要求，小心谨慎地做实验，是没有问题的。

我从来没有产生过放弃的想法。一些人听说我要做氢气实验，就谈氢色变，赶紧避而远之。我觉得这是他们不太了解实际情况而导致的。实际上，我自己了解氢气后就没有觉得那么危险了。我本身是一个非常认真谨慎的人，因此我做实验时也不会大意，都会反复确认，甚至感觉自己有时候有点谨慎过头了。但是我们做安全的就是要这样，必须要反复确认，保证每一步的安全，有时候事故或者意外就是由于疏忽导致的。虽然氢气有很多危险因素，但我并没有那么害怕，也没有放弃。我们有很多有利的安全措施，只要充分了解和掌握氢气的特性，做实验时就能游刃有余。总体来说，因为我对做科研比较有兴趣，而且陆续做了很多的探索，所以就对它的兴趣越发浓厚。

访谈组：您发表了数十篇高水平科技论文，有什么心得可以和我们分享一下吗？您认为大学生要在科研上有所进步，需要付出怎样的努力呢？

肖华华：第一，要注重基础知识的学习。做科研无论是做基础研究还是应用研究，一定要把基础打牢，这是我很深的体会。有一句古话叫“知其然，知其所以然”，我们做实验或者做数值计算都会看到很多现象，得到很多结果。如果没有很坚实的理论基础或知识储备，就很难去解释其中的现象，得到的结果可能就会流于肤浅。所以我要求自己一定要把基础弄明白，把基础打牢。我对自己的学生也是这样要求的，想做科研必须要把基础打好，因为要拿到硕士或博士学位，肯定要在科研上有所建树，如果没有好的基础，做的科研就不太可靠，可能发现一些新的东西但是没办法去解释，这样其实很难证明自己所做的工作到底正确与否。比如，不同的人做同一个实验，要判断到底谁做得正确、谁做得比较好或者谁能真正地反映真实的科学事实，这就需要用理论知识来分析论证。把基础打牢，会构建出自己的一个比较良好的知识体系和知识框架，即使毕业工作了，要换一个研究方向或者要做一个新的东西，基础知识扎实就会比较顺利。做研究不是利用一些设备或者工具，做出一些结果，发表几篇论文，毕业了就行。从长远来看，没有牢固的基础知识可能毕业不一定有困难，但是打算从事科研工作或者在科学上有一些建树就会比较困难。

第二，要勇于探索，敢于坚持。大家都知道要勇于探索，我自己以前也总是听他人这样说，但是自己经历过后有了特别的感受。做科研确实要勇于探索，要不断地尝试，不断地探索。而且在这个过程中，必须树立一个自己一定能把它做出来的信念，并且要不断坚持下去。我觉得有信念、能坚持下去是很重要的。

访谈组：您发现蓝色火旋风的研究论文发表在《美国科学院院刊》（*PNAS*）上，先后被美国工程院、美国物理学会等国际权威机构和知名媒体报道，又被世界主流科技媒体 Phys. org 评为“2016 年度世界最具影响力的 20 篇科技论文之一”。您可以和我们分享一下当时发现蓝色火旋风的过程吗？

肖华华：发现蓝色火旋风，实际上来自一个比较独特的思想或者说比较原创性的想法。蓝色火旋风是 2014 年提出的。当时我在美国马里兰大学航天系从事科研工作，马里兰大学航天系在美国是很好的。我在航天系做基础燃烧研究，有一次在浏览网站上的相关科技新闻时，看见了一个火旋风的视频，是波旁（Bourbon）威士忌酒厂的原酒泄漏到一个池子里，工作人员为了清理掉原酒，点燃了那个水池，因为水面上全部是原酒，点燃后由于条件比较特殊，就形成了一个火旋风。我从中看出火旋风的燃烧效率很高，会把周边的原酒和小火都吸引到中间来，很快地就把原酒燃烧完全了。这件事给了我一个灵感——能不能考虑利用火旋风清理海面的油污？

海面漏油有一种很重要的清理方式就是燃烧，但是平时采用的是普通火焰，它的燃烧效率和速度没有火旋风高。火旋风有两个特点：第一是温度高。火旋风可以用高温使不完全燃烧的产物燃烧得更加充分，从而减少污染。第二是燃烧速率很快。火旋风的燃烧速率是普通池火的 3~7 倍。也就是说，它可能还有另外一个潜在价值——能比较快地清理海面上的油污。我当时有了这个灵感之后，就去和我以前在美国合作的导师说了。她虽然是做爆轰的，但火灾相关研究做得很少，也不做火旋风，不过他对我的这个想法非常支持，就联系了马里兰大学防火系（马里兰大学防火系也做得非常好，在世界上应该是领先的）的一位老师与我合作，让我去和那个老师商量怎么来做。后来，合作进展得比较顺利，就开展了实验。

我们当时也没有想到会发现蓝色火旋风，因为我们设计的实验是为了清理海面油污，它和传统的实验有所差别。我们在一次实验中偶然地发现了蓝色火旋风。当时我们非常兴奋，因为它的特征和传统的火旋风截然不同，而且它很漂亮。但是后来我们在想这个现象能否重复做出来，于是我们就再做了很多重复性的实验，最终证明了是能重复做出来的。现在世界上许多大学、研究机构都在做这件事情，包括美国加州大学、美国陆军研究实验室以及西班牙的一些学校，我们国内的清华大学、上海交通大学等高校也有老师在做。

尽管蓝色火旋风是因为把一个偶然产生的灵感带入实验当中，进而在实验过程中偶然发现的，但是也存在一定的必然性。因为我一直对火灾里面的一些现象比较感兴趣，虽然我攻读硕士和博士学位期间，不是做火旋风的，但是出于兴趣，所以我一直在了解相关知识。具备了相对丰富的知识背景，才会产生这么一个想法和灵感。如果没有知识背景，我觉得即使我看见那个原酒泄漏的火旋风视频，估计也不会想太多，也就不会有灵感了。

访谈组：安全科学与工程作为母校“双一流”学科之一，您认为母校应该如何发展这样的学科？最具挑战性的是什么？您未来有可能和母校合作吗？

肖华华：我觉得我们学校的安全科学与工程建设已经非常不错了，但是我们还可以做得更好，因为我们的目标是要建设一流学科。这个一流学科不只是国内的一流学科，更要是世界的一流学科。

第一，要加强国际交流和国际引领。我们要对标国际上相应的一些学科，提出更高的要求。但是国际上做安全研究是比较分散的，不像我们国家有专门的学科体系。我们需要加强培养学生的国际视野、国际化程度。比如，我们的专业在国内是第一，但是在世界上到底处于什么样的水平，这就体现在国际交流和国际引领上。可能我们的某个领域（不一定是整个专业），或者是某个专业方向，在世界上具有引领性甚至是具有一定的话语权了，这样我们才能说具备了一流学科的特质。不一定是各个方面都要做到世界一流，但是至少在某个方面有突出的专业特色。因此，我感觉我们学校一定要在国际化和国际交流方面加强建设，要放眼整个世界范围来建设一流学科。

第二，要加强师资队伍建设。落实人才强校战略是造就高水平师资队伍的根本做法。师资队伍建设中很重要的一点体现在人才引进上，人才引进是分为多个层次的，特别是高层次的人才引进是很重要的。国内很多顶尖大学人才引进的力度非常大，比如在安全领域比较顶尖的学校对人才引进是非常重视的。

第三，要加强一流的科学研究。我们“双一流”学科建设不只是人才队伍建设，还要有国际交流、科学研究、研究生培养、人才培养。对于科学研究，母校肯定是以矿业为特色，因为在矿业领域做了很长时间，有很多积淀。同时，我们也需要在同安全科学与工程相关的前沿方向和领域做一些拓展和延伸工作，这也是很重要的。科学研究要保持学科的先进性和一流特性，就必须要有一流的科研，才能促进知识增长，增进教学效果。

综合上述三点，我认为发展安全科学与工程最具挑战性的就是引领国际学术前沿这一方面。要建设一流学科，要在世界上有一定的话语权，我觉得这是最具挑战性的。我们不仅要做好科研人才培养，还要加强国际学术交流，让别人认可。现在国际上学术的主导地位仍在西方欧美国家，有很多发达国家主导着学术前沿，但其实我们国家在很多方面也做得很好，甚至是处于领先地位，但要让别人认可就需要有话语权，这其中就有很多工作要做。所以我觉得要把安全科学与工程打造成世界一流学科，国际交流、国际影响力这一方面的挑战是最大的。

我希望有机会一定要和母校合作交流，因为母校在安全这个领域做得很好，有自己的特色。我目前在做火灾爆炸、氢能源安全方面的工作，如果能够扩大合作交流肯定是非常好的。我同母校的老师一直有很多的交流，很多老师以前就是我的老师，现在在应急管理与安全工程学院或者能源与矿业学院工作，我与他们比较熟悉，有机会也想回来跟他们再多学习学习。虽然目前还没有合作的具体项目，但是期待在日后能够同母校的老师有更多的科研学术合作。

访谈组：请您给本学科学弟、学妹们提一些建议或者寄语。

肖华华：第一，一定要把握好学习的机会，把知识学好。从科研的角度来看，无论读本科还是读研究生一定要把专业基础打牢，即使以后不做科研工作。很多人认为学的很多知识、选的很多课程并没什么用，但其实不是这样的。因为坚持把知识和课程学好，这是一个练内功的过程，塑造的是你这个人，而不是把你物化了。很多人具有功利性的思想，就想着学了就能立即见到用处。大学教育很重要的方面就是打牢基础，但现在很多学生误解了它。通过教育特别是研究生教育，还要培养一个学生思考问题、解决问题的思维，而且学生在学习过程中也是一个自我认识的过程。如果一件事情不认真去做，可能就不知道自己到底会做成什么样子，也不知道自己要做什么。但是一旦沉浸其中去做，就会发现这件事到底是什么样的情况，自己到底是什么样的人、定位是什么、将来想干什么，这就是自我认识的过程。因此我建议，无论将来是否做科研都一定要把基础知识打牢固。本科、研究生阶段设立了很多专业课程，要学很多专业知识，因为不知道毕业以后要用到哪方面的知识，所以在校期间就应该把基础知识打牢固了，这样到时候就不会“书到用时方恨少”了，需要用到哪方面的知识时有了这个基础，就能够很快地捡起相应的知识，很快地上手去做事情。

第二，我认为做什么事都要坚持。坚持很重要。我们很多时候会遇到各种各样的困难，就是要坚持下去，特别是做科研。现在社会的竞争是很激烈的，你可能会觉得别人好像做得有声有色，自己虽然有进步但是总是赶不上别人。不要气馁，只要坚持下去，相信自己能够做到最好。要同自己比，只要觉得自己有进步，那就是一种成功。要有持之以恒的态度和良好的心态。

特别鸣谢——肖华华校友对本稿的亲自审定和大力支持！

融会贯通，天道酬勤

——闵杰口述

讲 述 人：闵杰
访谈时间：2023 年 1 月
访谈地点：武汉大学（线上访谈）
访 谈 组：廖锌涛、胡婉怡、赵贝妮、朱彤

人物简介：闵杰，男，1985 年 7 月生，湖北省黄石市人。中共党员，教授、博士生导师。2008 年和 2011 年分别获得中国矿业大学（北京）化学工程与工艺专业学士和硕士学位，2008—2011 年在中国科学院化学研究所攻读联合培养硕士，2015 年 10 月获得德国埃尔朗根-纽伦堡大学博士学位，之后留组从事博士后研究。2017 年 1 月至今就职于武汉大学高等研究院，独立建组开展有机光电领域的研究工作。曾入选湖北省“百人计划”青年百人项目和教育部“长江学者奖励计划”青年学者，入选科睿唯安 2022 年度全球“高被引科学家”名单。

访谈组：您可以简要介绍一下您上大学前的求学经历吗？是什么原因让您选择了化学工程与工艺专业？

闵杰：我从小学到初中读的都是比较普通的学校。1992 年至 1998 年，我在离家非常近的小学就读。初中是在镇里的学校，离家稍远。感觉小学和初中阶段都是稀里糊涂过来的，比较贪玩、调皮，经常独自或带着班里的同学一起去钓鱼、抓虾、游泳，没少受到老师批评。我的高中是湖北省大冶市第一中学，是一个省重点中学。高中阶段我知道了学习的重要性，因而学习比较刻苦，也乐在其中。我的工作作风和学习态度也是在这个阶段得到了初步塑造。

可以说我是阴差阳错地选择了化学工程与工艺专业。读高中时生物专业比较火，当时有一个说法“21 世纪是生物学的世纪”，所以当时报考咱们学校的第一志愿是生物工程，后来被调剂到化学工程与工艺专业。但在后来的学习过程中，我逐渐喜欢上这个专业。我研究生阶段学的是有机化学合成，那个时候感觉这个专业简直就

是造物主般的存在，可以合成出很多从来没有过的化合物。因此，我对有机化学产生了浓厚兴趣，以至于去德国读博士的时候同德国导师提出从器件物理换到有机合成方向。所以从不喜欢到喜欢的过程是要花时间的，投入的时间一多，态度和兴趣可能就会有所转变。

访谈组：2004 年至 2011 年您在母校学习，并先后获得学士、硕士学位。您能和我们分享一下在这期间令您印象深刻的人或事吗？

闵杰：那段时间离现在也比较近，现在回忆起当时的情景还是历历在目。这期间是极为充实和快乐的，交了很多志同道合的朋友，也有幸在母校北门口遇到了我现在的妻子。当时我们宿舍是 8 个人，大家来自不同的省份，我来自湖北，宿友分别来自湖南、江西、江苏、河南、陕西、四川、北京。虽然大家来自不同的地方，但是每天晚上都有聊不完的话题，课余活动也非常丰富。几年下来，我们朝夕相处，也培养了共同的爱好，大家一起度过了一段非常开心愉快的美好时光。

我在大学里还遇到了许多非常值得回忆和尊敬的师长。我的入党介绍人是许广洋辅导员，他给我们的大学生活和学习提供了很大的帮助，是我们的良师益友，我至今依然记得他那爽朗的笑声。我也很庆幸遇到了几位博闻强识、课讲得非常好的基础课和专业课老师。比如，已经退休的高等数学张晓宁老师和大学物理李英骏老师，还有曾鸣老师、解强老师、张香兰老师等。我至今都非常感谢解强老师，帮助我理清论文的写作脉络和思路，让我深刻认识到科研思维的重要性，是我科研道路的领路人。记得我第一次写开题报告，自我感觉思路清晰，但经过与解老师的讨论和分析后，发现自己的写作脉络、思路、表达方式等方面确实存在很大问题。现在还记得当时那种茅塞顿开的感觉，那次课题训练对我的硕士和博士求学，以及现在的研究工作，都有很大的作用。

另外，那些年母校变化很大，几乎每年都有旧楼拆除或改造以及新楼建成。我身在其中的那 7 年，确实能感受到母校的飞速发展、日新月异。总的来说，在母校 7 年值得怀念的人和事非常多。即使现在回想起来，依旧感觉非常幸福。

访谈组：您发表了大量高水平论文，入选科睿唯安 2022 年度全球“高被引科学家”名单。您在撰写高水平论文方面有什么经验与我们分享吗？

闵杰：我始终在不断地学习如何把论文写好。要写出高质量论文，我觉得有两点非常关键。第一是要有好的想法或者新奇的思路去研究亟待解决的科学问题。第二是要创造或运用新仪器或者方法去解决这些科学问题或技术问题。具体而言，第一，我认为要写出高水平论文，就要紧盯着这个领域里关键的科学问题或技术问题，要想到别人想不到的方面，如果别人都会这么想，那我觉得这个工作可能就没有多大意义了。如果其他人都认为这个关键问题很重要，那你要想有没有其他的关键性科学问题或者技术问题，或者能不能用另外一种方式或者技术途径解决相关问题。第二，是要创造或者运用一些新的仪器来做研究，这是非常关键的。就我个人而言，我觉得如果你用现有的仪器去做一些工作，这个工作有可能是好的，不过大部分情况可能非常无聊，甚至令人沮丧。我们现在的实验室就有一半以上的仪器是我们独立搭建的，这对我的研究和文章发表有非常大的帮助。研发新的仪器或者研究新的测试应用方法，并能实现有效应用，这就是一个非常好的工作。我给研究生和本科生讲课的时候都会强调：要想在材料领域或者科研领域做得好，采用一些新的方法或者新的仪器是必不可少的。这对论文的提升也有非常大的帮助。

另外，还需要努力去提升自己的英语表达和写作能力。我的英语不太理想，刚开始到德国学习非常吃力，但是我通过不断写论文、收集素材、学习他人等方式，慢慢就有了进步，也度过了写作的瓶颈期，逐渐形成了自己的风格。我现在最开心的事就是写论文，因为可以非常自由地表达自己的学术观点。

访谈组：您读博期间的研究方向是器件物理，这个专业与化学工程与工艺专业有哪些联系？您所学的化学工程与工艺专业知识对您研究的方向有哪些帮助？

闵杰：虽然我是化学工程与工艺专业出身，但是得益于母校化学与环境工程学院优质的教学内容和管理模式，我在本科阶段就系统地学习了四大化学和大学物理，为硕士阶段的有机合成研究和博士阶段的光伏器件物理研究打下了坚实基础。当然，只学这些课程内容不足以应对更加专业的研究，所以我平时也会买一些书籍自学，查漏补缺。总的来说，本科阶段的教学内容对我的帮助还是挺大的，让我在进入光伏技术领域时阻力较小。

我对光伏技术的研究越深入，越觉得化学工程与工艺专业对我的研究帮助很大。化学工程与工艺专业的思路可以归纳为几个标准的单元操作：反应釜、反应塔、蒸馏塔等。这些操作的核心是质量、热量、动量的传递，再加上化学反应，也就是“三传一反”。所以，化学工程与工艺专业的学科思路能够使人掌握物质世界运动的基础物理和化学规律。化学工程与工艺专业更侧重于学习以工程的视角去看待问题的思维方式，这种思维方式让我更加全面地理解和思考一些关键的科学问题和技术问题，提出更加新颖的解决方案。

访谈组：您目前重点围绕“材料化学—形貌物理—衰减机制—器件工程”的研究链条开展目标导向性基础研究。您能谈谈这个研究的对象和目的吗？有哪些机遇和挑战呢？

闵杰：作为一名学者，肯定是希望自己的研究成果能实现商业化应用，从而造福人类，这是我们最终的追求。就我自己而言，我的主要研究方向是有机太阳能电池，属于基础应用型研究，其目的是实现有机光伏技术的商业化应用。与其他类型的太阳能电池相比，比如现在常用的多晶硅太阳能电池，我研究的电池具有质量轻、成本低、柔性、色彩丰富、制备工艺比较简单等优点。有机太阳能电池除了作为传统的光伏发电装置，在其他领域也有很大的用途，比如节能建筑、光伏一体化和室内光伏等。我们可以把高楼大厦里的玻璃或者外墙全部用这种彩色的有机光伏玻璃进行替代；还可以把一些可穿戴的设备变成柔性的光伏电池，并与其他器件结合应用；再有就是物联网，未来的社会肯定是物联网的社会，物联网的社会需要成千上万个传感器，而有机太阳能电池在这方面具有非常好的应用前景。

近年来，有机太阳能电池发展迅猛，能量转化效率不断刷新，运行稳定性也得到了很大提升，材料成本和加工工艺成本也在不断优化。目前，科学界普遍认为有机光伏技术到了商业化的黎明前夕，不过还有一些关键的科学问题和技术问题需要解决，包括光伏材料的设计、器件结构的优化、封装技术的发展以及工业级制备路径的探索等。另外，有机太阳能电池也细分为不同的种类，哪一种功能光伏器件能够首先进入商业应用阶段，需要进一步探索和论证。

访谈组：您和母校的老师们有科研合作吗？未来会有什么方面的合作呢？

闵杰：我目前还没有和母校的老师们有科研方面的合作，主要是因为研究方向有一些差异。我个人是非常希望能够和母校老师们有更多的学术交流和科研合作，我也希望未来能够在新能源科学与工程相关领域开展研究工作或者交流合作。

我回国的第一年就有化学工程与工艺专业的学弟来我这里读研究生，毕业之后去了一个半导体公司。现在有很多化学工程与工艺专业毕业的博士和硕士就职于半导体公司。我很欣慰培养出来的学生能够从事国家“卡脖子”领域的攻关工作，我希望他们终能有所成就、有所作为。

访谈组：请您为母校的学弟、学妹们提些寄语。

闵杰：回顾自己在母校的求学经历和之后的工作经历，我感触比较深的有两点：第一点是一个人不能偏安于知识的一隅。以前不同的学科领域之间发展互为平行线，学数学就是学数学，学物理就是学物理，学化学就是学化学等。但是人类的进步需要多学科的融合贯通发展。所以希望学弟、学妹们在学好本专业知识的同时，要紧跟国家的大政方针和社会发展，做好自己的人生规划和职业规划。第二点是天道酬勤。不管是现在的学习还是将来的工作，努力奋斗、精益求精是立足社会、有所作为的法宝。我自己的工作经历就是这样。我有时去得比学生早，走得可能比学生晚，有时周一到周日都坐在办公室。即使我生病发烧，晚上也会给学生上课，也会到办公室工作一会儿。现在有一个词叫“躺平”，有些学弟、学妹们可能就真的躺平了，但我觉得这样的做法不对。在我看来，人来到这个世上，最重要的就是要不断奋斗，实现人生的价值。以上这两点感悟分享给学弟、学妹们，与学弟学妹们共勉！

特别鸣谢——闵杰校友对本稿的亲自审定和大力支持！

以静心回望来时路，携信心叩开数学门

——凌黎明口述

讲 述 人：凌黎明
访谈时间：2023 年 1 月
访谈地点：华南理工大学（线上访谈）
访 谈 组：李吉福、杨昕语、张嘉璐、朱彤

人物简介：凌黎明，男，汉族，1985 年 10 月生，湖南省衡阳县人。华南理工大学数学学院教授、博士生导师。2007 年 6 月本科毕业于山西师范大学数学与应用数学专业，2010 年 6 月硕士毕业于中国矿业大学（北京）应用数学专业，2013 年 6 月博士毕业于北京应用物理与计算数学研究所。2013 年 7 月至 2018 年 3 月在华南理工大学数学学院担任讲师、副教授；2018 年 4 月至今在华南理工大学数学学院担任教授。2014 年 7 月至 2014 年 8 月在复旦大学上海数学中心做访问学者；2017 年 8 月至 2018 年 8 月在密歇根大学数学系做访问学者。2022 年 5 月至今挂职华南理工大学学生工作部（处）副部（处）长。承担国家优秀青年科学基金项目，曾主持过国家自然科学青年基金科学项目与面上项目、广东省自然科学基金自由申请项目。担任 *Physica D*，*Scientific Reports* 的编辑。获得 2016 年度中国物理学会颁发的最有影响力论文一等奖，获得由伦敦数学会和英国皇家物理学会联合颁发的 2018 年度中国高被引作者奖。

访谈组：您可以简要介绍一下您上大学前的求学经历吗？是什么原因让您选择数学专业？

凌黎明：我是从农村出来的，出生在湖南省一个小山村里，环境非常艰苦。但我自己并不觉得自己生活在一个很艰苦的地方，因为我的家乡山清水秀。我出生在改革开放初期，当时湖南人特别流行去广东打工，六七岁的时候我父母就去广东打工了，我每年只有过年的时候才能见到父母，其他时间都是爷爷、奶奶管我，所以我就是一个留守儿童。在那个小山村里，包括我在内的很多人学习基础都非常糟糕。

糟糕到什么程度呢？打一个简单的比方，按理说一二年级拼音就应该很熟练了，但我直到六年级搬到一个小镇去上学时才发现自己连拼音音调标到哪个字母上都不知道。可见我的学习基础有多差。搬到小镇以后，我父母还是在外地打工，我继续留守在家，家庭教育相当于零。我考大学的时候，父母不在家，所以选什么学校、什么专业，基本上是我随便选择，父母不知道，也不管。

至于专业的选择，其实我最想学物理，我对物理比较感兴趣，当时认为数学、物理其实差不了太多，感觉学数学也能接受，所以就选了这个专业。如果我的成长环境同城里孩子一样，我大概率就不会选择数学专业了，会选择一个比较热门的专业，比如计算机科学与技术专业。但当时我不懂，也没见过计算机，觉得要么是数学，要么是物理、化学。我感觉化学有点偏文科，数学和物理比较偏理科，就决定选后两个，其实我对这两个专业并没有深入的了解。读了数学专业之后，我发现大学数学专业是很难的，大家都知道高等数学挺难的，数学专业学的知识比高等数学还难，我们数学专业要学习以数学分析和高等代数为基础的近现代数学。但我觉得还好，还没有那么难。一般人到大学里面做数学题目都要看答案，我就不喜欢看答案。我都是自己做，感觉这些题目基本上同例题差不多，很类似。另外，本科学习阶段，我觉得第一学期特别关键，真正能体现出有没有数学能力，如果不懂，那就是真的不懂了。后面几年因为大家掌握了大学考试的诀窍，即便不懂，考试成绩还是可以的。我的很多同学毕业之后给我说大学什么都没有学会，但考试成绩还可以。现在回想起来，我从事数学研究工作10多年了，觉得数学确实有点难。

访谈组：您能回忆一下在北京学习期间给您留下印象深刻的人和事吗？

凌黎明：印象深刻的人是我在母校读研究生时的导师刘青平教授。回想起来无论是学问方面，还是为人处世方面，他给我的关照都很多，对我视为己出。有些人说毕业了同导师还不是很熟，但是因为我和导师交流比较多，会一起探讨一些问题。无论是做学问还是做事，我有做得不对的地方，他也会直接指导我，教我怎么做，引导我。所以，我毕业的时候同导师还是比较熟悉的。当时和导师相处，主要是一起改论文。我们宿舍有同学不常住，所以宿舍偶尔会只有我一个人，环境比较自由，我时常改论文改到晚上两三点钟，改完之后立刻给他发邮件。刘老师当时做院长，即便工作比较忙，第二天也会抽空给我回邮件，那个时候交流没有现在这么方便，大部分用邮件或者直接见面。通过改论文，我和导师接触比较多。刘老师的行政工作和教学任务都比较繁重，但是他以身作则，严格要求自己。本科生的课，比如高等代数，他一直坚持授课20多年没有停过。他除了给本科生上课，还给研究生上课，另外还经常写一些关于超对称理论方面的讲义。刘老师除了组织讨论班让学生一起学习，还鼓励我们去北京大学、清华大学和中国科学院听课，基本上我在母校待的3年，经常去这些地方听课。清华大学里面原来有一个周培源应用数学研究中心，那里的杨建科教授同我们的研究方向相同，他在清华大学讲课的时候，我们都去学习。北京大学当时也有很多老师讲课，我印象比较深刻的是刘张炬老师，他讲经典力学的数学方法。他对教学内容非常熟悉，直接上来就讲，可以一直讲几个小时，讲课的时候从来没有看过稿子。有时候都要下课了，他讲得还很入迷。虽然上课的人不是特别多，但是大家都听得非常认真。我们还去中国科学院听过课，主讲是梁灿彬老师，他是著名的物理教育家，做数学物理方面的教学与科研，同我的研究比较相关。我们在中国科学院听过他讲的微分几何，讲得非常好，他对人和事各方面非常好。很不幸，听说前两年梁灿彬先生去世了。他讲课的时候，教室里坐得满满的，好多人来听。微分几何还是挺难的。通过听这些老师讲课，我学到了很多知识，即便到现在，我觉得即使自己到了他们那个年龄也不一定能讲出那么有水平的课。这种对知识的深度理解一直是我学习的楷模，我一直在向这些老师学习，也在慢慢地靠近。这些老师对我印象深刻，另外还有一个印象深刻的地方就是图书馆。我的研究生时光很大部分是在图书馆度过的，科技楼待得也比较多。看电子书的时候就在宿舍看，那时候基本把所有的时间都用在了学习上。

访谈组：2010 年您从母校毕业后，是选择了继续深造吗？在科研工作中遇到棘手的问题，您是怎样解决的？

凌黎明：我读研究生的时候基本上把所有的时间都用在学习上。毕业之后，刘老师帮忙推荐，我去了北京应用物理与计算数学研究所，跟着中国科学院院士郭柏灵攻读博士学位，就这样继续做数学研究了。

大家一般都认为数学比较难。数学虽然难，但是难度是有梯度的，方向也有很多。有一句话说得好："会者不难。"我们通常说的难是因为不会，因为缺乏这方面的培养，缺乏这方面的引路人，可能搞一辈子都没办法入门。之所以觉得难，可能并不是因为真的难，而是因为没有找对方向，如果找对方向或许就迎刃而解了。至于科研上棘手的问题比较多。做研究的时候，首先要选对课题，根据自己的水平来确定能做些什么，不要搞一些完全不相干的，比如随便找一个方向就写论文，那不可能写得出来，即便写出来可能也是完全不入流的，没有专家能看得上的，没有群体会认同你的工作。所以一定要找对合适的课题，在面对很难的问题时，也不要轻易放弃。其次要认知自己，找到自己比较合适的课题后，要考量自己能不能适应这个问题，如果自己对这个问题没有认知，就说明这个问题不适合你，就不要去做了，也没必要去面对这样的问题。对于任何一个数学家，任何问题对他来说都是棘手的问题，因为只要他不研究，他在这方面的认知就是零。可能他很聪明，可以学会，但他需要时间来研究，没研究前这个问题对他来说就是一个棘手的问题。当你进入之后，就没有什么棘手的问题了，努力探索下去即可。

顺便要说一下，在搞科研遇到问题的时候，思考是比较重要的，无论是在方法还是结果上都要有一定的突破和创新，这时候去外面走走或者换换环境，可能自己思考的问题就解决了。

访谈组：据我们了解，现在您在单位挂职学生工作部（处）的部（处）级干部，请问您是如何平衡教学、科研工作与行政工作的？

凌黎明：我行政方面的工作量不是很多，主要是开会，大部分的工作是分配的任务。我们学校有约4.6万名学生，学生工作部（处）任务比较多。好在我们分工比较明确，部（处）里总共40多个人，有6名部（处）级干部：一个部（处）长，1个常务副部（处）长和4个分管部（处）长。每个部（处）长分管一处行政工作，我的工作主要是协助他们。相比而言，我科研上的工作比较多，科研任务对我来说也很重要。第一是如何给这么多博士生找课题。数学研究和其他学科的研究有一些区别，数学研究需要引路人，有的课题虽然看起来简单，但不一定能做出来，所以一定要给学生找一个合适的课题。我有4个博士生、2个博士后。博士后主要与我合作做研究，博士生还没有完全达到做研究者的标准，得给他们找一些合适的课题。对于选择合适的课题首先我自己得有一定的了解，对这个课题的研究思路比较清楚，还要考虑创新性程度够不够达到论文发表层次。我自己当年做的数学研究是比较讲究创新性的，所以后来我在学术上才有了一定的成长空间。我现在的研究课题，也是从当年做博士生时慢慢积累起来，后来变成一个真正的研究方向，如果没有导师的引导是很难走出来的。我还有一项工作是杂志编辑，它会占用我很多时间。目前来说，我所接手的行政工作并不是很多，所以主要工作精力还是放在科研上，学校挂职的目的是将挂职干部作为储备干部来培养。

访谈组：您在数学物理方向招收研究生时，更看重学生的什么能力？您认为数学未来需要解决的“卡脖子”关键点是什么？

凌黎明：我刚开始当导师的时候对学生没什么要求，后来才有了一定的选择性。第一，我比较看重学生的数学能力，数学不能太差。学生不能跟我交流是不行的，这个很重要。第二，我会比较看重学生的英文写作能力。第三，学生的沟通能力也很重要。第四，性格方面也会考虑。如果只看简历，看到的只有成绩，有时虽然成绩好，但可能并不一定特别适合做研究。线上面试的时候，我会给考生一篇有一定难度的论文让他讲一下，考察他们的数学能力、语言表达能力、沟通能力等。通过考察这些了解考生的水平，然后再考虑我以后给他怎样的课题或者能不能指导这名学生。在我看来，学生的综合能力是很重要的。

数学作为基础学科，“卡脖子”的关键点就是首先要对于我们自己有清晰的认知，知道自己能做什么，还要有引路人，并且要有合适的指导。能真正成长为高精尖的人，要有目标与方向。人聪明，学东西即便快，也需要时间，如果有人指导可能就会事半功倍。我会对学生说，人一定要谦虚、低调，不要认为自己多厉害，任何人一定要相信做科研是大家共同的力量。我们国家的数学需要更多的时间来发展，大家要能够真正地静下心来认真钻研，看一下历史上有名的数学著作，了解一下数学发展的状况等。

访谈组：您和昔日的师长、同学有学术合作吗？如果有合作，主要合作研究的

方向是什么？

凌黎明：合作挺多的，数学科研一定不能孤立存在，任何孤立存在，在这个社会上肯定都是无法立足的。我同之前的师长、同学都有直接或者间接的合作，有直接做学术合作的博士研究生同学。博士研究生同学的名字叫赵立臣，他现在是西北大学物理学院的教授。博士研究生毕业后，同我自己的博士研究生导师中国科学院院士郭柏灵，就博士期间未能完成的工作进行了继续的合作。写论文时也会引用师长、同学的论文，这可以说是一种间接合作，因为你站在他的肩膀上。

至于具体的合作方向，当时我们做的方向叫怪波——一种特殊的非线性波。这个方向是2010年左右才兴起的，我们那时开始进入这个方向，后面我们就一直做这方面的研究。

访谈组：离开母校12年来，您最想和母校的学弟、学妹们说些什么？

凌黎明：首先，最重要的是在思想上认知自己，有时候不一定要去一个好的地方，好的地方未必适合，而是要去一个对的地方。其次，不要自卑。清华大学、北京大学有他们的特色，我们自己也有自己的特色。认知好自己，用好自己的特色，也一样能够在自己的领域里发光、发热。

特别鸣谢——凌黎明校友对本稿的亲自审定和大力支持！

十年一日测算海洋体温，坚韧不拔深耕海洋气候

——成里京口述

讲 述 人：成里京

访谈时间：2024 年 8 月

访谈地点：中国矿业大学（北京）

访 谈 组：崔子怡、左东方、朱彤

人物简介：成里京，男，1988 年 11 月生，山西省柳林县人。现为中国科学院大气物理研究所研究员。2009 年 7 月获得中国矿业大学（北京）信息与计算科学专业学士学位，2014 年 7 月获得中国科学院大气物理研究所博士学位。曾获谢义炳青年气象科技奖、第五届科学探索奖、2023 达摩院青橙奖、美国气象学会 Nicholas P. Fofonoff 奖等，获“中国科学院科学传播先进个人”称号。主要从事海洋观测数据处理和重建、海洋热含量变化、地球系统能量和水循环研究。截至 2024 年 8 月，已发表论文 100 余篇，总被引超过 1 万次。

访谈组：您能简要介绍一下您来中国矿业大学（北京）求学前的学习经历吗？是什么原因让您选择了信息与计算科学专业？

成里京：我出生在山西省吕梁市柳林县。柳林县是一个煤炭大县，煤炭产业非常发达，所以中国矿业大学（北京）在当地的知名度很高。因为吕梁市地处黄土高原，是一个革命老区，相对来讲教育和经济都不太发达，我当时希望通过高考走出山区。距离吕梁市最近、最发达的城市就是北京市。我结合高考成绩第一志愿就报了中国矿业大学（北京）的信息与计算科学专业。之所以选择这个专业，是因为我有些偏科，数学和物理比较强，语文和英语相对差一些，就想报数学或者物理的相关专业，而我父母认为物理专业毕业后可能不好找工作，信息与计算科学专业从名字上看偏向于应用数学，全家就达成了一致，所以我就报考了这个专业。

访谈组：您在母校就读的 4 年里有哪些令您印象深刻的人或事？本科阶段的学

习为您之后的事业发展产生了什么样的影响?

成里京: 第一个对我影响比较大的是刘青平老师。当时刘老师是我们理学院的院长，教我们高等代数这门课程，我对科学家的认识其实就源于他的形象。他上课的时候特别严谨认真，每节课都使用板书，现场推导公式原理。他对待学生既严肃负责，又关怀备至。他知道同学们有些知识不懂，就会专门抽出课外时间给大家再讲一讲。我在上大学之前没有接触过科学研究，也不知道科学家的样子。但刘老师教书严谨认真、一丝不苟的样子以及他做学问所获得的成就，让我觉得科学家就是这样的。这对我之后从事科研工作产生了深刻的影响。另外，刘老师对我之后选择科研道路的帮助也很大，我当时保研到中国科学院大气物理研究所其实是刘老师推荐的，他对学生都比较了解，知道每名学生擅长什么，适合做什么工作。他觉得我比较适合做应用性研究。因为我有些偏科，对喜欢的课程比如高等代数、数学分析、计算机等学得好，不喜欢的课程比如经济、英语等成绩就一般，所以刘老师可能看出来我擅于钻研，就把我推荐给了我后来的硕士生、博士生导师。可以说刘老师非常善于因材施教，根据学生的特点进行培养和帮助，所以我现在带学生也尝试遵循刘老师的教育理念。

第二个对我影响比较大的是我的室友。在大二时，我也经历了一段比较迷茫的时期，不知道以后要干什么，也不知道专业前景如何，当时他对我讲的一句话让我深受触动。他对我说:“干就是了，干什么都好，现在无论做什么，不管对现在有用没用，都会积累到未来，成就以后的人生。”这句话对我触动特别大，让我觉得与其不断抱怨、痛苦迷茫，不如有机会就去做。所以我从大二开始到大四就一直在努力做事，慢慢地找到了自己的方向。

另外，有一件对我影响比较大的事——数学建模竞赛。我觉得数学建模是一座通往科学研究的桥梁，给我提供了一个用课本上的数学理论和知识真正去解决实际问题的绝佳平台。数学建模给我打开了一个新的大门，让我重新认识自己所学的专业，在这个过程中学到的知识以及对思维能力的锻炼，对于我解决问题能力的提升有很大帮助。大二、大三这两年我就一直参加数学建模竞赛，从全国大学生数学建模竞赛到美国大学生数学建模竞赛。我记得当时张磊老师、乔舰老师作为指导老师带着我们通宵达旦搞建模，我特别享受解题的过程，最后我们获得了美国大学生数学建模竞赛 M 奖（一等奖）。我还参加过北京市大学生数学竞赛，获得了三等奖，当时教我们高等数学的张晓宁老师在课堂上公布这个消息，给了我很大鼓舞。参加数学建模竞赛、数学竞赛也提升了我的自信。在这个过程中我重新认识了自己，知道自己适合做什么，喜欢做什么。

访谈组: 2023 年，您获得第五届科学探索奖和达摩院青橙奖，您是如何应对科研的难题和困难呢? 能分享一下开展科学研究的心得体会吗?

成里京: 我最开始做大气物理方面的研究困难特别大，因为第一没有专业背景，第二英语不好，起步阶段遇到的问题比较多。当时我的硕士导师朱江老师建议我用数学的知识去研究投弃式温深仪（XBT）数据偏差的问题。但是当时国内并没有这方面的研究成果，找不到中文资料，我就开始查阅英文文献，整天泡在图书馆，可是好几个月过去了，我还是雾里看花，不甚理解。之后我通过电子邮件向国外领域内的著名学者求助，我至少向四五个人发了邮件，当时有一位意大利学者回信了。他是这个领域的专家，非常乐于助人，给我解释了各种相关知识。所以在他和朱老师两位老师的指导之下，我花了一年时间完成了研究，并在美国气象学会的期刊上发表了人生第一篇研究论文，成为我科研的第一块敲门砖。

我遇到的另一个困难就是英语，我是怎么练的呢？朱老师建议我每年至少出国交流 1 至 2 次，因为出去以后你就不得不和人交流。我第一次出国是研一上半年独自去德国，研一下半年又在澳大利亚待了一个月。为了能交流只能拼命地练英语，然后就一步一步地克服了语言关。

做科研肯定会遇到困难。困难对我来说虽然特别头疼，但也令我兴奋，因为困难的另一面就是挑战及收获的快感。我觉得有挑战是比较好的一件事，人生有挑战才有意思，才有趣。无论基础如何，只要愿意学、持久学，享受挑战困难的过程，最终就能克服困难，获得成果，而成果进一步激励自己往前走，就形成了正向的反馈。我的心态大概就是这样。

最后，目光长远很重要。事实上我在攻读硕士和博士学位阶段基本上没有得过奖项，第一确实基础比较弱，需要时间积累。第二，如果一直盯着眼前的利益就容易忽视掉长远的发展，很难专注地、深入地开展研究。有些研究必须要花时间，才能真正解决问题。我攻读博士学位期间花了很长时间研究海洋基础数据，这是一个具有千万量级的、数十种仪器类型、来自数百个国家的数据量，要研究清楚必须花时间坚持做。我很庆幸自己那个时候花了大量的时间深入研究这些海洋基础数据，到现在才会有大家看到的这些成果。

访谈组：您深耕海洋和气候变化领域的研究，在国际学术界发出了中国学者的声音，您觉得我们为什么要积极开展海洋气候的研究？

成里京：全球气候变化是目前人类面临的最大的挑战之一，其本质是温室效应，就是人类排放导致大气中的温室气体越来越多，就把越来越多的能量固定在地球系统里，地球被加热了。但大家不知道的是，地球系统增加的能量只有小部分加热了大气和陆地，使得人类生活的陆地和大气变暖，而这些能量只有不到 5%，融化冰的能量大概为 3%，90%以上增加的能量都存在了海洋里，这是因为海洋里都是水，比热容较高，又是流体，所以具有非常高的储热能力。从能量的角度来讲，因为海洋里储存了 90%以上的能量，要研究气候变化就必须要搞明白海洋的变化，所以这是一个非常重要的研究方向，这也是为什么我一开始就研究海洋的原因。

一方面，海洋储存了大部分热量，延缓了气候变化；另一方面，海洋能吸收 30%的二氧化碳，如果没有海洋，大气里的二氧化碳就会更多，温室效应就会更强，全球气候变暖就会更厉害。在热和碳方两个方面海洋都起了非常重要的作用，可以说是海洋缓解了当前的气候变暖。

另外，海洋变暖也会带来一些负面影响。比如引起海平面上升，因为热胀冷缩，海洋温度升高膨胀效应，海平面就会升高，这对沿海低洼地带产生很大的影响。还有，海洋变暖会让一些极端事件变得更强，比如台风，台风的能量来源主要就是海洋，海洋越来越暖的话就相当于给它增加了燃料，台风就会更强。增暖还会推升极端降水的发生频率，这几年国内的极端降水越来越多，比如大家知道的2021年郑州“7·20”特大暴雨灾害。此外，海洋变暖对海洋生态系统、对渔业发展也会产生影响。

我们通过研究气候变化的物理机制和物理过程，可以更好地理解地球系统的物理规律和物理变化的事实，为应对全球气候变化提供科学基础。

访谈组：在“双碳”目标的背景下，您觉得青年科研工作者在应对全球气候变暖危机中应该发挥怎样的作用？担当起怎样的责任？

成里京：第一，要有自信心。树立能够解决重大难题的信念。因为很多人其实不太敢碰一些比较难的问题或者比较难的工作，所以我觉得树立自信是很重要的。要有勇气和耐力去解决重大科研难题。无论一年、两年或者更久，把大问题拆解成一个个小问题，逐个解决小问题，这样自信心也就逐渐增强了，最后大问题就得以解决了。

第二，要勇于创新。现在中国科技的发展已经进入了新阶段，很多领域的研究与西方国家的差距越来越小，要想接续发展甚至引领发展，就要开拓创新，不能再跟着别人的脚步走。我觉得这是我们这一代青年科研工作者必须承担的历史使命，所以无论是基础科学研究还是工程应用研究，要在各自的方向做到最好，达到国际领先、世界一流，这才是对国家、对社会的贡献。

第三，要学会与他人合作。当前科学研究的交叉性、综合性非常强，单打独斗很难取得研究突破。以坦然、平等的心态接待他人，形成团队，解决问题就会有多种思路。世上没有毫无缺点的人，学会与他人合作，取长补短，发挥每个人擅长的能力，整个队伍就会有非常高的效率，而且在合作中自己也能学到非常多的东西。我一直以来都在与他人合作，包括我的导师们、不同国家不同文化背景的学者们、我的学生们。在与他们的合作中，我的科研能力得以提升，科研视野得以拓展。所以与他人合作是每一个青年科研工作者都必须要学会的。

访谈组：您是我们每一位学弟、学妹的榜样。作为我们的榜样，您对我们的寄语是什么？

成里京：第一，在学习基础知识的同时，要培养自己思考问题、解决问题的能力。这是大学阶段、研究生阶段与高中阶段、初中阶段的本质区别。当前知识的获取路径非常便捷，但是能把知识点串联起来解决实际问题，这个能力就特别不容易。你会发现科研工作中很多问题都没有标准答案，都需要自己想办法解决。所以建议大家在大学阶段要有意识地培养定义问题、思考问题、解决问题的逻辑思维和方法。

第二，要拓展眼界。创造机会多走出去，向外拓展。人总在一个地方会造成思维的局限性，走出去才能了解世界有多大。现在学校有很多科研交流的机会，比如大学生创新创业项目、大学生科研项目等，一定要把握住这些机会向外拓展。眼界拓展了，就知道自己喜欢干什么、擅长干什么，对自己未来的发展方向也能有更清晰的认识。

第三，坚持时刻充实自己。没有机会的时候，就充实自己，时刻准备好，碰到机会要抓得住。有句话说得很好：机会是给有准备的人的。成功的背后都要付出很多努力，没有积累，即便机会来了也不一定能抓住。

特别鸣谢——成里京校友对本稿的亲自审定和大力支持！

行业篇

忆往昔岁月，话母校情缘

——乔卫兵口述

讲 述 人：乔卫兵

访谈时间：2022 年 12 月

访谈地点：中国恒嘉融资租赁集团有限公司（线上访谈）

访 谈 组：桑艳茹、胡婉怡、张钰浛、朱彤

人物简介：乔卫兵，男，1967 年 5 月生，山西省交城县人。中共党员，研究生学历，清华大学经管学院高级管理人员工商管理硕士学位。1994 年考入中国矿业大学北京研究生部。现任中国经济体制改革研究会理事、北京柏胜私募基金管理有限公司董事长。曾担任山西省人民政府省长秘书，煤炭工业部办公厅党组秘书、人事司干部处处长，中国保险监督管理委员会保险中介监管部监管处处长，中国银河证券股份有限公司总裁办公室主任，中国人民保险集团股份有限公司基建办主任、国际部总经理，中国人民财产保险股份有限公司北京市分公司副总经理、党委副书记（主持工作），中盛国际保险经纪有限责任公司董事长、党委书记、总经理，中国华闻投资控股有限公司党委委员、副总裁，中国恒嘉融资租赁集团有限公司董事长，第九届中华全国青年联合会委员。曾出版《中国安全生产保险研究》等专著，在金融保险行业内获得广泛关注。

访谈组：您能简要介绍一下来中国矿业大学北京研究生部求学之前的学习经历吗？是什么样的机缘让您选择来母校攻读管理工程硕士？

乔卫兵：来到中国矿业大学北京研究生部学习之前，我在煤炭工业部办公厅工作，接触的大部分工作都与煤炭企业相关。我感觉自己的煤炭专业知识需要加强，就想找一个学习机会，系统地完善自己的专业知识体系。1993 年我听说中国矿业大学北京研究生部开始招收管理工程专业的在职硕士研究生，于是我报名参加考试，开始了在母校的学习。

访谈组：1994 年至 1997 年您在母校学习期间，有给您留下深刻印象的人和事

吗？可以和我们分享一下这些经历对您的工作和学习有什么影响和帮助吗？

乔卫兵：1992 年党的十四大召开，明确提出改革的目标是建立社会主义市场经济体制。1994 年至 1997 年是煤炭行业由计划经济向市场经济转变的一段重要的历史时期。咱们学校响应国家号召，积极提升学校在各方面的能力，比如科研能力、教学能力和科研成果转化能力等。这个时期是母校历史上发展最快的一个时期。

在校学习期间，我总结了母校的三大特征：第一，秉持立德树人的最终目标，为煤炭行业和能源行业培养了大批人才。在当时的环境下，煤炭行业相对于其他行业来说，典型特征就是比较小众和艰苦，身处这个行业，母校老师们仍然求真务实、拼搏进取。当时办学条件十分艰苦，母校"挤"在王庄路西郊宾馆很狭小的场地上，但是北京研究生部的老师们依旧保持着积极进取的态度。母校的管理工程专业是从 1983 年开始招收硕士生的，开启了国内高校培养管理工程专业硕士生的先河。第二，母校学生具有鲜明的特点：低调且朴素。第三，母校的学生不仅能吃苦，而且积极奋进。母校培养的学生们对行业和国家发展做出了巨大贡献，这些都让我印象深刻，受益匪浅。

母校校风严谨，学风很正。班里同学都是一边工作一边上学，集中在周末上课，但学校并没有放松管理，要求我们像全日制学生一样考勤。我们的班主任是安景文教授，安老师有一次站在讲台上非常严肃地批评个别同学的迟到现象。尽管有些同学当时已经走上了领导岗位，但大家在学校都是普通学生，认真学习，服从管理，按照学校的规章制度认真完成学业。后来，班里的 14 名同学发展得都非常好，有 3 名同学成长为副部级领导干部，还有 4 位同学成长为正局级领导干部。

访谈组：我们了解到您曾任煤炭工业部办公厅党组秘书，这段工作经历给您留下了十分难忘的回忆。您可以和我们分享一些令您印象深刻的人和事吗？

乔卫兵：我印象比较深刻的事情是在我上学期间，江泽民同志来中国矿业大学（北京）视察，这对于母校和煤炭行业来说，是一次非常重大的历史事件。

说起这件事情，我就回忆起原煤炭工业部部长王森浩学长。他 1952 年考入母校，1956 年毕业，1983 年至 1992 年曾担任山西省委副书记、省长，1993 年至 1998 年曾担任煤炭工业部部长、党组书记，是母校真正的杰出校友，也是我的老领导。1996 年 1 月 5 日，王森浩部长向江泽民总书记汇报有关煤炭的整体工作情况。当时还有一个背景，就是从 1993 年开始，中国已经变成石油净输入国。作为国家最高领导，江泽民同志在考虑能源接替问题、能源安全问题和能源储备问题。江总书记问王部长：水煤浆技术搞得怎么样？煤液化的技术搞得怎么样？找个时间去看一看。当时，母校在做水煤浆技术的前期工作，已经到中试阶段，煤炭科学研究总院在做煤液化研究，所以就邀请江总书记视察母校北京研究生部、煤炭科学研究总院等。

1996 年 1 月 19 日，江泽民总书记冒着严寒，亲自到母校北京研究生部视察。一同前来考察的还有时任国务院副总理吴邦国、中央办公厅主任曾庆红、中央警卫局局长由喜贵上将以及江泽民总书记的秘书郭开朗（母校 94 级管理工程专业硕士）。

江总书记日理万机，考察总共是半天时间，路线安排为：上午 8 点出发，先去门头沟的北京矿务局水煤浆的实验车间，10 点来母校，11 点半去煤炭科学研究总院召开座谈会并发表重要讲话。每个地方大概是 1 个小时的时间。因为事先做好了各项准备工作，当天的考察用时短，效率高，效果很好。

这是历史上党的总书记唯一一次专程到煤炭工业部属科研院校视察，也是唯一一次全面听取煤炭科技教育的汇报，并做出了重要指示，至今仍具有非常重要的指导意义。江总书记指出，今后在相当长的时间内，煤炭仍然是我国的主要能源，我国的燃料和动力还是要依靠煤，应该把煤转化为油的技术开发作为一个战略问题来考虑。所有经济和社会生活的重要变化都与科学技术的进步息息相关，科学技术是第一生产力，煤炭工业的发展与科学技术的进步是分不开的。煤炭工业要进一步发展，必须加强科学技术的开发研究，不仅煤炭工业部要重视，国务院有关部门也要给予支持。正是由于这次江总书记的考察，国家才决定开启煤制油的项目。现在我国煤制油已经规模化生产，并且处于世界领先地位。

这次考察对于煤炭行业和煤炭科研、教学来说是非常重要的，具备四方面意义：第一，体现出党和国家对于煤炭行业的重视，明确了煤炭仍然是我国的主要能源。第二，指明了煤炭要走通过发展科学技术进步来推动煤炭行业高速发展的道路。第三，直接推动了煤制油项目的快速发展。第四，时任国家最高领导人前来视察母校，是对母校最大的关心和爱护，这是非常难能可贵的事情。

访谈组：多年来，您在国家部委、金融保险等多个领域工作并取得了一定的成绩，您可以和我们谈谈您能够在多个领域取得成绩的原因吗？

乔卫兵：我从事的行业、工作岗位比较多，感谢组织上给我机会在不同的行业和岗位工作。

我从煤炭行业转战到金融保险行业，从政府官员转变成企业高管，从体制内的干部变成创业者，我觉得都和前期筑牢的基础有很大关系。特别是在煤炭工业部工作期间，养成的良好职业习惯和素质让我在之后的工作中都受益无穷。

不同的行业其实存在很多共同规律。无论在哪个行业做事情，都要遵守基本的原则。第一，要有谦虚务实的学习态度。一个人不可能什么东西都懂，因此要干一行学一行。第二，要有较高的工作标准。无论在什么岗位，都要想办法干好。第三，要有友善包容的处世态度。做事做人，友善真诚，包容团结，学会同不同的人和团队合作，这样才能把事情做好。

访谈组：您从煤炭行业转战到金融保险行业有没有遇到困难？是什么样的初心让您多年来一直勤勉工作、奋斗在一线？

乔卫兵：1998 年煤炭工业部撤销以后，我就面临新的职业选择。当时国务院成立了中国保险监督管理委员会，由于我对金融有着浓厚的兴趣，组织上就调我去中国保险监督管理委员会工作了。虽然都是在政府部门工作，但工作内容和性质不一样，方法也不一样，跨度比较大。保险行业相比煤炭行业来讲，整体的监管理念、监管方式和监管对象还是有很大不同的。对我来说，尽快适应转变是很大的挑战。我大约用了整整一年的时间，恶补金融、保险、保险监管和保险产品有关的知识。同时，不断向同事和领导学习，付出了很多的努力，很快适应了新的工作。

访谈组：您一直关心着母校的发展，感谢您对母校的关心和支持。最后，请您对母校，对学弟、学妹们提一些寄语。

乔卫兵：我觉得就像江泽民总书记给母校的题词一样，母校要努力“办成一流的能源科技大学”，不仅是矿业领域的，还是能源科技方面的一流综合性的大学。同时，在清洁能源的发展道路上，中国矿业大学（北京）责任重大、使命光荣、前途广阔。

过去，母校为我国的煤炭行业、能源行业培养了众多优秀人才，未来还会有更多的人才脱颖而出。最后，我想送给现在正在上学的同学们两句话：既要满怀信心地仰望星空，更要持之以恒地努力奋斗。

特别鸣谢——乔卫兵校友对本稿的亲自审定和大力支持！

无问西东援疆路，不舍浓浓母校情

——邵祥理口述

讲 述 人：邵祥理
访谈时间：2022 年 12 月
访谈地点：新疆维吾尔自治区地方金融监督管理局（线上访谈）
访 谈 组：胡婉怡、李秋骏、朱彤

人物简介：邵祥理，汉族，1977 年 11 月出生，江苏省连云港市人，中共党员。1997 年 9 月考入东北大学信息科学与工程学院测控技术及仪器专业。2008 年 9 月考入中国矿业大学（北京）管理学院攻读管理科学与工程专业博士学位。2017 年 8 月至 2023 年 7 月，作为第九、第十批中央和国家机关援疆干部进疆工作。2018 年 1 月，个人主动申请到南疆驻村，担任新疆维吾尔自治区金融办“访惠聚”驻村工作总领队，驻阿图什市松他克乡克青孜村工作队队长、第一书记。现任中国银行保险监督管理委员会重大风险处置局（打击非法金融活动局）副局长，援疆期间担任新疆维吾尔自治区地方金融监督管理局党组成员、副局长。曾荣获新疆维吾尔自治区脱贫攻坚贡献奖、新疆维吾尔自治区优秀共产党员及第九、第十批中央和国家机关优秀援疆干部人才等荣誉称号。

访谈组：您可以简单介绍一下您来母校北京研究生部求学之前的学习经历吗？是什么样的机缘让您选择来母校攻读管理工程专业博士的？

邵祥理：我本科就读于东北大学信息科学与工程学院的测控技术与仪器专业。因为女朋友在沈阳，我决定留在沈阳工作。我先在辽宁省审计厅做审计信息化方面的工作，工作了 7 个月。后来因为偶然的机会，我调到了辽宁省委办公厅，在辽宁省委办公厅工作了 4 年。后来到北京大学读研，研究生毕业以后就留在北京工作。特别有缘的是，我在北京的第一个工作单位就与煤炭有关。那是一家央企，名字是中煤国际工程设计研究总院，也就是现在的中国煤炭科工集团有限公司的前身，当时我担任办公室副主任一职。在中煤国际工程设计研究总院工作期间，我和母校的老师及一些学院的领导有过接触，也有一些科研方面的合作。当时中煤国际工程设计研究总院的田会院长，是母校的特聘兼职博士生导师，我们一起工作过，这也是我和母校缘分的开始。偶然的机会，田会院长告诉我："想要在我们这行业有所发展的话，你一定要懂煤炭，了解煤炭，了解能源发展的趋势。"从技术层面来看，我存在天然的短板，因为我不是学这方面专业的。如果想对这个行业有更好的了解，开展更深层次的工作，我还需要再次进行学习，所以我就选择了到母校管理学院攻读管理科学与工程专业博士学位。但是，当时第一年准备得不是很充分，没有考上，第二年才考上。

访谈组：2008 年您开始在母校攻读博士学位，您可以分享一下在此学习期间，给您留下印象深刻的人和事吗？

邵祥理：在母校攻读博士期间，发生了很多有意思的事，认识了很多有意思的人，更接触了很多对我治学、求学有很大帮助和促进作用的老师，比如安景文老师。安老师很活泼，很活跃，他后来担任过管理学院院长。攻读博士学位期间，安老师除了给我们上课、带着我们做课题外，还经常自掏腰包请我们博士生吃饭。虽然我不是他的博士生，但也经常跟着他去蹭饭。在蹭饭过程中结交了新朋友，探讨了学术观点，也增进了知识。能有这些机会我觉得特别难得，因为在攻读博士学位阶段，坐在教室里面学习只是一方面，更重要的是接触并了解了更多的人和事。

令我印象深刻的还有我的博士生导师王立杰老师。他治学特别严谨，总是很严肃。同我见面时，总问给我布置的书读了没有？对我说的课题思考了没有？让我写的论文写了没有？他当时是管理学院院长，在学术方面要求特别严格，对所有的学生，包括我，都很严肃。比如我们过年去他家里，师母会很热情地给我们张罗一桌饭菜，而王老师就会说：光吃饭不行，回去后还是要把事情干好、把论文写好、把课题做好。

除了良师，我还遇到了很多益友。在我攻读博士学位期间，我结交了一些特别志同道合、三观一致的同学，大家在一起时亲如兄弟姐妹，一直到现在，我们还保持着联系。而且，不仅是同门，也不仅是管理学院的同学，我们那一级的同学相互联系得都比较多，逢年过节也会相互问候。比如我回北京时，我们管理学院的同门都会一起聚聚，在北京的老师也会参加。大家在一起，诉说一下过去一段时间做的事、遇到的难题。

求学期间，除了学到知识，我更认识了一群传道授业解惑的老师，结交了一帮志同道合、惺惺相惜、互相帮助、互相联系的同学。这种师生情、同窗情，我会一直珍惜。在我们遇到困难时，都能相互支持与鼓励。这样的师生情、同学情历久弥新，永远在我心里，甚至传播到下一代。有时我们还举办家庭聚会，家庭之间有联系，孩子们之间也会有联系。

访谈组：2017 年您作为援疆干部去新疆， 2018 年您主动申请到南疆驻村，请问是什么原因使您主动申请到南疆驻村深耕一线？

邵祥理：2017 年 7 月 31 日，我作为中央和国家机关第九批援疆干部进疆。当时为迎接党的十九大顺利召开，新疆有一项举措叫“大干五十天，喜迎十九大”。9月23日，我第一次去南疆。在新疆有一个“民族团结一家亲”的活动，就是新疆所有的干部都要和不同于自己民族的家庭建立契约上的亲戚关系。我觉得这个活动特别好，能够铸牢中华民族共同体意识。活动结束以后，我回到了乌鲁木齐。我记得特别清楚，我通过这项活动结交的亲戚的弟弟在乌鲁木齐工作，元旦期间，我的亲戚给她弟弟打电话，让弟弟一定邀请我到家里吃一顿饭。当时，这位民族兄弟主动邀请我去吃饭，让我特别吃惊，也感到非常难得，尤其是我们就只有一面之缘。我去了以后，真是感觉像回到了亲戚家一样，非常热情，没有距离感，让我感觉特别好。

当时，上级要求我们驻村工作队队员轮换。2018年1月，我们就面临这个轮换问题。当时人手比较紧张，我们要轮换8名队员，我就提出了申请。开始他们以为我在开玩笑，但我除了填写申请以外，还给当时的负责人发了一条很长的短信，表明我不仅仅是表面上申请，更是心里和行动上的申请，希望能够得到这样一个机会。

援疆干部去南疆驻村担任工作队队长和第一书记是没有先例的，我是第一例，也是到目前为止唯一的一例。我向往忠诚锤炼，我希望在这里得到锻炼。展开来说，我觉得在南疆的村里，有我实现理想抱负的场所和特别好的舞台。比如在当时的大背景下，驻村干部要承担四方面工作：第一是思想工作任务，维护社会稳定。第二是推进脱贫攻坚。我们克青孜村是深度贫困村，我觉得如果能带领这个村如期打赢脱贫攻坚战，可能比我坐在办公桌上写一篇报告、出台一个规定、开展一个现场检查更有意义。第三是打造一支“永不走”的工作队，锤炼村干部班子，让他们能够独立自主地开展工作。第四是铸牢中华民族共同体意识，让南疆的各民族群众像石榴籽一样紧紧抱在一起，成为中华民族不可分割的部分。南疆作为新疆的一块土地，新疆作为全国的一块土地，都是中华人民共和国领土不可分割的一部分。当时我的职务是正处长面临被提拔为副局长，在南疆的村里，大家可能觉得屈才或者委屈了，但我个人却认为那里有我发挥的舞台，有我干事创业的平台，也有我联系群众的纽带。

2019年全村脱贫，事实证明我确实也做得很好。经过这几年的持续努力，我们村的面貌发生了很大的改变，村集体收入也有了显著提升。尤其难能可贵的是，我们村民对中华民族共同体意识的认识特别好，让孩子受教育的自觉性和主动性非常高，这些方面让我特别感动！我相信随着我们一批又一批工作队队员的努力，未来会更好！

明天，我要送一批新队员前去村里工作，刚好又是两年，一个新的轮换。我曾经在大会上说，如果你们觉得有困难的话，我可以申请再去一趟。在村子里面可以做出更好的成绩，未来我很有可能还要在新疆再工作3年。如果有机会，我特别欢迎大家来南疆看一看，这片土地很贫瘠，特别需要我们的帮助。这片土地很广袤，但它更需要开发，希望更多的人来看一看。

访谈组：2019 年，您获得新疆维吾尔自治区脱贫攻坚贡献奖，您可以和我们分享一下您在南疆驻村那段时期的经历或者令您印象深刻的人或者事吗？

邵祥理：很多人都会问我这个问题，问我驻村时遇到哪些困难？怎么解决？有哪些成效？在南疆驻村跟内地驻村不一样，内地有的地方也有工作队，但是在南疆驻村的工作性质和内地是不同的。

我所在的克青孜村是国家级的深度贫困村，620 户人口中有 375 户是深度贫困户。这个村子在南疆是个大村子，有将近 4000 人口，但是人均只有不到 0.9 亩的耕地，相对其他地区来讲，农业生产的基础条件比较薄弱。南疆土地是非常多的，这个村实际占有的土地有几万亩，但是除了 3000 多亩可以耕种以外，其他的土地都高度盐碱化，根本种不出庄稼，更产不出粮食。脱贫攻坚工作主要是围绕“两不愁”“三保障”来实施的。“两不愁”指不愁吃、不愁穿，“三保障”则指义务教育、基本医疗、住房安全有保障，住房安全的验收标准也是我们工作的目标。我到村子以后，发现很多房子并不是安全住宅。怎么给大家建安全住宅？不愁吃的前提是要有一个稳定的收入，怎么创造一个稳定的收入呢？其他方面，还有怎么改变村民的精神面貌？我觉得这些内在的决定、内在的动力特别关键。

在我接手时，克青孜村是应退未退村。应退未退村就是每年根据各个村子脱贫攻坚的进度设定一个目标，我们村原定于 2017 年脱贫摘帽，可是在某些方面没有达标，结果没有完成任务。于是我们就开始展开相关的工作，首先是摸底了解这个村的自然情况。这项工作其实非常费时，并且存在很多困难：一是语言不通，二是习惯不同，三是饮食不同，四是开展工作的基础比较薄弱。但是任务摆在我们面前，没有任何商量的余地，这是一道死命令，也是一个硬指标。我们就从基础抓起，统计每家每户的人口数量，分析贫困原因、可以改变贫困的路径、可以创造的条件。我们通过吸引政府性投入、采用公益帮扶，多管齐下，开展相关扶贫工作。其次是摸底了解这个村的住宅情况。南疆有一项安居富民房的工程，按照 2018 年的标准，贫困户只要建房子，国家就给予 6.8 万元补助。于是我们对全村老百姓的住房情况进行了全面摸底，并请住建部门对房屋的安全等级进行鉴定，摸清楚了房屋的底数。在村容村貌方面，我们结合老百姓的共同意愿，在村子里面建了一个集中连片的小区，统一标准，统一招标施工队，统一提供公共基础设施，统一一些其他方面的配套措施，在 7 个多月时间内建成了 180 套安全住宅，并在不断增加。我们注重长远发展，当时我们把集中连片居住区的地下排水和自来水全部接入市政管网，这样一劳永逸地解决了村民们的排污和饮用纯净水的问题。在南疆，这一点我们做得比较先进，距离我们乡镇更近的其他村都没有做到。现在脱贫攻坚已经取得胜利，进入乡村振兴阶段，农民可以根据自己的意愿到新区来建房。

提升收入方面，我们从四方面开展了工作。第一，我们鼓励能外出务工的人员就外出务工。外出务工有两种方式：第一种就是政府组织的转移就业，比如说南疆的富余劳动力向北疆转移。南疆提供的工作岗位相对较少，北疆提供的工作岗位更多，收入也更高一点，而且持续的时间更长一些。第二，我们还鼓励具备一定国语水平和职业技能的人到内地去打工。我们村子的人有的在重庆做烤肉、开餐馆，一个开餐馆的人就能带出去五六个人。比如有一个小伙子在重庆打工 10 个月，一个人就可以确保全家脱贫。第三，发展当地产业。我觉得产业兴则村庄兴，产业旺则村庄旺。所以我从两个方面考虑：一方面，由村民自主组织成立一些小作坊、小产业，比如我们鼓励学有专长的人开理发店、美容店、包子店。另一方面，我们自己采取政府性投入，以村办工厂这种方式来吸纳村民就业。例如克青孜村的酸奶加工厂现在已经成为整个自治区农业产业化的龙头企业，目前有 40 多个人在这家企业就业，每人每月能拿到将近 3000 元的工资。通过多渠道创造就业，让有劳动能力、有意愿的人能够获得一份相对来说比较稳定的收入，而对于身体残疾的人就采取公益投入，以政府公益帮扶的方式实现低保全覆盖，甚至一些补助全覆盖，这样既照顾有劳动能力的人，也照顾没有劳动能力的人。第四，我个人觉得最重要的是外来帮助。我们注重思想帮扶，即采取不间断的教育，让农民群众树立一种自主脱贫致富奔小康的意识，让大家知道外面的世界是怎样的，不要沉浸在过去的那种小圈子里。我还组织我们克青孜村品学兼优的孩子到北京、上海游学，这些孩子回来以后对他的父母、对他的爷爷与奶奶传达外面的世界是多么的精彩。对孩子个人来讲，对这个家庭来讲，对这个村庄来讲，这种内心冲击是非常大的。

同时，一直以来我特别重视教育。在驻村 2 年 5 个月的时间里，我几乎每周都去学校听一次课，如果老师不用国语授课、老师上课嘻嘻哈哈的，就会受到很严厉的批评。经过努力，2020 年我们克青孜村考上内初班的人数是全市农村小学第一。内初班叫疆内初中班，就是把南疆这些农村孩子送到北疆读初中。这是我们这个村历史上最好的成绩。2018 年之前，这个村子从来没有一个学生考上内初班的。村容村貌变好，收入变高，村民的精神面貌也变好了，确实感觉收获很大。后来发现，在南疆，女孩就业非常难是很普遍的现象，尤其农村出来的女大学生，她们面临的就业压力非常大，所以很多孩子选择了回村子里面。于是我在村子里对这些考上大学的孩子进行资助，给村里几乎每个大学生都匹配了一个帮助人员，并承诺只要考上本科，我们负责给他们在市里面找工作。我希望一个人的改变，能够改变一个家庭，能够改变一个小家族，能够改变一个村庄。

访谈组：您现在在新疆维吾尔自治区地方金融监督管理局工作，从驻村干部到地方机关干部，可以和我们分享一下您选择继续在新疆奋斗的原因吗？那段作为驻村干部的经历对您有什么样的影响或意义？

邵祥理：我援疆的时候是 2017 年，在新疆的第一个工作单位实际上就是新疆维吾尔自治区地方金融监管局的前身——新疆维吾尔自治区金融办。我以新疆维吾尔自治区金融办主任助理的身份去驻村。2020 年 5 月 14 日，我结束驻村，回到了乌鲁木齐。回到新疆维吾尔自治区金融办以后，我主要负责三方面的工作：第一，金融风险的化解。这块任务比较重，也是三大攻坚战的一个重要组成部分。新疆的金融机构相对来说小而散，整体风险虽然不是很大，但是风险面比较广。比如不良资产率相对较高、吸引战略投资者难度比较大、公司治理水平比较低等。主要的表现是地方农信社存在很多困难，新疆是全国农信社改革工作比较滞后的几个省份之一，这个难度非常大。回来以后我一直从事这方面工作，通过跟中国银行保险监督管理委员会对接联系，我们争取到了更多的政策倾斜。第二，地方金融改革方面的工作。新疆的地方金融业态相对比较单调，银行类型还是以地方农信社为主。我还要再干3年的原因是，我有一个规划和理想，我们新疆有83家行社，目前改制不到三分之一，我希望通过这3年的努力加快改革进程，妥善化解风险，提升服务能力。我希望在新疆，通过自己努力，按照新疆维吾尔自治区党委、政府和中国银行保险监督管理委员会的要求，统筹各方力量，打造全新的新疆银行。我们现在有1家新疆银行，还有5家城市商业银行。我有一个追求或者一个夙愿，就是通过自己的努力，在未来3年内，以现在的新疆银行为平台，整合其他5家城市商业银行，打造一支真正能够代表新疆的城市商业银行。第三，我在单位的一项主要工作是从事驻村保障，发挥支援作用。我们单位相对其他厅局来说，是一个小单位，我们有一支工作队，还派出了两个第一书记，他们的衣食住行、吃喝拉撒等方面的工作与生活援助目前都是我在做的。总而言之，我本身就是中国银行保险监督管理委员会重大风险处置局的副局长，刚好就是做金融风险处置的。在这方面，我的工作内容除了金融风险处置，还有金融改革以及后盾保障。我希望把刚才规划的两个目标实现，做不完就不走，这也是我自己内心想做成也一定会努力做好的事情。

那段驻村干部的经历，我个人觉得从人生意义上来看，与其说是我在帮助村民，不如说是村民在帮助我成长。怎么能走出舒适圈，怎么能认清中国整个社会的整体面貌，我觉得南疆给了我特别好的答案。就经验和启发而言，我认为在工作上考虑问题，要更细致、更全面、更周全，处理问题要更精准，评价一个人要更全面，要从不同的角度去评价他。整个社会需要我们帮助的人还有很多，生活相对比较艰辛的人还有很多，我们是受益者，所以我们要反哺他们，要帮助他们，这方面我感触特别深。

访谈组：您觉得在母校攻读博士学位的经历，给您的工作带来什么帮助或者启迪？最大收获是什么？

邵祥理：我觉得在母校攻读博士学位的经历让我有了经验的升华和能力的提升。第一，提升了思考问题的能力。攻读博士学位期间，我还是在全职工作的，攻读博士学位的专业与金融风险有关系，与我从事的工作也有关系，所以我学着更周全地考虑问题，不仅是感性地思考，更有理性地推演。第二，激发了我的学习能力。比如，因为我不是学管理出身的，经济学基础也比较弱，建模能力比较差，在老师和同学的帮助下，通过努力，我最终完成了一篇高质量的博士学位论文。同时，为了完成这篇论文，我还在相关的中文核心期刊上发表了一些论文。我当时是中国保监会稽查局反保险欺诈处处长，特别辛苦，我一年中很多时间在出差，记得后面两年写论文的时候，因为天天在电脑上打字，有一年多的时间我的胳膊都抬不起来。攻读博士学位期间的经历，让我做成了一些我原以为自己不能完成的事情，通过实践我发现自己的能力可以进一步被激发，也对自己有了新的认知。第三，开玩笑地讲，我终于拉平了和我爱人在学业上的差距。我本科毕业时，我爱人在攻读硕士学位，但是我通过自己的努力，攻读了硕士学位、博士学位，慢慢地追上了我爱人的学历。这个可能是开玩笑话，但是确实也是夫妻之间相互鼓励、相互支持的生动例子。

访谈组：离开母校多年，您对母校的发展仍保持着热切的关怀，感谢您对母校的关心和支持。您对母校的发展有怎样的期冀？您对母校的学弟、学妹们有什么寄语吗？

邵祥理：我可能走了一条同绝大多数母校毕业生不太一样的道路。比如我的同门、同届、上下届大多数人都是在能源或者煤炭相关的行业工作。虽然我不在相关行业工作，但是，我仍然为我在母校取得博士学位感到骄傲。我相信我们母校会随着新时代能源行业高速发展越来越好的。

关于寄语或祝福的话，一句话概括为：“立足矿业，拓展新业。”相信我们学校是一个小而精、小而专、小而强的学校，也一定会在中国的高等教育界，尤其是在能源科学界占有一席之地。从我自身成长的经验来说，在这个时代的人们难免有一些浮躁的情绪，有一些负面的因素，我个人对于后辈，都有这么一个祝福或者心愿：希望大家既要仰望星空，更要脚踏实地，要心怀梦想，要坚决行动，要齐头并进。我们眼睛要向前看，扎实踏实地走，给自己、给社会、给国家创造更多的价值，实现人生的理想和抱负。

特别鸣谢——邵祥理校友对本稿的亲自审定和大力支持！

不记苦处自回甘，只铭奋进不言弃
——莫凤依口述

讲 述 人：莫凤依
访谈时间：2023 年 1 月
访谈地点：贵州能源集团马依煤业有限公司（线上访谈）
访 谈 组：桑艳茹、张楠、朱彤

人物简介：莫凤依，男，1978 年 11 月生，贵州省荔波县人。中共党员，高级工程师，煤炭行业技能大师，现任贵州能源集团马依煤业有限公司选煤副总经理。1999 年考入中国矿业大学（北京校区）。2003 年本科毕业，分配到贵州盘江煤电集团公司火铺矿选煤厂参加工作。主要从事选煤技术、项目建设、教育培训和安全生产管理等工作。2004 年负责攻关的“饥饿浮选操作方法的应用”项目荣获首届盘江“五小成果”评审二等奖。2007 年参与的火铺矿选煤厂“带压滤机反加药”项目获得当年全国节能减排 1000 项合理化建议荣誉。2011 年获得中国矿业大学（北京）首届“天鹰腾飞”优秀校友荣誉。2013 年负责筹建的火铺矿选煤厂扩能技术改造项目建设完成，成为贵州盘江煤电集团公司首座年生产能力 300 万吨的重介炼焦选煤厂。2014 年参与的火铺矿选煤厂“新型高效浓缩机的应用”科研成果通过省级科技厅鉴定。2019 年荣获中国煤炭工业协会第六批煤炭行业（工程技术人员）技能大师荣誉称号。2021 年研发申请的“一种高效混凝结构泥水处理浓缩机”发明专利获得授权。

访谈组：您可以简要介绍一下您上大学前的求学经历吗？是什么原因让您选择了矿物加工工程专业？

莫凤依：求学过程是人生成长的重要部分。我来自贵州省荔波县 5A 级景区——小七孔景区附近的一个小山村。我从小学到大学，犹如溪水奔流到大海、气球由井底飞向蓝天的过程。我从相对落后、边远的农村出来，到大城市求学，就是增长知识和开阔眼界的过程。

为什么选择矿物加工工程专业呢？这是因为我小的时候常听说有地质队到我们那里进行勘探找矿，同时我们当地也有一些微型小煤矿。长期的耳濡目染，所以在高考报志愿时，我主动报考来到了母校求学，从此我和煤矿专业结缘。

访谈组：1999 年至 2003 年您在母校学习，这一定是您人生中最珍贵的回忆之一。您能否和我们分享一下在这期间令您印象深刻的人和事？

莫凤依：1999 年我有幸成为中国矿业大学（北京校区）的一名学子，求学 4 年有很多难忘而感动的人和事。刚入学时，老师们热情介绍学院的师资力量、专业组成、重点学科、成长发展及今后就业方向等，为我们在校学习指点了方向和思路。特别是看到江泽民同志为学校的题词“开拓创新，严谨治学，把中国矿业大学办成一流的能源科技大学”，这一宏伟目标，十分鼓舞人心。

教学活动方面，老师们严谨治学的精神感动了我们。我记得当时朱峰老师教我们英语，景平老师教我们数学，付晓恒老师、刘文礼老师、马力强老师为我们教授专业课程。刘敬涛老师教的机械制图给我留下特别深刻的印象，通过学习机械制图，我的空间立体感有了很大的进步和提高。比较难忘的还有我们上体育课考投篮，我通过训练以后十个球能投进六七个，这说明只要我们努力去做，去锻炼，就能够有突破。大学时期的勤工俭学为我历练成长和艰苦创业打下基础。寒暑假是勤工俭学的主要时段，我寒假很少回家，暑假从来不回家，因为买票难，路费贵。我经常利用寒暑假在校内外开展勤工俭学活动，年夜饭自己在学校食堂吃，元宵节到同学家过节，宿舍同学的父母总是带好吃的来探望我们……

校园情怀人生难忘。我是上大学后在校园内学会骑自行车的，就在图书馆后面的体育场练习，有位大爷还帮忙清理练车道。学会骑车后我喜欢节假日骑自行车在不同大学的旧书市场闲逛。

丰富的实习实践，为我毕业工作奠定了良好的基础。学校组织我们到清华大学进行金工实习，让我感受到了清华大学的校风、学风；到开滦吕家坨煤矿和邢台东庞煤矿选煤厂生产实习，我绘制了完整的工艺流程图和设备联系图，测量了管道、楼层、皮带、刮板等规格型号及工艺参数，对今后工作有很大的帮助。

我用心做好毕业设计。2003 年毕业前我不仅完成了年生产能力 180 万吨选煤厂的设计内容，同时还帮助同学绘制图纸，最后我的毕业设计被评为优秀毕业设计，并给全院同学做了毕业设计介绍。这是我上大学期间第一次上台演讲，也是感觉最满意、最有成就的一次演讲。

访谈组：毕业后您一直扎根基层，钻研技术业务，是什么样的信念支撑您在基层勤勉工作？在基层工作中您遇到了哪些困难？您又是怎么解决的？

莫凤依：正是母校“明德至善、好学力行”的校训促成了我毕业后的工作态度和干事风格。努力做到干一行爱一行，艰苦创业，团结奋进，自强不息。要做就做得更好，永远持有一颗不服输、不言弃的心。

在工作中遇到的难题很多，坚持把基层工作做好、做精更不容易，需要付出很多的艰辛与努力。第一要在思想上热爱自己的专业和工作，这是成功的前提。第二要多问、多学，向书本学、向身边的同事学。社会是大熔炉，需要历练和学习的东西很多。第三要多反思、多总结，孔子曰："温故而知新，可以为师矣。"特别是要多换位思考，多思考别人考虑不到的事，多做别人不愿意做的事。第四要身体力行，实践出真知。要深入一线，调查了解第一手资料，把握客观事实，实事求是，多办事，办实事。第五要有团队思想和合作精神，个人力量是有限的，集体力量大无穷，工作中需要团队的智慧和力量才能把很多事情做好。

访谈组：了解到您在选煤和浓缩机等方面的研究领域取得了很多业绩，并获得了专利，可以同我们分享一下您在这些方面取得成绩背后的故事吗?

莫凤依：科学技术是第一生产力，只有不断创新才能有高质量发展的基础。科研是创新的基础，党和国家不遗余力投入和发展基础研究就是这个道理。我主导的新型高效浓缩机开发是一个集团内部的科研项目，这是我 2021 年在贵州盘江煤电集团技术研究院有限公司时带领团队攻关的一项成果。无动力高效浓缩机技术源于深锥浓缩机，在 2013 年就开始进行初步研究，是结合现场生产经验总结出来的成果，目标是解决机械浓缩机的故障处理难度大、影响生产面广的问题。其主要特点是：一是无机械动力减少故障；二是高效混凝室减少药剂用量；三是迷宫式高效混凝结构对煤泥水的消泡和澄清效果非常显著；四是占地面积小，建设速度快，运行能源消耗低。目前，该项目技术产品已应用到盘江煤电集团公司多座选煤厂和在建的马依选煤厂。

访谈组：您带领团队攻克多项生产技术难题，您认为青年学子毕业后在一线工作时需要加强哪些方面的锻炼?

莫凤依：第一，要打好专业基础，努力成为行家能手。第二，要培养干事创业的事业心，敢闯敢拼。第三，要塑造求真务实的工作作风，要有独立之精神、自由之思想，努力成为一个有良知、有信仰、有追求和有情怀的中国公民。第四，要加强团队协作，充分利用各种资源，提高综合协调能力。第五，要永不放弃学习，学习永远在路上，学如逆水行舟，不进则退，要通过不断学习提升自己的认知能力，开阔眼界和胸怀。能力取决于认知，事业取决于眼界，成就取决于胸怀。思路决定出路，能力决定收入，眼界和胸怀会决定人生的高度和宽度。

访谈组：您从学校毕业近 20 年，对母校和学弟、学妹们最想说些什么寄语?

莫凤依：感谢母校的培养和教育之恩。没有学校的培养和教育，就没有我今天的成长和发展。希望广大学弟、学妹们努力学习，快速成长，为母校争光。祝愿母校早日建成世界一流的能源科技大学，为全面建设社会主义现代化国家、全面推进中华民族伟大复兴贡献自己的力量。

特别鸣谢——莫凤依校友对本稿的亲自审定和大力支持!

秉持初心砺前行，博积勤研以推新

——梁立赫口述

讲 述 人：梁立赫
访谈时间：2023 年 3 月
访谈地点：中国矿业大学（北京）
访 谈 组：桑艳茹、吴子静、朱彤

人物简介：梁立赫，男，1980 年 11 月生，山东省临沂市人。中共党员，青岛大学理学学士、中国矿业大学（北京）哲学硕士、香港科技大学商学院 EMBA。先后在国家图书馆、科技部工作。现任中国科学院控股有限公司审计与法律合规部（巡察办公室）主任，兼任中国科技出版传媒集团董事、国科中子医疗科技有限公司董事。是中国科技体制改革研究会常务理事、中国技术创业协会常务理事、中国高技术产业发展促进会理事、教育部首批全国万名优秀创新创业导师、上海市科技专家库专家。有丰富的科技成果转化、科技投资、科技人才从业经验。

访谈组：您可以简要介绍一下您读研究生前的求学经历吗？是什么原因让您选择来母校学习科技哲学专业？

梁立赫：我大学之前一直在家乡读书。高中就读于山东省临沂市莒南一中，因立志于理科报国，在当时中学文理分科的背景下，选择了理科。本科考入了青岛大学，当时计算机类相关专业比较流行，所以我当时第一志愿报的是计算机专业，最终录取到了物理学专业。

在物理系学习的过程中，我逐渐认识到物理学的尽头是哲学，所以在学物理学的过程中就对哲学产生了很浓厚的兴趣。其实各个学科的尽头都与哲学密不可分，所谓“哲学是一切学科的基础”。哲学大类很广，因为学物理出身，所以对于科技哲学比较感兴趣。可以说，因学物理学而热爱哲学，这是我研究生选择科技哲学专业的原因。

访谈组：您可以给我们分享一下您在研究生学习期间，给您留下印象深刻的人或事吗？读研期间哪些经历让您难忘？

梁立赫：第一位令我印象深刻的当然是我的导师李春霞老师，她是我的恩师。首先，李春霞老师在学业上要求非常严格，对于我们的课程论文、独立思考的能力、上课的纪律要求等方面要求都非常严格，标准很高。其次，她非常鼓励我们发挥本科所学专业的优势开展学术研究。因为科技哲学专业没有对应的本科专业，我们班同学的本科专业五花八门，同时哲学包括科技哲学，由于其学科特点，是融会贯通的，同学们有着不同的专业基础和背景，可以互相交流、互相启发。最后，她强调一定要选好自己深入研究的方向，在细分领域钻研学透。科技哲学包括自然辩证法、科技伦理、科学技术与社会等，但是最终必须要学有所成、学以致用，走向社会才能够在某个领域有所成就。她一直强调筑牢基础知识的同时，要选好自己未来的研究方向。李春霞老师对我的指导使我至今都受益匪浅，因为她的指导和引领，让我在研究生的3年学习期间始终有清晰的方向，这是李春霞老师给我最大的教育和帮助。

第二位令我印象深刻的人是刘晓君老师。刘晓君老师虽然不是我的导师，但是她治学严谨，要求严格，指导细致，待人宽厚，同样在我学习和生活方面给予了很多关心和鼓励，在我感到迷茫的时候给予我很多悉心的指导，像李春霞老师一样，我同样永远感恩刘晓君老师。

第三位令我印象深刻的是蒋兵同学。他是贵州人，读研之前就已经工作了，虽然长我几岁，但我们很投缘，有很多共同的想法。我同他在讨论问题的时候是可以产生思想上的共鸣的，可以相互启发、相互引导，一直能触及问题的底层逻辑。可惜的是毕业后由于工作关系，我们联系得少了。每每想起与他侃侃而谈的时光，至今难以忘怀。

访谈组：您本科所学专业为理学类，研究生阶段所学专业为哲学类，从理学到哲学，您是如何克服专业上的跨度的？文理兼修的专业背景对您今后的工作又带来了怎样的影响？

梁立赫：我认为理科转文科还是比较容易的，因为对科技哲学的热爱。当然，在备考之前确实需要做充分的准备，复习备考那段半年左右的时间，应该是我大学期间最努力、最拼搏的时段之一。那段时间，我带着几本科技哲学相关专业课书籍，以及英语和政治考研资料，每天早上7点准时起床，中午午休1小时，晚上学到凌晨2点左右，集中精力规律地学习。所以说，克服专业上的跨度，我觉得最重要的是热爱，是兴趣和爱好。路遥说：“只有初恋般的热情和宗教般的意志，人才有可能成就某种事业。”因为热爱，才愿意花时间和精力去拼一把。当时因为学科技哲学需要大量记忆一些基础理论、西方学派的知识，由于从高中开始就学理科，到大学又学物理，转变到去看科技哲学的一些备考书的时候，主要靠记忆和理解，或者说是理解基础上的记忆，我觉得一下子轻松很多，自己很能融入进去。但是其实我们学习科技哲学专业更多的是你对一些问题的理解，融会贯通之后有自己独立、深入的思考。

文理兼修的专业背景带给我的影响是革命性的、深远的。其实看看科学史上的大家，他们既是科学家，也是哲学家，还是艺术家。爱因斯坦小提琴演奏得特别好；普朗克十分具有音乐天赋，会弹钢琴、管风琴等；李政道先生酷爱画画；钱学森先生和夫人蒋英，一个科学大家一个音乐大家，琴瑟和鸣，成就一段佳话……所以科学和艺术不分家，文科和理科也不矛盾，反而能够相互促进，文理融合。我自己到企业工作以后又考入香港科技大学商学院学习 EMBA（高级管理人员工商管理硕士）并顺利毕业，我理解这本身就是一门文理兼修的学科。理科、文科、商科的学科背景，既能使我在工作中能够遵循理性和基本逻辑，不像自由派诗人一样天马行空，又能使我不墨守成规，不囿于固化的东西。综合下来，对一件事物、一项工作、一个问题，都能从认识论出发，遵循明确的立场、观点，进而寻找方式、方法，能够兼顾到原则性和灵活性，这对于做任何工作来讲，都有根本性的指导意义。

访谈组：我们了解到您经历过多次职业转换，您可以和我们讲讲您在多个岗位、不同领域工作中遇到过什么困难吗？是什么样的付出和坚持让您能够多年来胜任多项工作？

梁立赫：每次职业转换之后会遇到一些困难，首先是你要去适应新岗位的专业知识和能力，适应新的工作内容、新的团队、新的要求。我能做的，就是每转换到一个新岗位都会用归零的心态去面对。到这个岗位之后，迅速把自己之前沉淀的东西放下，以一个小学生的心态去学习、钻研，学习新本领，掌握新技能，适应新环境，做出新业绩。

我觉得，多年来能够让我胜任多项工作主要是三方面因素：第一个方面，自己的主观因素。有一个好的态度、好的初心，用一种归零的心态来尽快适应新的环境。第二个方面，自己的主动拼搏和付出。这对于快速胜任新的岗位、新的工作是极为重要的，特别是与新的团队、新的环境尽快建立起信任感，这是很重要的一点，任何一点成绩等靠要是不可能取得的。第三个方面，工作过程中不可避免地会遇到各种各样的难题，但我觉得始终要有坚韧不拔、无所畏惧的心态。人往往都有畏难情绪，无论是来自外界的还是来自自己内心的，但是我坚信的一点就是只要能够咬牙坚持下去，这个困难一定会过去，你和困难比拼的就是看谁能再坚持最后 5 分钟。等到过了那个阶段再回头看的时候就会发现，只要当时咬牙挺过来了，所有的困难都已经烟消云散。这种认识会激励自己去勇敢面对下一个困难，这种良性的心态循环形成之后，当遇到在别人眼里可能是很大困难的时候，你和他们的感受是不一样的，我觉得这个是很重要的主观方面的因素。

客观来讲，其实我很幸运。无论是我的新岗位，还是我新岗位的领导、同事、团队成员，对我都很包容，以鼓励和引导为主，所以我庆幸自己遇到了很好的环境，遇到了很好的平台，遇到了很好的领导与同事，我觉得这些也是能够让我始终保持一个良好心态的原因。

访谈组：您有丰富的创新创业环境建设、孵化载体运营、创新创业人才服务、科技投资、创业辅导培训经验。您认为人文社科专业大学生在参加或者开展国家级或省部级的大创竞赛方面需要注意什么？

梁立赫：我觉得参加竞赛对于大学生来说，是深入了解并理解书本之外、课堂之外知识的重要机会，也是提升自己的综合能力和素养、锻炼自己的技能和能力的一次考验，可以极大地拓展大学生的创新思维和意识。所以对于参加“挑战杯”大学生创业大赛等竞赛，我是持鼓励和支持的态度，并且我自己也经常受邀作为评委参加过很多大赛的评审。对于人文社会科学专业的学生，我认为参加创业大赛一定要形成一个结构合理的优势团队。人文社会科学的学生参赛项目往往商业模式创新类项目较多，不像理工科学生，可以凭借一项技术成果参赛。而商业模式创新类项目最大的挑战是极容易被复制和超越。当然，人文社会科学专业的学生可能社会化、市场化思维会更加活跃，视野会更加开阔。因此，对于人文社会科学专业的学生参加大赛，最重要的是强长板，同时补短板。人文社会科学专业的学生可以在一个项目的技术和财务之外的方面发挥很好的作用，包括经营管理、人力资源、市场营销、品牌管理、风险控制等，要在自己的专业基础上选定一个角度深扎进去，就一定能够在一个创业团队里有能够充分发挥作用的地方。

访谈组：您作为母校的创业导师，能对学弟、学妹们的创新创业方面提些指导性意见吗？能为母校的创新创业教育提些建议吗？

梁立赫：我担任过母校学生创业大赛的评委，现在对于创新创业，国家层面非常鼓励，高校也开设相应的专业课程，我希望更多的人给予关注和支持。但是，我并不鼓励多数学生毕业之后立即去创业，当然这一点也是仁者见仁、智者见智，这只是我个人的观点。

对于学弟、学妹们的创新创业，我有三点建议。

第一，首先要想清楚自己有没有这种创业的热情和意志。创业多数失败、少数成功，必须要有充分的心理准备，失败了也不气馁，从头再来。问问自己遇到问题和困难是不是有百折不挠的意志能够坚持下来？如果只是头脑发热，看很多人创业，自己也想去试一试，但是没有像苦行僧一般的修行意志，恐怕很难坚持到最后。

第二，要分析清楚具不具备创新创业的条件。这个条件绝不仅仅是指资金是否充足，其实好的创业项目并不缺钱，只要有好的想法，你只要能够把这个想法的价值和意义讲清楚，投资人会自己找上门来的。我认为创业项目最缺的是人才，所谓天使投资，投项目就是投人，其次是好的商业模式，这个也是投资人极为看重的。所以我不太鼓励大家毕业之后就去创业，因为这两个方面，大多数毕业生都很难具备，创业失败的代价很大。如果可以在知名企业这样的大平台先历练一下，虽然也许只是大平台中的一个“螺丝钉”，但是很关键的一颗“螺丝钉”，具有无可替代的作用。如果在“螺丝钉”的上下游环节，还团结了几个志同道合的伙伴，这样再出来创业，成功率会高很多。所以不是说不让学弟、学妹们去创新创业，而是要有准备地创业创新，并且要有热情和意志去坚持。

第三，要有相应的良好的创业环境。当前，学校开展一些创新创业的课程教育，组织一些学生竞赛、创业大赛之类的活动，我觉得可以在课程上持续优化，活动上强化组织，另外可以开拓一些新的形式。其实大学生的创新创业教育和校友有很大关系，我认为校友可以发挥很大作用。因为创新创业很多时候是一个圈子文化，圈子里的学长、投资人会不断从自己的学弟、学妹们中发现好的创业人才，挖掘好的创业项目；学弟、学妹们也可以在这样的环境下受到熏陶，并在锤炼中不断成长，进而形成一种良性循环。创新创业教育是没有围墙的，越让它接触社会越好。可以多组织一些校友沙龙活动，加强交流和沟通，形成具有母校特色的、积极向上的创新创业生态圈。

特别鸣谢——梁立赫校友对本稿的亲自审定和大力支持！

使命在我心，磨炼伺机遇

——郝晋凯口述

讲 述 人：郝晋凯
访谈时间：2023 年 3 月
访谈地点：北京怀柔科学城建设发展有限公司（线上访谈）
访 谈 组：桑艳茹、朱彤

人物简介：郝晋凯，男，1982 年 12 月生，河南省禹州市人。2000 年考入中国矿业大学（北京校区）土木工程专业，至 2007 年先后取得学士、硕士学位。现任北京怀柔科学城建设发展有限公司、北京怀柔科学城城市开发有限公司总经理，北京怀柔科学城物业服务有限公司、北京怀科嘉城酒店运营管理有限公司等公司法定代表人，北京海创新时代产业技术有限公司等公司高管。

访谈组：您可以简要介绍一下您上大学前的求学经历吗？是什么原因让您选择攻读土木工程专业？

郝晋凯：我高中就读于河南省禹州市第三高级中学。我高考报志愿时，是先选择上大学的地方，后选择的专业。根据高考成绩和历年分数线，我先锁定了中国矿业大学（北京校区）等 3 所地处北京的高校。了解到土木工程专业未来就业比较好，经过慎重思考后我最终选择了中国矿业大学（北京校区）土木工程专业。

访谈组：2000 年至 2007 年您在母校学习，先后取得了学士、硕士学位，您能和我们分享一下在这期间令您印象深刻的人或事吗？在母校的学习经历对您的工作有哪些影响或帮助？

郝晋凯：印象最深的人是我的导师单仁亮，到现在为止，我的人生收获同单老师当年的安排有很大关系。当时单老师有一些横向科研项目，他一视同仁，让所有同门师兄弟都能发挥各自的能力和特长。读研期间我独立负责了几个项目，从项目需求调研、方案编制到成果交付，涉及的事情非常全面。同老师做科研的过程，相当于自己作为项目经理独立操盘项目，这对我毕业后的工作，特别是项目管理工作是有很大帮助的。

上大学时遇到过一些困难，但是在各方的努力下，克服了困难，这让我认识到一个人遇到再大的困难，也要坚定信心，积极乐观面对。

访谈组：多年来，您在开发建设、投资融资、运营管理等方面有着丰富的经验，您所管理的北京怀柔科学城建设发展有限公司涉及的五大板块业务也取得不错的成绩。您可以简单分享一下获得这些成绩的经验和工作方法吗？

郝晋凯：第一，要积极学习与研究党的理论和历史。我党历经100多年的发展，形成了非常先进的理论，积累了丰富的经验，足以应对国内外的复杂局势。这些理论和经验是我们党员工作中的思想源泉。

第二，面对领导安排的工作要积极干好，不要怕苦怕累，通常领导安排工作是基于对下属的信任。

第三，自己要想成长，必须要经过磨炼，遇到困难不要退缩，要积极面对。

第四，要向有经验的前辈请教，不耻下问，善于利用好周围的各种资源提高自己。

第五，要用一个比较阳光的、正确的心态来对待工作，个人的价值终究是要靠自己的努力来实现的。

访谈组：请问您在多年的工作过程中遇到过哪些较大困难？您是怎样解决的？

郝晋凯：通常，困难可以分两大类：第一类是技术层面的，是同没有感情的事物打交道，比如说建座房子选什么材料，属于智商范畴。第二类是人际方面的，是同人打交道，例如要与审批部门、客户、学者等去打交道，属于情商范畴。

面对困难有两个办法可以试试：一是在时间、空间上把问题拉长和放大，比如说我今天完全靠自身无法解决的问题，可以试着通过与别人合作来共同解决这个问题。二是如果通过放大时间、空间的方法还不能解决问题，可以换个维度，比如在解决问题时我们首先抓住关键点，这样来改变解决问题的维度，也就是习近平总书记说的抓住“牛鼻子”。我们现在做设计管理工作，通过指标抓住关键环节和本质，控制核心问题，取得了很好的效果。

访谈组：您觉得现在的大学生该如何提升自己的核心优势？您对大学生未来的就业有什么建议吗？对母校的学弟、学妹们能讲些寄语吗？

郝晋凯：一个人的核心优势主要在其认知水平。当然认知水平是慢慢提高的，在学校学习专业知识的同时，多参与社会实践，多与人打交道，多思考。通过学习和实践改变自己的核心价值观，提高自己的认知水平，可能对未来就业和生活比较有帮助。校训是一种核心价值观的体现，我希望大学生仔细思考母校“明德至善、好学力行”校训内涵，把校训落实到具体的行动上，可能毕业离开学校时就有了自己的核心优势。

特别鸣谢——郝晋凯校友对本稿的亲自审定和大力支持！

劳动先锋脚踏实地，建设祖国栋梁之材

——熊先钺口述

讲 述 人：熊先钺
访谈时间：2023 年 1 月
访谈地点：中石油煤层气有限责任公司（线上访谈）
访 谈 组：张楠、陈雨洁、王冰洁、朱彤

人物简介：熊先钺，男，1984 年 2 月生，湖北省荆州市人，中共党员。现任中石油煤层气有限责任公司党委委员、副总经理、总地质师。2014 年 6 月博士毕业于中国矿业大学（北京）矿产普查与勘探专业。至今共荣获省部级科学技术进步奖 5 项、局级科学技术成果奖 16 项，获得国家授权专利 15 项。先后荣获中国石油天然气集团公司“先进科技工作者”与“优秀共产党员”等荣誉称号。2021 年荣获全国五一劳动奖章。2024 年荣获孙越崎能源科学技术奖青年科技奖。

访谈组：您可以简要介绍一下博士研究生阶段前的求学经历吗？是什么原因让您选择了矿产普查与勘探专业？

熊先钺：我 2009 年 6 月在长江大学矿产普查与勘探专业获得硕士学位。为什么选择矿产普查与勘探专业呢？主要想法是想学习地质专业，投入能源行业，为我国找油找气奉献青春。以“苦干实干”“三老四严”为核心的石油精神在校期间就深深地扎根在我心底。为国分忧、为民族争气的爱国主义精神，宁可少活二十年、拼命也要拿下大油田的忘我精神，有条件要上、没有条件创造条件也要上的艰苦奋斗精神深深地感召着我。2006 年我报考了矿产普查与勘探专业硕士研究生，一边学习主干专业的课程，一边进行煤层气科研工作。硕士研究生毕业后在从事煤层气勘探开发过程中，觉得煤层气开发和常规石油天然气有很大不同，煤层气是自生自储非常规气藏，石油院校对煤储层特性、煤的沉积构造演化史等基础理论知识非常欠缺，我就觉得自己非常有必要系统地学习煤与煤层气地质专业知识，于是我就报考了中国矿业大学（北京）。矿业类高校在煤炭基础理论研究和煤炭开发领域，母校是最高等学府，也非常有幸认识到了我的博士生导师曹代勇老师。由于煤炭相关知识的欠缺，我需要从头补齐。在这个过程中，认识了学院的彭苏萍老师、武强老师、邵龙义老师等，跟着学习到很多专业知识，把该补的基础补齐了。之后我又结合从事的煤层气勘探地质、煤层气开发基础理论，在生产过程中排水采气工艺方面做了大量的探索和创新攻关，获得了一些比较突出的成果，有力推动了煤层气高效增储上产。

访谈组：2011 年至 2014 年您在母校学习，并取得了博士学位。您能和我们分享一下在这期间令您印象深刻的人或事吗?

熊先钺：让我印象最深刻的是我的导师曹代勇老师，他是我的学术引路人，既是老师、长辈，也是朋友。曹老师是我国煤炭与煤田地质专业知名教授和专家，是全国煤田地质与测绘领域的首席专家，矿产普查与勘探国家重点学科带头人。我非常敬仰和佩服曹老师，在学习和科研生活中，曹老师耐心、用心、倾情指导我、帮助我、支持我。他特别认真、特别负责任，为人很和蔼，亲和力特别强，对任何学生的科研论文和毕业论文，他都从始至终尽心辅导。印象深刻的还有武强老师，他现在是中国工程院院士了。武强老师是研究煤水文地质方向的，他给我们上课，仅用一两张地质图件可以脱稿讲一整节课，水平很高，让我收获很大。通过在母校的学习，不仅让我在专业上有了进步和收获，同时增强了对学校、对学院、对老师更深厚的感情，收获了和同学们、实验室同门师兄弟、师姐妹的宝贵友谊，毕业之后也一直保持着联系。我们学校虽然面积不大，但在我心中，它是那么美丽！永远祝福我们学校发展得越来越好！

访谈组：在面临跨专业领域的选择时，您是否有所顾虑呢?

熊先钺：顾虑刚开始肯定是有的，但是决定了的事情就要自信，自信的底气和根本就是有努力的方向。选择跨专业领域，首先这个领域方向是自己所向往和感兴趣的，其次最重要的就是要学好业务知识，为在专业上发展打下坚实基础。如果选择了跨专业，那么就需要花很多精力和时间去补充基础，在补充基础的过程中需要把时间安排好，跟着导师、师兄与师姐们好好学、谦虚学、认真学、用心悟。要相信只要努力，一定能成功。

访谈组：多年来，您在基层一线工作，荣获过多项省部级科学技术进步奖和局级科学技术成果奖，同时还在核心期刊上发表了多篇科技论文和 10 余项国家授权专利，您是如何平衡业务工作和科研工作的? 平时工作中的规划是怎样的?

熊先钺：业务工作和科研工作是密不可分、紧密联系的。生产工作中需时刻攻关遇到的技术难题和科研问题。要做好以下三个方面：第一，要对所从事的工作有兴趣。要热爱工作，全心全意专注地工作和科研。第二，要守正创新，永葆创新精神。在创新过程中，大家可能会有畏难情绪，遇到困难就退缩，遇到麻烦就不愿意挑起来，遇到挫折就往后退，一定要具备迎难而上的勇气和自信，要培养自己的创新精神。不仅要在技术上创新，还要在管理以及学习方法上不断创新。所有成果都是在不断认识、实践的过程中得到的，也要将工作中的创新点进行总结，只有不断地总结提升才能形成一颗颗“丰硕的果实”。第三，要保持好的态度和好的方法。在开始工作前，制定一个明确的工作计划，将重要的、需要加快完成的工作放在优先级的前面，并规划好时间表。在工作计划中，可以合理地分配时间并预留时间用于处理突发的事务性工作，但是不能让这些事务性工作完全占用整个工作时间。通过提高自己的工作效率，节约时间多思考、多总结工作中的问题，利用科研手段解决实际工作中的问题，不断提高科研能力。可以利用一些工具和软件等来提高工作效率。

至于工作中的规划，我认为不想当将军的士兵不是好士兵，不想进步的员工不是好员工。对于自己的职业规划，我们每个人都要有自己的蓝图，一定要有上进的追求和决心。没有追求和决心，哪来热情和激情？因此，在职业生涯规划中，要有一定的目标。所谓规划，就是脚踏实地创未来，目标不能好高骛远，要在规划的过程中，结合本职工作，清晰自己的成长路径以及企业的发展方向，踏实地走好每一步，这才是正确的工作规划。

我觉得在工作规划中方向、方法和态度是非常重要的。方向不对、努力白费，方法不对、越干越累，态度不对、能力作废。方向，就是自己努力的方向和目标。如果方向错了，再怎么努力，都是白费的，特别是在工作过程中，公司或者单位给你安排的工作方向，需要把它牢牢记住，按照规定的方向去努力。而方法和态度是需要自己去找寻的，工作的方法找不到，肯定会越干越累。方法对了态度不对也是不行的，在企业中工作态度不对但能力越强的人，将来对企业造成的破坏力就越大，必须要做到德才兼备。因此，我们做任何工作，方向一定要正确，态度必须要端正，努力找到正确方法，不断提升能力，才能做好。

访谈组：您认为青年学子如何培养科研素养？如何提升自己的核心优势？

熊先钺：关于科研素养，我认为这是在学校里着重培养的。我们常说，做一件事要有责任心、要有真功夫、要有好习惯，这三点缺一不可。我们干什么事都要有责任心，对于青年学子来说，责任心其实就是学习和科研的态度，一定要培养科学的态度，争取成为一个科学精神的弘扬者。真功夫就是指在科研过程中，必须要打好基础，一定要打牢在学校里学习的基础课程。我一直认为，打基础的最好阶段就是在学校学习期间。工作之后会有很多干扰，很少有机会可以心无旁骛地学习。在打基础的过程中，要养成一种好的习惯，在生活中叫作自律，在学习上就叫作习惯。要在实践中不断思考、总结，并加深对科学研究的认识。好的习惯养成之后，对于工作以及科研素养的培养都是有好处的。

所以，我认为培养科学素养第一要有好的习惯；第二要保持好的兴趣；第三要有团结精神。在科研攻关过程中始终具备包容心，格局要大，不能太狭隘。很多科研技术并不是靠一个人就可以做出来，往往是一个团队或一个集体的努力和智慧的结晶。如果心胸不大、格局不大，往往做不到。因此，要多听取别人的意见，大家团结起来，齐心协力才能事半功倍。往往一个团队完成的任务、科研质量和效果会比一个人单打独斗完成得更好。

访谈组：您认为当代青年学子在新时代的伟大征程中如何为国家建功立业？如何将自己毕生所学的知识应用到基层工作之中？

熊先钺：青年兴则国家兴，青年强则国家强。我觉得首先把自己的事办好，把自己的工作做好，努力实现自身的全面发展，实际上就是为国家做贡献、为企业做贡献。因此，我从两个方面来讲。

第一，要坚定理想信念，加强政治理论学习。通过持续不断地政治理论学习，增强自己的党性，时刻以党员的要求来严格要求自己，这一点非常重要和必要。第二，要有大局观和家国情怀。工作之后，讲政治、顾大局非常重要。作为一名共产党员，无论到哪里工作，都应该培养自己的家国情怀，做到爱党、爱国、爱人民、爱家人、爱自己。一个人对国家的贡献，首先就要爱国家，要高举爱国主义的旗帜，把家国情怀置于自己的内心和根底，在以后的工作中，无论遇到多大困难，家国情怀一定是心底里面最强大的支撑和动力。第三，我认为一线的磨炼非常必要。我认为在基层一线打磨和锻炼后学习到的东西，同在总部和机关学到得不一样，在一线学到的知识和感悟到的哲理会对个人的成长有深远的影响。第四，要把本职工作干好，因为我们行业本身就和金融、经济这种高大上的专业不一样，我们学校培养的主干专业学生就是要去从事艰苦一线的工作，要牢记习近平总书记关于能源行业的重要指示批示精神，一步一步脚踏实地干好本职工作，不能好高骛远。实际上我们在给国家做贡献的同时，国家也在培养我们，我们自己也在不断地成长。因此，在工作中不要挑肥拣瘦，舍得吃苦、愿意吃亏的人，一定会有好的回报。

第二，我在攻读博士学位期间，一方面深入了解和学习业务知识，更重要的是培养自己的系统学习思维。在和老师交流博士学位论文的过程中以及科研攻关的过程中，导师在专业深度和思考深度方面要求都很高，我对自己的要求也随之变得更高。通过3年的学习，回到工作岗位中，我就加大了对地质工程一体化的创新，在韩城分公司任地质所所长的时候，就把地质、工程和地面这三项进行一体化分析研究，取得了比以前更好的效果。在地质工程一体化的应用过程中，包括后期的产气工艺等，就会产生很多新的思路，会激发出很多新的想法，从而研发出一些新的、更好的设备或者技术方法，然后再到现场去应用。煤层气本身是一种非常规天然气，其赋存规律、成藏条件、有利区评价相对复杂，只有通过不断创新、不断研究和实践，才能取得比较好的效果，产出比较好的成果。近期我们在鄂尔多斯盆地东缘大宁-吉县区块2000米以下深煤层气的勘探获得了重大突破，突破了世界级深层煤层气勘探开发“禁区”，有望加快推动煤层气技术革命并带动中国煤层气产业革命。这就是我将自己博士所学应用于基层工作实践的一点感悟。

访谈组：感谢您多年来对母校的关心和支持。您可以分享一下您在学习与工作过程中是如何找寻人生目标，又是如何去实现目标的？请您对母校的学弟、学妹们讲些寄语。

熊先钺：我寻找人生目标的过程，其实是边工作边摸索，相当于弯弯曲曲慢慢修正的。我们进入大学后，可能刚开始只是想学专业然后找到好工作，这是大学生想到的第一点，我也一样。上大学的时候，也不知道未来要干什么，也不知道自己能干成什么样，还没有达到家国情怀和为国建功立业的高度。主要还是在参加工作之后，我们企业属于央企，管理、工作、教育等各方面都比较规范，我们在工作的过程中党的政治理论学习非常多。对于企业来说，创造利润、生产经营的压力非常大，工作节奏很快，工作要求比较高。我在公司的工作和学习过程中，慢慢地就找到了自己的方向。所以，如果还在学生阶段，要先把学校的学业学好，不要有过多的职业规划或者憧憬，但要坚定梦想，在仰望星空的同时，要脚踏实地。毕业后到任何企业，无论是去国企还是民企，无论是公务员还是做其他方面的工作，归根结底要有扎实的功底，要有很好的业务素质，同时也要有很好的家国情怀。因此，在学校时就踏踏实实地把学校安排的课程认真学好，在就业时根据自己的兴趣与爱好以及就业环境合理选择就业。人生不在于终点，而在于过程，踏踏实实走好每一步，慢慢地就会看清自己的目标。

关于寄语，我想谈谈自身的感受。我觉得首先要在学校把学习抓好。其次多交朋友、多培养自己的沟通能力和团队精神。同时，还要把生活和学习平衡好，不要一味参与一些无效社交，最好的社交就是提高自己的能力和水平。我认为大学是最好的学习时光，再没有比大学更好的学习时光了，往往比较自律的人在大学会学到非常多的东西。各位师弟、师妹们要充分享受大学生活，享受大学时光，跟着老师好好学习，和同学们好好相处，未来一定可期。祝福大家，祝福母校！

特别鸣谢——熊先钺校友对本稿的亲自审定和大力支持！

审慎于先后制胜，自我迭代勇直前

——邵长宝口述

讲 述 人：邵长宝

访谈时间：2023 年 1 月

访谈地点：新奥集团股份有限公司（线上访谈）

访 谈 组：陈雨洁、胡婉怡、赵贝妮、朱彤

人物简介：邵长宝，男，1984 年 9 月生，吉林省吉林市人，中共党员。为中国矿业大学（北京）2005 级安全工程专业本科生、2009 级安全技术及工程专业硕士研究生。在校期间，担任学院 2009 级本科生辅导员，毕业后在中化化肥有限公司、亿利资源集团、新奥集团股份有限公司从事安全管理相关工作，投身传统企业安全数智化转型实践，探索构建基于工业互联网的安全感知、评估、监测、预警与处置体系，解决传统安全管理顽疾问题。是国家注册安全工程师、风险评估师、职业卫生检测与评价师及北京市安全生产培训师和多家集团 HSE 内训师。母校 110 年校庆时，倡议发起 HSE 联盟（安全校友会），搭建母校与社会的桥梁和纽带，多次组织线下与线上活动，促进“产学研用”信息互通共享。完成专业译著 1 部，发表专业论文 15 篇（其中核心期刊 6 篇，被 ISTP 检索 1 篇）。

访谈组：您可以简要介绍一下您来母校的求学经历吗？是什么原因让您选择了安全工程专业？

邵长宝：2005 年起，我在母校的安全工程专业读本科。这期间，我一方面专注于学习，另一方面进入学生会锻炼自身能力。2009 年获得保研的机会，在担任学院本科生辅导员的同时，攻读安全技术及工程专业硕士研究生，成为傅贵教授的学生。硕士研究生阶段，我一边学习专业知识，一边承担辅导员的工作。

对于专业的选择，主要有两方面的原因：一方面，当时媒体报道了不少安全事故，包括交通、火灾、煤矿事故等，使我对国家的安全生产形势深感担忧，并在心里埋下了一颗种子，希望自己在安全治理方面能有所突破和建树，为国家贡献一份

力量；另一方面，由于当时高考是先填报专业再出分数，综合考虑了自己的学习成绩和一些学长的建议，最终选择了中国矿业大学（北京）安全工程专业。

访谈组：您在学校攻读硕士研究生期间，担任了本科生辅导员。您能和我们分享一下在这期间令您印象深刻的人或事吗?

邵长宝：印象深刻的人或事有很多，比较深刻的是当时运气非常好，遇上很多大型活动的举办，例如2009年的60周年国庆群众游行和母校100年校庆等，还有本科期间2008年的北京奥运会。同时我也有幸参与一些非常重大的活动，例如带队参与2010年北京首届世界武搏运动会志愿服务活动等。

担任本科生辅导员是一段让我深有感触的经历，虽然只任职1年，但与学生相处的日常中也留下不少难忘的瞬间。其中让我印象最深刻的是组织学生一起讨论和规划自己在各个阶段的目标，希望在假期或者新学年能有所收获。我们互相探讨、互相规划、互相监督、互相帮助。这段共同成长、相互帮扶的经历使我与学生建立起深厚的友谊，直到今天，我仍然与他们保持着联系。

访谈组：您在学校读研期间的辅导员工作经历带给您最大的收获是什么?对您个人的发展有什么影响?学业和工作这两个方面，怎么去规划才能有利于更快地适应社会?

邵长宝：读研期间，我的辅导员经历以及傅贵教授的指导带给我很深的感悟是：做事要换位思考，工作要认真严谨。担任辅导员期间，我需要处理大量的学生事务，这要求我必须能够站在学生的角度看待问题，这样才能切实地帮助到他们。对于学生来说，辅导员就如同一个领路人，帮助学生在大学中制定清晰的规划，做好未来职业选择的准备，更好地融入社会等，这些都是学生辅导员的工作，而要想提供更高效的帮助就要有更深入的了解。我的导师是一位温文尔雅的老师，他时刻教导我做事一定要严谨细致，切忌模棱两可，也正是这些品质让我能够更快、更好地适应社会，管理好自己的人生。

访谈组：从您的工作经历中我们不难看出，您是一个不断迎接全新挑战的人。更换工作岗位需要很大的勇气与决心，当初是什么契机促使您做这样的决定的?

邵长宝：我的第一份工作是在中化集团的二级单位，后来在一家民营企业工作了近5年的时间，之后又到了我现在就职的民营企业。10年的时间我在3家不同的企业工作，我个人认为这不是单一因素决定的，而是天时地利人和的结果。换而言之，是多方的因素促成这样的结果。正如我在担任本科生辅导员期间帮助学生做规划一样，我也给自己制定了一个清晰的职业发展规划：希望3年内成为主管，5年内成为经理，7年内成为总监等。后续就将它们拆分成更具体、更切实的目标。这样来看，换工作实际上也是我职业规划中的一环，升职机会、工作环境、薪资待遇，这些也都是很现实的因素。所以勇气和决心是建立在自我认知的基础上的，首先要做好相应的准备。如果同时外面有非常合适的机会，那么所谓的跳槽看似是一件充满挑战的事情，实际上也是水到渠成的事情。能力和机会是一方面，另外我也希望同学们能够勇于跳出自己的舒适圈，这同样是我这些年不断敦促自己坚持进步的态度。当下的时代是信息爆炸的时代，迭代更新飞快，停滞在某种意义上意味着倒退，个体长期停留在某一个阶段就很容易被时代抛弃。因此，只要有机会，我都会积极参加各种活动，并且每次参加活动我都会给自己定下一个目标，例如去聆听讲座就一定要提问，积极争取每一次成长和学习的机会。年轻就是最大的资本，这个阶段的试错成本低。社会上有很多隐性的规则是学校教育不曾涉猎的，年轻时候犯错也许是愚蠢和尴尬的，但当你重新回头去体悟的时候就能拥有很多新的收获，成为自己成长进步的宝贵资产。

访谈组：您在工作中是怎样将业务工作与学校所教授的专业知识有机结合，并加以运用推广的？特别是安全工程专业，如何能够在现实工作中将所学知识灵活运用？

邵长宝：首先，我的母校给予了我很大的底气。母校的安全工程专业在全国排名第一，而我自己在求学期间也认真地学习了专业知识，母校的光环加上系统的学习给我的就业提供了巨大的帮助，让我能够自信地步入职场并从容面对各种挑战。职业道路中，我们在学校所学的专业知识，实际应用或者能显现出来的部分可能只有大约30%。并非是说在学校接受的专业教育不重要，这些部分更多的时候扮演着地基的角色，外界更多地会关注你的楼盖得有多高，而实际上起决定性作用的往往是基础。社会中的事务很繁杂，仅有学校的知识是远远不够的。所以在工作过程中，将所学知识联系实际是一个很重要的能力，尤其是安全管理，它本身是一个学科跨度很大的专业，要求从业者掌握多方面的知识和能力，一味地强调在大学期间习得的理论知识，落实到企业的实际应用中会出现漏洞和不足。企业需要的是实践型人才，即你能为公司创造多大的价值，帮助公司解决哪些问题。个人一定要拥有一些基本的能力，这样才能在未来的工作中见招拆招。很多事情理论上行得通，但落到实处就可能会出现问题。例如，美国杜邦公司是世界顶级的安全管理公司，但这么多年在中国的发展却不温不火，文化的差异导致它的很多成功经验在中国并不适用。

不断关注时事、发展趋势，拥有清晰的规划，结合实际精进自身水平，保持工作认真严谨，这些都是能帮助个人抓住机遇的基本能力，一定要形成自己的处世体系，并灵活调整。时代在不断变化，各大高校也致力于给学生提供最新、最有用的教育，但可能这样的调整是相对缓慢的，因此个体就要学会根据现实做出快速的调整和响应。就拿安全工程专业的就业举例，10年前安全工程专业的毕业生主要工作去向是能源、化工等传统型生产企业，但现如今，传统的认知在不断被颠覆，安全已经融入生产与生活的方方面面，诸如美团、滴滴等企业也都有了专门的安全岗位。同时也希望大家能够尽量从事风口行业，把握住风口机会。风力发电、光伏发电、电池、氢能、储能、工业互联网等成为新一批热门行业领域，这些行业不管是发展还是待遇都是相对优越的。所以一定不能刻舟求剑，要有长远的目光。有两个关键方面想跟大家分享：一是希望大家明确目标；二是锁定了某一个行业或领域之后，一定要密切关注它的发展趋势，要朝最前沿的方面去不断地设立目标，做好充足的准备。还是那句老话：机会是留给有准备的人的。

访谈组：目前我国大学生就业市场面临严峻的形势，您认为当前大学生在就业、择业时应当注意些什么？如何提升自己的核心竞争力？

邵长宝：我觉得第一个核心点是要慎重选择第一份工作，这对每个人都非常重要。你的第一份工作基本上会让你终生难忘，就像你的第一所大学。如果你在本科阶段选择母校，在这里度过 4 年或者 7 年甚至 10 年的时光，那这一辈子你肯定忘不了在这里遇见的人或事。第一份工作往往也是每个人最珍视的，所以大家在选择工作的时候，尽量选择大型的国企、央企或者是欧美国家的外企，当然也不是所有的这些企业都很完美，也需要认真去甄别。一般来说，这种企业首先会很明确地对应届大学生做身份界定：小白。因此相应的，它们会给你制定非常清晰系统的培训内容和培养计划，帮助你了解企业和社会的运作方式。在这样的环境中，个体能够更加容易地建立起一套完整的知识体系，这样的体系能够对你未来的职业发展提供巨大的帮助。相反，如果去的是一些中小型企业甚至比较大型的私企，它们的培训培养机制不够健全，也可能比较急功近利，没有那么多的耐心，花费半年甚至一年的时间进行系统的员工培训或者安排老员工帮扶新员工，使得应届生只能自食其力地成长，后果很可能是使个人无法对工作和社会有相对系统透彻的了解。虽然前期毕业生的薪资会相对较高，但从长远的职业生涯来看，最好还是能够先进入前者从而获得系统的知识储备。另外，大家要善于利用资源，想方设法打听企业内部的真实情况、企业背景、员工口碑等，切勿仅凭宣讲会或是企业排名就冲动选择。第二个核心点就是我前面提到的要时刻关注社会发展趋势，抓住行业风口。第三个核心点是要提升个体的核心竞争力，包括职业生涯规划和时间管理两个方面的能力，如何精准高效地提升自我是每个人的必修课。第四个核心点是要拥有 7 个能力：战胜自我、持续学习、良好沟通、独立思考、组织策划、资源整合、换位思考。最后希望大家能有更多的能力储备，能成为全才是最好的，如果做不到，也至少要拥有一项独门秘籍，例如制作精美高效的 PPT、学好一门外语等。

访谈组：毕业 10 年来，您一直关心着母校的发展，特别是安全专业的发展。请您讲些对母校学弟、学妹们的寄语。

邵长宝：首先，希望大家能够珍惜在学校的时光，德智体美劳全方面发展，拥有鸿鹄之志的同时也建立起与之相配的能力体系，勇于尝试和犯错，主动拥抱未来，走出舒适圈。其次，也希望大家在未来有机会的话能积极反哺母校，分享自己的学习与工作经验，薪火相传，帮助更多年轻的学弟、学妹们。

特别鸣谢——邵长宝校友对本稿的亲自审定和大力支持！

不惧风雨且歌且行，璞玉必成不负此生

——庞义辉口述

讲 述 人：庞义辉

访谈时间：2023 年 1 月

访谈地点：中煤科工开采研究院有限公司（线上访谈）

访 谈 组：桑艳茹、周健梅、李秋骏、朱彤

人物简介：庞义辉，男，1985 年 2 月生，河北省定州市人。中共党员，博士，研究员，中国煤科首席科学家。2007 年至 2010 年在中国矿业大学（北京）资源与安全工程学院采矿工程专业攻读硕士学位；2014 年至 2018 年在煤炭科学研究总院采矿工程专业攻读博士学位。2010 年硕士研究生毕业后入职天地科技股份有限公司开采设计事业部（现更名为中煤科工开采研究院有限公司），主要从事综采工作面围岩稳定控制技术装备研发及智能化开采技术研究，在复杂应力环境采场围岩断裂失稳机制、液压支架服役特性及智能自适应支护等方面取得了阶段性创新成果。先后主持国家自然科学基金项目 2 项；出版著作 5 部，发表论文 78 篇；获国家专利优秀奖 1 项，省部级一等奖 4 项、二等奖 5 项；授权发明专利 36 项，软件著作权 8 项，制定国标 1 项、团标 3 项；获孙越崎能源科学技术奖青年科技奖、全国煤矿支护优秀专家、北京市优秀博士毕业生、智能矿山卓越青年等荣誉。

访谈组：**请您介绍一下读研之前的求学经历。何种契机让您选择学习采矿工程专业的？**

庞义辉：我从小学到高中都在老家河北省定州市就读；本科就读于西安科技大学，其前身是西安矿业学院，也是一所矿业类行业特色院校，当时读的是能源学院的采矿工程专业；硕士研究生读的是咱们学校的采矿工程专业，这个专业原属于资源与安全工程学院，2018 年划归能源与矿业学院。西安科技大学采矿工程专业一直归能源学院。2007 年我考入咱们学校开始攻读硕士学位，2010 年硕士研究生毕业后到天地科技股份有限公司工作，2014 年至 2018 年在煤炭科学研究总院攻读博士学

位，博士毕业时被评为北京市优秀博士毕业生。我选择采矿工程专业的契机比较巧，当时高考分数并不理想，选择学校时对采矿专业也不是十分了解，但是当时选了西安科技大学的优势学科，而且比较喜欢西安这个城市。因为采矿工程专业一直被西安科技大学誉为“矿长和总工的摇篮”。在西安科技大学读了4年本科后，考硕士研究生时想，既然读了采矿专业，那么攻读硕士学位时肯定要读采矿专业最好的高校，所以就选择了咱们学校。但我个人对计算机科学与技术专业非常感兴趣，所以在大学本科阶段自学了C语言、计算机网络等课程，还通过了计算机二级、三级等级考试。我虽然学的采矿专业，但是毕业后想从事采矿和计算机交叉领域的相关工作，所以我现在从事煤矿智能化研究，本科阶段自学的课程为我现在所从事的研究打下了坚实的基础。

访谈组：您可以给我们分享一下您在研究生学习期间，给您留下印象深刻的人或事吗？哪些经历对您之后的工作经历产生了深远影响？

庞义辉：我觉得在母校攻读研究生期间的生活和学习都非常丰富，一些人和事给我留下了深刻印象。首先，就是吴健老师。吴健老师是我的师爷，是我导师张勇老师的导师。吴健老师是国家放顶煤技术的开拓者，在行业里非常有威望。我也非常有幸，有一段时间张勇老师让我做吴老师的科研秘书。当时给我印象比较深刻的是，有一次吴老师要去出差，我陪他参加一个学术会议。吴老师年龄比较大，还患有哮喘，咳得比较严重，一直拿着喷雾剂。尤其是开会时，有些人在旁边抽烟，他受不了烟味但还是尽量忍着不去打扰别人。吴老师的处世方法告诉我尽量不去打扰别人。吴老师在科研上尽职尽责，和他在一起每天行程都排得特别满。按理说吴老师年长，我还比较年轻，但有时一天下来我都感觉特别累，但吴老师晚上还要加班看一些材料，然后让我帮着整理白天的会议情况，之后再和他交流。当然交流过程对我以后的科研工作非常有帮助，也让我感受到老一辈采矿科技工作者的敬业精神，给了我很大的鼓舞。其次，我的导师张勇老师也给我留下了深刻印象，对我后来的科研工作有很大帮助。他在科研上非常注重“放权”，并不看重实验经费的开销。他认为既然安排给学生工作，学生向他汇报就行，他不会过多干预学生的方案，但是需要把工作方案汇报清楚。比如，我印象中在硕士研究生一年级的第二学期，当时涉及973计划项目的一个课题，他承担了一部分研究内容，需要做岩石渗流实验。他把我带到矿上，取完样，交代好，然后就让我去做这个实验。他把实验目标及大概思路告诉我，但让我自己细化实验方案，并向他做方案的汇报，这样会“逼”着我去思考、琢磨，对我开拓科研思路的帮助非常大。也正是由于在实验方面张老师的“放权”和指导，我结合实验结果，在攻读硕士学位期间发表了2篇EI论文。张老师还鼓励我独立思考，对事情有更深层次的认识，鼓励我有针对性地阅读文献，努力发现需要做哪些工作才能获得相关成果。印象比较深刻的是有一次去陕西宝鸡秦源煤矿做项目，我们在井下工作面做超前支承压力监测，需要打钻。我当时没有经验，打钻的任务主要由矿方负责。他们很配合，但在安装钻孔应力计时，因为煤质比较软，打钻过程中带出了很多煤粉。我当时没有意识到这些煤粉会导致实验失败，结果测出的数据与现场完全不符。通过和现场工人交流发现，打钻过程带出的煤粉导致钻孔比预期的大，加上煤层松软，钻孔应力计与钻孔内壁不能很好地接触，导致监测的压力明显偏小。这件事情让我深刻体会到了现场经验的重要性，搞科研必须去一线，同一线工作人员交流。他们每天都在现场做工作，实践经验非常宝贵。后来再做科研时我养成了习惯，首先肯定要去现场看，然后和现场的人深入交流。只有这样，才能对工作有更深刻的认识。

访谈组：走出校门后，您在工作岗位依旧孜孜不倦，勤勉工作。多项研究成果获各类省部级奖项，发表多篇高水平学术论文，拥有多项专利和软件著作权，您可以和我们讲讲成果背后的困难吗？是什么样的初心让您多年来一直潜心科研、甘于奉献？

庞义辉：大学生走上工作岗位，是人生的一个重要阶段。我工作的单位是科研型企业，对经营效益的要求更多一些，对科研的要求并不是特别多。但是，基于在硕士研究生求学阶段养成的习惯，我比较喜欢刨根问底，喜欢创新。当然，在这个过程中困难是非常多的。比如我刚参加工作时，有一次和中国工程院院士王国法进行研讨。第一次和领导们沟通感觉自己什么都懂，但是后来自己发言的时候才发现说的理论知识可能都与实际生产不相符。我们在学校里学到的理论知识，同直接应用到生产中的实践知识相比还是有很大差距的。需要我们将在学校掌握的知识转化后，再应用到实践和后续工作中，才能带来比较好的效果。我现在从事煤矿智能化领域相关工作，离不开前面提到的编程、算法开发等专业知识，但我本身是学采矿专业的，这两个行业差距非常大。我申请第一项软件著作权时就非常困难，因为要编程，还要形成一个正式上线的软件，当时我花了很长时间在 B 站上学习，这对于我后续工作有很大帮助。要说初心，还是因为自己比较喜欢做科研，导师他们也一直说我的性格比较适合做科研，但是我认为我一直潜心科研的初心更多来自危机感。我的个人危机感一直比较重，比如大家感觉目前特别好的一件事情，我却会思考它有哪些不足的地方。技术的更新迭代是非常快的，我认为基本上没有一项技术能支撑太长时间。正是由于危机感，让自己一直在做前沿科技的相关工作。

访谈组：您认为的智能化采矿是什么样的采矿？现在您和母校的老师有科研合作吗？主要是什么方面？

庞义辉：我认为社会上对智能化采矿的看法很容易走极端。一提到智能，大家的第一印象就是很高端，但现阶段国内外的技术都达不到很高的智能化水平，煤矿智能化是一个分阶段发展的采矿技术。现阶段我们的智能化技术是采矿专业自有技术和新一代信息技术的融合发展，新一代信息技术主要包括“云、大、物、移、智”等，这两个技术发展到一定阶段后进行结合，才能促使智能化采矿达到一定水平。现阶段地上条件比井下条件要简单很多，但是我们的智能家居、智能交通、智慧城市，其实还没有达到很高的智能化水平。关键问题是：第一，这个行业的技术还处在发展阶段；第二，“云、大、物、移、智”等信息技术也没有达到很尖端的水平，我们常说的大数据、人工智能等仍然有很大的发展空间。我这两年做算法相关工作比较多，也了解到大数据目前应用的场景其实非常有限。另外，现在的算法在采矿领域很难直接使用，需要改进，但是现阶段又很难改进，所以对于技术不能走极端，也不能妄自菲薄，产生抵触情绪。即使现在达不到很高程度的智能化水平，也要以发展的心态去看待智能化，分阶段实现采矿技术与新一代信息技术的深度融合。再过 5 年，我们的智能化会达到一个新水平，这是一个永无止境的技术。我认为采矿技术本身也是制约智能化发展的重要因素，因为智能化需要将开采工艺、安全监测等技术进行变革。比如现在制造手机有很多智能化的生产线，它并不是按照机械化或者人工制造手机的流程去做的，而是改革了手机的生产工艺和制造流程。所以这就要求我们这些研究采矿技术的人根据智能化的要求去变革整个采矿工艺和技术。当然，智能化技术是这两年刚起步的一个技术。2020 年，国家发展改革委、国家能源局、应急部、国家煤矿安监局、工业和信息化部、财政部、科技部、教育部等 8 部委联合下发了《关于加快煤矿智能化发展的指导意见》，大家才充分认识到智能化的重要性。当时我参与编写了该指导意见，在编写过程中确实能感受到国家对智能化的重视程度和支持力度，所以我认为智能化采矿应该是比较长远的事，而且非常有发展前景。高校要致力于为社会和企业培养更多智能化领域的人才，我们这些科研工作者也需要去做更多关于智能化采矿技术和装备的研发工作。当然，也涉及煤矿企业的科研生产一线，以及国家在技术、资金、人员等保障方面提供更多的支持，这样才能把煤矿智能化共同做好。我认为未来和母校老师合作的机会还有很多，也非常期待和母校开展合作。

访谈组：您认为自动化采矿与智能化采矿的界定与要求是怎样的？

庞义辉：自动化采矿与智能化采矿还是有很明显的差异。我国煤矿开采技术先后经历了人工开采、机械化开采、自动化开采、综合自动化开采到现在的初级智能化开采等阶段。煤矿智能化应具备 3 个要素：感知、分析决策和控制，而自动化不需要这 3 个要素。学过控制的人都知道，它其实是一个闭环的控制，是靠信号量去做闭环的。举一个简单的例子解释自动化：事先设定一个阈值，如果达到这个阈值之后自动去触发的操作就是自动化；而智能化是通过感知信息确定系统的状态，通过智能算法来判断是否达到触发条件，如果达到后再进行相关的控制。自动化与智能化的主要区别就在于是否具备分析决策这个环节。

访谈组：2021 年咱们学校申报的智能采矿工程获批增设并开始招生。2021 年 11 月 24 日，您参与咱们学校智能采矿工程专业建设和教材编写研讨会。对此您对咱们学校矿业工程学科发展有什么看法？您认为智能采矿工程的发展前景是怎样的？

庞义辉：我认为学校增设智能采矿工程专业是一件非常好的事情，不仅咱们学校这步走得非常快，其他高校也陆续在做这个事情。这是非常必要的，体现了学校建设过程中的与时俱进，也能让学生尤其是采矿专业的学生在求学阶段能学习到智能化方面的知识和技能。但是客观地讲，短期内想把这个专业做精、做强的难度也是非常大的。第一，我们的老师不仅要教采矿方面相关知识，还要教一些“云、大、物、移、智”方面的知识，如果授课老师在一个研究方向很专、很精，让他们发散性地去教学难度很大。近期我们和咱们学校的王家臣教授共同编写一本教材，叫《智能矿山概论：煤炭卷》。目前已完成了初稿撰写，这本教材内容非常丰富，但编写难度也非常大。当时我们也在想这本教材的对象定位给谁，对于本科生来说确实有难度，因为本科生在高中阶段只是学了一些基础知识，那么在大学要学什么呢?比如说想学智能化方面的知识，那么就要学控制、计算机、大数据等相关知识，涉及的知识非常丰富，这对授课老师要求也非常高。另外，我们也没有相关的教材，正因为没教材，所以我们才想着编写这么一本教材。再一个就是课时的问题，当时我们也讨论到过有没有那么多课时，学生一学年的课时数都是固定的，所以想增加课时难度非常大。但是智能化采矿方向非常好，目前已经得到了整个行业的认可，即使智能化采矿技术目前还不能称之为是智能化的技术，但是大家都认可采矿技术最终是要走向智能化采矿的，只不过是分阶段的。虽然现阶段我们的技术还跟不上，但是不代表这条路走不通，这在行业内已经达成了共识。前段时间跟王国法院士一起写了一篇论文，里面也提到任何一个新的行业或者新的专业都是在质疑声中前进的，正如历史是在质疑声中前进的一样。目前，智能化采矿确实有非常好的基础，反过来说，用很短的时间让大家对这个方向达成一致意见确实不容易，但是我觉得这个专业非常有前途。

访谈组：当前智能采矿工程对我们这一届的学生的要求是学而杂，但是这种学而杂会不会引发任何方面都浅尝辄止的后果?智能采矿区别于传统采矿对学生只是信息技术方面能力的加强吗?

庞义辉：我认为学而杂不会引发浅尝辄止的后果，作为已经毕业走上工作岗位的学长，我认为本科学的都是基础知识，毕业后这些知识能直接用到工作中的很少，但是本科阶段最核心的是能学到各个行业方向的基础知识。在学习的过程中，能够让自己的逻辑思维越来越缜密。现在我觉得非常受益的是本科阶段自学了计算机网络和 C 语言，培养了自己的编程思维。其实 C 语言、java、python 等编程语言都是相通的，只要会一种，那么其他的都可以掌握。如果会了 C 语言，基本在一周时间内，就能再去学 python 和 java，基本上是能掌握的。本科阶段要把基础知识打牢，然后锻炼逻辑思维，我觉得就够了。而且对今后的发展方向有很大帮助，如果毕业后去生产一线，其实不需要很精于原理性的东西；如果去研究院，也要看研究方向，核心是要掌握基础、掌握逻辑。

访谈组：感谢您一直以来对母校发展的关心和支持。您对母校的发展有什么期望，对学弟、学妹们有什么寄语?

庞义辉：首先非常感谢有这次机会能与母校进行交流，确实是非常荣幸，也是非常高兴的一件事情。希望母校能越办越好，各项成果能再创新高，为国家培养更多的优秀人才，当然也希望母校的智能采矿工程专业能真正将采矿技术和新一代的信息技术进行融合，为行业培养一批真正能做到智能化的高端复合型人才。希望学弟、学妹们能够始终以一颗进取心去努力学习。我离开母校 10 多年了，就目前我的经历来说，求学阶段应该是人生中最好走的路。读书可能是我们这些农村孩子改变命运的唯一途径，其他的途径真的很难，求学是最容易走的一条路。这两年有时参加公司的招聘工作，还是比较有感触的。如果自己很优秀确实不愁工作，但大部分人很难让自己做到优秀，这是一个矛盾的事情。成功的路其实大家都知道该怎么走，但要真正地落到实处的人是少之又少。比如我们都知道好好学习就能考上好大学，但是假设现在让我们再有一次考大学的机会，真正能好好学习的人依旧非常少。其实路和目标都非常明确，只是我们坚持不下去。如果能坚持下去，那么我相信大家都可以有一个非常好的未来。这几年的招聘经历及与一些清华大学、北京大学的毕业生的交流中，我发现自律能让自己按照目标执行，这才是真正能走向成功的一条路。现在优秀的人很多，而且优秀的人确实也非常努力，所以我希望学弟、学妹们在学习期间能养成一个非常好的习惯，能做到自律，这是非常重要的事情。在本科和硕士研究生求学期间把自己的生活过得更加充实，多去扩展自己的事业，在学习的过程中，尤其在业余知识的学习过程中拓展更多知识面，这会让你毕业后能有更多的选择，毕业之后的人生路会走得更加轻快，也能为国家、为社会创造更多的价值。最后祝愿大家在求学路上不惧风雨，且歌且行，璞玉成璧，不负此生！

特别鸣谢——庞义辉校友对本稿的亲自审定和大力支持！

工匠精神扎根岗位，精益求精永不止步
——侯刘涛口述

讲 述 人：侯刘涛
访谈时间：2023 年 1 月
访谈地点：河南龙宇煤化工有限公司（线上访谈）
访 谈 组：桑艳茹、廖锌涛、朱彤

人物简介：侯刘涛，男，1985 年 5 月生，河南省柘城县人。毕业后就职于河南龙宇煤化工有限公司。2007 年取得中国矿业大学（北京）化学工程与工艺专业学士学位，2015 年取得中国矿业大学化学工程专业硕士学位，2022 年考入郑州大学化工学院攻读博士研究生。工作以来获得专利 20 余项，多次获得中国煤炭工业协会、中国石油和化学工业联合会及省级科学技术进步奖，并获省市级“大工匠”“拔尖人才”“技能大师”等称号。入职以来长期在一线工作，先后参与多个化工项目建设、调试、开车。

访谈组：您可以简要介绍一下您上大学前的求学经历吗？是什么原因让您选择学习化学工程与工艺专业？

侯刘涛：我于 2000 年就读于河南省柘城县第一高级中学，2003 年高考考入中国矿业大学（北京）。高中之前我的学习成绩很普通，从高中开始重视学习，我的学习方法很普通，就是背诵。说到选择专业，这和我高中的学习经历有关，我的高二与高三的班主任是化学老师，我是化学课代表，于是大学阶段就选择了化学工程与工艺专业。

访谈组：2003 年至 2007 年，您在母校就读期间有哪些令您印象深刻的人或事？

侯刘涛：首先是我来母校报到的时候，化学与环境工程学院当时的晏学民副书记接待了我，我当时深受感动，也是他给我们上了大学第一堂课，主要内容是讲化工专业未来的工作方向。其次对当年几位专业课老师印象特别深刻，比如专业课的王启宝老师和解强老师，经常到我们宿舍和学生聊天，我非常感谢他们严谨的工作态度。还有一位是当年的物理老师邹力壮，邹老师的专业素养很高。我至今记得在一节物理化学课上，他讲解了邹力壮方程，这是以他的名字来命名的。

在大学时期我经常参加勤工俭学，每年的寒暑假都会去整理图书馆的图书或者打扫教室卫生。基本上每个学期都在学院收发室收发信件，完成老师们的邮件收发工作。

访谈组：您毕业后就职于河南龙宇煤化工有限公司，2015 年取得化学工程硕士学位，2022 年开始攻读博士研究生。是什么原因让您选择在工作数年后进行深造？

侯刘涛：我选择在工作数年后进行深造主要是因为在工作过程中碰到了很多问题，需要针对这些问题进行专项研究。在研究过程中，感觉还是学校的学习氛围更好。比如 2015 年之前我主要负责煤气化工艺，在煤气化工艺的生产过程中，涉及本科阶段未学习到的一个工艺。后来我了解到，大专院校的煤化工方面会涉及一些这个工艺的相关知识，但不是很深入。我也买了一部分相关书籍，自己尝试看了一段时间，又向中国矿业大学的吴国光老师和周敏老师请教了一些问题。经过一段时间沟通，我觉得还是需要跟着吴国光老师把专业知识再巩固一下。所以，2012 年我考取了中国矿业大学化学工程专业的在职研究生。

工作后再去学习主要是为了解决专业技术不足或者与本专业相关的一些问题。2020 年我们要建一个涉及生物化工的新项目，涉及生物的发酵、细菌种子的培养。这方面对我来说非常新颖，而且是生物和化工相结合，我便和郑州大学常春教授进行沟通，后来考取了常春教授的博士。本科毕业后受一些条件的限制没有攻读硕士学位、博士学位，感觉心里有遗憾，所以希望有机会弥补一下，这也是我攻读硕士学位和博士学位的初衷。

访谈组：我们了解到，您在工作中获专利 20 余项，多次获得中国煤炭工业协会、中国石油和化学工业联合会及省级科学技术进步奖，并获省市级“大工匠”“拔尖人才”“技能大师”等称号。您是如何平衡学术研究与业务工作的？

侯刘涛：申报专利也是工作的需要。2018 年我们在处理污水除氟的过程中发现一种铝盐的药剂，对比市面上的除氟药剂效果更好，然后我们就去申报相关专利。另外就是企业为了保持高新技术企业的定位，每年需要申报专利，所以我们将生产工艺和生产过程中的一些“小创新”定期申报专利。截至目前，公司申报专利 180 多项，我个人申报专利 20 多项。到了企业的管理层后，专利申报就比较少，更多的是引导青年员工申报，激发他们的工作积极性。

谈及平衡学习研究与业务工作的问题，其实没有什么冲突，申报专利、撰写论文也是我们工作的一部分，我们也要把工作过程中的知识点总结提炼出来，或以专利或以论文的形式固化下来。有了这些成果，相应的荣誉就有了。

访谈组：您长期在一线工作，先后参与多个化工项目建设、调试、开车，及时发现和解决安全生产中存在的难题。是什么信念让您入职以来长期坚守在一线工作？在从事一线工作时您是怎样解决困难与问题的？

侯刘涛：我当时是技术工作者，就是解决这个岗位上所存在的问题，我的专长是化工生产的过程管理。比如开停车的过程中要保证安全，降低运行期间的能源消耗，减少人力劳动，尽量杜绝或者减少人员在危险场所的暴露时间。这是我的生产管理工作，也是一线工作。其实长期坚守一线主要是为了解决现场问题。同时，这本身对我来说既是一种荣誉，也是对自己的激励。我为了解决需要长期到现场的问题，也做了一些工作，如编写自动化的程序软件采集现场的生产数据，减少人员现场读表抄表的频次。另外，对一些设备进行编程并实现自动化运行，减少现场人员的劳动强度和去现场的频次。后期现场的岗位员工只需要每 8 个小时去现场进行定期巡查就行了。

关于一线工作的问题，我先说自己工作的几个阶段。第一阶段是在现场去解决实际存在的问题。第二个阶段是我作为生产装置的负责人，需要解决整套装置的问题，不再局限于某个岗位。作为企业的负责人之一，需要我解决的就不再是具体某一个岗位或者某一套装置的问题了。但是解决问题的策略一直没有变，那就是要保证装置的安全，无论是工艺原因、设备原因、材质原因，只要装置有问题就要去分析并解决。要找到这个问题存在的原因并找到多个解决策略，再根据策略来提出解决方案。其实现场问题并不是发现就能随时解决的，需要等待机会，比如等装置停下来后安全了才能去解决，这个时候就需要对方案再进行细化。

访谈组：您曾获得第三届“河南能源大工匠”荣誉称号，您认为什么是工匠精神？如何在工作中做到“术业专攻，精益求精”的？

侯刘涛：我认为工匠精神首先就是有敬业精神，对工作、岗位尽心尽责。我们企业曾经提过一个口号：“把企业当家，把岗位当命。”这实际上也是一种敬业精神。不管我在哪个岗位，都要对这个岗位负责。因为无论岗位、工序甚至装置，都有上下游，如果对自己的岗位没有负起责任或存在的问题没有解决好，那受到影响的不仅是自己的岗位、工序、装置，而且是所有与之相关的上下游，损失一定会比较大。所以敬业精神是工匠精神的前提。

其次是实事求是。现场可能存在很多问题，有人员问题、设备问题、环境问题、物料问题、质量问题等。所有问题都要实事求是，不能有所隐瞒。比如，我是这套装置的管理员，我不能对这套装置有偏向，一定要按照实事求是的态度去发现问题、解决问题。

最后是创新。我认为工匠不仅是发现问题，更重要的是解决问题。要借助现有行业所有的新工艺、新技术、新设备、新材料来解决发现的问题。有些问题可能是源于在设计之初，由于技术层次达不到导致存在一定隐患。那如果现在技术层次达到了，就要想办法解决。所以创新也是工匠所必需的。这就是我所理解的工匠精神。

做到精益求精，第一要学深、悟透岗位知识。在做工艺管理的过程中，要反复地去查阅相关资料，要搞清楚这个工艺它为什么这样设计，还有没有更好的解决思路。对于一套装置来说，拿到它的图纸之后，我首先要做的就是把图纸从前到后看一遍，并思考这台设备或阀门能不能替代和更换。第二要有专业的知识储备。在做工艺管理的过程中，要掌握并熟练应用仪表测量原理、设备性能、安全管理、仪表控制等知识。第三要善于总结。如果在同一个地方出现了 3 次相同的问题，那我认为这个地方就存在问题，就要想办法解决。安全管理领域的海因里希事故概率法则指出了 1∶29∶300 的事故发生概率，即发生 1 起重大事故，必定有 29 起轻度事故，还有 300 起潜在隐患。我们工作过程中要总结经验，尽力找到并减少隐患，不仅要总结自己工作中出现的问题，还要总结同类型的问题。每当同类装置出现问题，我们都要开技术研讨会，分析问题出现的原因，讨论如何避免相同或相似的问题再次出现，这也是拿别人的事故教育自己。

访谈组：请您对日后走向工作岗位的学弟、学妹们讲些寄语。

侯刘涛：从我个人的工作、学习经验而言，主要有几点。

第一，在校期间要积累全面的知识。像我本科是学化学工程与工艺的，为了看懂图纸肯定要学 CAD 与 Office 等基础软件。另外，要学习模拟软件，比如我们专业需要学的模拟软件是流体模拟和物料模拟。在学校学习期间还需要培养查阅资料和快速筛选资料的能力。

第二，在工作过程中要注意工作的沉淀。选择好工作方向后，要努力做到行业的拔尖儿。要先从基础工作一点一滴做起，不能在刚开始工作时就挑三拣四。

第三，在工作后保持学习。在学校学到的知识工作上不一定能用到，工作所需的知识可能只是其中的一个概念，但是要根据这个概念去扩展，可能需要跨专业、跨学科学习。我在工作后便跨到计算机学科学习过一段时间，用 C 语言编写了几个软件并应用到工作中。我现在对我们员工的要求一直是要学本专业的知识，大专生要去考取本科学历，本科生尽可能取得研究生学历。

第四，要找到工作中的兴趣和爱好。兴趣是最好的老师，如果对这个工作不感兴趣，还是尽早换工作或者更改工作方向。否则每天仅仅是应付工作的话，那工作做不好，学习也学不好，对个人来说是时间的极大浪费。对我而言，解决了现场问题就有一种成就感，并不是说需要他人给予表扬或发放证书，只要装置在我的努力下恢复正常，这就是最好的。还要对企业的发展壮大有自豪感，我所在的企业从原来的一个小企业逐步发展壮大，我深感自豪。

特别鸣谢——侯刘涛校友对本稿的亲自审定和大力支持！

山再高乘风破浪，勇攀登坚守初心

——罗烨口述

讲 述 人：罗烨

访谈时间：2023 年 1 月

访谈地点：贵州磷化集团贵州开磷（集团）有限责任公司（线上访谈）

访 谈 组：李吉福、周健梅、程俊聪、朱彤

人物简介： 罗烨，男，1986 年 2 月生，四川省成都市人。中共党员，硕士，采矿高级工程师。现任贵州磷化集团贵州开磷有限责任公司党委委员、总工程师。现为贵州大学地质工程 2023 级博士研究生。2004—2011 年，在中国矿业大学（北京）取得学士和硕士学位。在贵州磷化集团瓮福集团瓮福磷矿先后任爆破技术员、采矿技术员、分矿长、副总经理、副矿长、总工程师。先后荣获瓮福（集团）有限责任公司（简称“瓮福集团”）优秀党员、瓮福磷矿优秀党员、瓮福磷矿先进生产工作者、贵州省黔南州化学化工事业发展“爱岗敬业奖”、贵州磷化集团先进生产工作者、第 20 届全国青年岗位能手、贵州磷化集团“十大杰出青年”、贵州省五一劳动奖章、贵州省优秀 QC 成果特级奖等；2021 年被聘为第五届中国煤炭学会煤矿系统工程专业委员会委员；2022 年被选举为中国共产党贵州省第十三次代表大会代表，同年被推荐为国家矿山安全监察局贵州局非煤矿山专家库成员；申报发明专利 5 项（已受理），获得实用新型专利 1 项，行业规范 1 项。现为贵州省应急管理专家库成员、贵州省第三批产业导师、贵州省自然资源标准化技术委员会委员、中国化学矿山协会专家库成员、贵州省第八批高层次创新型人才（千层次）、国家矿山安全监察局贵州局非煤矿山专家库成员等。长期在矿山一线从事技术工作，带领技术管理团队同设计单位、施工单位研究竖井成套工艺和防治水关键技术，优化传统工艺，对后续贵州磷化集团其他矿山竖井施工和地下磷矿山防治水技术有巨大的借鉴意义。

访谈组：您可以分享一下上大学前的求学经历吗？

罗烨： 我小学一年级到四年级是在老家教育相对落后的村里读书，父母希望给

我提供最好的教育环境，就通过努力把我送去了县城里面最好的小学。我能感受到在农村和在县城里的小学学到的知识点完全不一样，有很大的差异。第一个差异是班级人数的差别。农村小学每个年级只有一个班，一个班有 17~18 个学生；县城里每个年级有 5~6 个班级，一个班有 50 多个学生。第二个差异是成绩。以前我在农村是班里的第一名，但是到县城小学里排名中等，甚至靠后，引以为豪的数学、语文等科目与其他同学的差距都很明显，远远不如其他同学。

我父母那个时候远在贵州打工，只有过年才回来，他们在外辛苦的工作就是为了给我创造好的学习环境，我能感受到他们离家时的不舍和工作的辛苦。所以那个时候我就想通过学习改变自己的命运。男生需要经过一定的逆境才能有所成长，所以在这个时期我就觉得，既然父母把我送到了条件相对比较好的县城小学，那我自己一定要好好努力学习。于是，我从初中开始发力，中考的时候考了班级的第三名，全县前 50 名，考进了全县最好的高中、最好的班级。基本上班级 90%以上的同学都考上了 985、211 院校。

访谈组：2008 年您本科毕业，选择继续在母校攻读硕士学位，可以分享 7 年间在母校的成长经历吗？有哪些令您印象深刻的人或事呢？

罗烨：2004 年我考入母校，2011 年 6 月硕士毕业。我的老家在四川省成都市，在上大学之前，我便和母校有一个特别的缘分——我的二爷爷是母校 1962 级的校友。我从小经常听我的二爷爷讲他在学校里面的成长经历及所见所闻。那个时候他坐火车从成都到北京或从北京回成都要三四天、90 多个小时。他是我们整个家族的第一个大学生，而且是重点院校的大学生，他和同学相处成长的求学故事对我的触动很大。出于家人的影响以及对二爷爷的膜拜，2004 年我高考时毅然决定报考母校。

在母校的时光仿佛就在昨天，这次访谈让我感觉自己好像又回到了学校。我在母校学习期间遇到了很多美好的事情。

让我印象最深的是我的导师王家臣教授。以前大一、大二的时候，学数学感觉比较迷茫，我就旁听了王老师的矿山压力以及控制的课程。王老师上课全程没有用 PPT，整个课程就是在黑板上潇洒自如地奋笔疾书，把课程的知识系统轻车熟路地讲出来，同时旁征博引、深入浅出，让知识快速地进入我们的脑子里面。听王老师讲课，我感觉是一种享受。而且王老师还教会了我们很多为人处世的哲学道理，让我们明白要为国家富强、民族复兴、行业革新贡献自己的力量，也让我们明白了学术的严谨性、实践的重要性等。因此，我对王老师的印象非常深刻，于是在我考研时选择了王老师为导师。

在母校学习期间，很多学术讲座让我记忆深刻。我记得曾参加过吴健老师的新生见面会以及学术演讲，还有钱鸣高院士的一些讲座。讲座大多涉及煤矿的前沿开采技术，涉及智能化矿山、科学采煤、绿色开采等方向。我记得有一次，跟着王家臣老师一起参加某个项目评审，评委有钱鸣高院士、吴健教授等。王家臣老师主持的项目汇报后，评委和专家讨论该项目的相关问题。我记得很清楚，当时吴健老师思维非常清晰，对学术的把关非常严谨。他提出了一个很刁钻的问题，指出了我们在研究方向上缺乏严谨性，比如做项目要得出一个结论，我们要引用经典力学的一些相关案例，由公式来推导，并且推导的过程中有很多限制条件，但我们不太知道问题出在了哪里，吴老师就指出做数值模拟时前置性条件没有考虑完整。那个时候就觉得考虑问题的严谨性是非常重要的。吴老师当时说了句很经典的话，大意是我们现在做的科研成果第一个目标是要提高安全生产的效率，第二个目标是要降低安全管理风险。如果拿一个不成熟的理论去试验，过程中出现瑕疵导致一些安全隐患，那是严重不负责任的态度。因此，对所有的问题都必须要计算得非常清楚。

访谈组：您本科所学的专业为信息与计算科学专业，是什么原因让您在硕士期间选择跨度较大的采矿工程专业？硕士毕业后是什么原因让您选择到西部就业、扎根基层？

罗烨：以前大一、大二的时候是我的学习低谷期。那个时候贪玩，喜欢和同学们去打球、去网吧打游戏，学习成绩不是特别理想。在打球时遇到一个四川老乡，他是采矿工程专业 2004 级的祝凌甫，打球后我们经常约着一起吃饭，在吃饭的时候听他和同学认真回顾、探讨当天上课的具体内容。这种勤于学习和刻苦钻研的态度深深地触动了我。我就请他把他的课表分享给我，就去旁听了一些采矿专业的课程，比如采矿学以及王家臣老师的课，很多教授的课激发了我对工科巨大的学习热情。我是从大二开始连续听了两年多采矿专业的课程，除了把我的本科专业学好，业余时间课表不冲突时，就去旁听采矿工程专业的课程。随着学习兴趣的增加，后来我便下定决心考研，考母校的采矿工程专业：我们学校的王牌专业。通过一年多的复习，我顺利考上了采矿工程专业的研究生，成为母校采矿人中的一员。

我是 2008 级硕士生，任班级团支书，班上总共 53 个人，我没记错的话全班有 40 多人都留在了北京。当时在求职过程中，我也拿到了央企、设计院等在京企事业的录用通知。但有两个原因触动了我，最终选择离开北京。第一个原因是我父母常年在贵州打工，我是独生子，小时候只有过年才能和他们见面，于是我在找工作时还是希望离父母近一点，便于照顾和尽孝。我们在长大的同时，父母也在慢慢变老，所以打算工作以后要多陪陪父母。第二个原因是受我导师王家臣教授的影响。王老师经常和我们聊国内外煤矿的发展现状，国内外其他矿产资源、能源行业，比如铁矿、铝矿、铜矿、稀土矿等的发展现状。他说现在本科生、研究生毕业后很大比例都不太愿意去矿山一线，这不利于高校的一些前沿科技的实现，因为科技最终的实践还是要靠生产一线、矿山企业的革新，首先所有从业人员的思维要革新提高，这就需要形成由大专生、本科生、研究生组成的干部梯队，才能很好地把行业现行的法律法规和前沿的创新技术运用到生产实践中去。王老师鼓励我们青年一代就应该去艰苦一线，这样才会改善我们现在煤矿山和非煤矿山的安全生产现状。我记得那个时候煤矿和其他非煤矿山因为安全生产管理薄弱，每年发生多起安全生产事故。综合以上两点原因，在和家人商量后，最终放弃了北京的工作机会，来到贵州我现在所在的公司——贵州磷化（集团）有限责任公司（简称“贵州磷化集团”），成为国家支援西部大开发的一员。

访谈组：我们了解到，您自参加工作以来，获得全国青年岗位能手、贵州磷化集团十大杰出青年、贵州省五一劳动奖章等殊荣。作为行业的优秀青年代表，可以和我们谈谈基层工作背后的故事吗？您是如何攻坚克难的？

罗烨：当时王家臣老师知道我要去矿山工作后，便叮嘱我必须要学习两点。第一，要尊重现场一线工人，因为他们的工作经验更加丰富。第二，一定要调整好自己的心态。当时我总是担心自己身为研究生去基层工作，看到基层艰苦的环境，会不会打退堂？会不会忘了老师的交代？能不能完成革新行业面貌的重任？虽然有王老师交代的两点要求，我还是经历了一段迷茫期。

2011 年 7 月，我来到了瓮福集团上班，先后经历了三四个单位。刚开始是在英坪矿，两年半后调去了一个子公司，是年生产能力 50 万吨的地下开采矿山。后来再调去了年生产能力 100 万吨的大塘矿。然后从大塘矿调回英坪矿，那里的露天矿石已经逐渐枯竭，在进行年生产能力 200 万吨的地下矿山基础建设。前几天集团组织竞聘，我顺利通过，年后即将奔赴新的岗位，任贵州磷化集团主要生产经营单位的总工程师。

回顾自己的成长经历，在这个过程中，刚开始我是爆破技术员，负责露天矿的爆破，在接触爆破 3 个月以后，优化了爆破的孔网参数。瓮福集团要求师带徒必须满 3 个月之后才能独立操作，那个时候我求知欲比较强，在工作的同时我喜欢去看一些关于优化爆破方面的论文，发现优化爆破参数可以节约成本。我们每年都需要通过创新来降低生产成本，所以我就想到改变爆破的参数，以试验的形式逐步推进，计算清楚单孔炸药量，然后再进行优化。通过结合爆破区域复杂的地质条件，以钉钉子的精神做好每一个钻孔的装药量计算，成功地优化了爆破参数，每年可以给企业降低成本 550 万元。这些探索优化的过程和取得的实际效果，让我从工作中找到了快乐和满满的成就感。在这之后，我又调去了一个年生产能力 50 万吨的处于扩能技改的地下矿山。通过学习、研究安全设施设计，优化变更了采掘巷道布置，因此节约了成本 300 万元。而后又调去负责年生产能力 100 万吨的地下开采的技术管理，研究超微粉替代水泥尾矿充填试验项目，寻找出最优配比：超微粉替代 30%水泥的充填配比，每年可节约充填成本 408 万元。

在实际生产工作中，我们的目标就是实现安全生产的同时要确保企业利润最大化。因此，基本上每一个创新想法都是需要在合理合规的前提下，实现缩短工期和降低成本的效果。同时，截至今天，我们团队已经申报了 5 个发明专利、1 个实用新型专利、1 项行业规范。共计为贵州磷化集团节约建设投资 3. 5 亿元！

综合上述的经历，我的感触就是要把每一项工作做好，把点点滴滴的事情做好。把平凡的事情做到极致就是不平凡，把简单的事情做到极致就是不简单，不安于现状，不循规蹈矩。同时，有创新的想法要及时和自己的团队分享，严谨分析计算，积极探索实践。

访谈组：2021 年 12 月您被聘任为中国煤炭学会第五届煤矿系统工程专业委员会委员和中国煤炭学会青年工作委员会委员，您对于本专业的学弟、学妹们有什么学习经验传授？

罗烨：我想与学弟、学妹们分享以下几点经验。一是要有扎实的专业技术功底。采矿工程专业涉及多个学科领域，如地质学、力学、测量学等。要深入学习这些基础知识，为后续的专业课程打下坚实的基础。我以前攻读硕士学位的时候也不够努力，成绩属于中等。进入工作岗位之后，发现学的知识点不够用，就去看书，在书中寻找知识点，并在工作中进行实践。经过这样反复的过程，逐步将理论与实践结合到了一起。二是要关注行业发展。采矿工程是一个不断发展的领域，关注行业动态，了解新技术、新方法在国内外不同矿山的实际应用，有助于拓宽视野，提高自己的知识储备。在北京学习是相对比较好的机会，可以参加许多行业专家主讲的科研讲座。大家可以踊跃去听一听行业内的尤其是国际前沿科技发展方向的讲座，加强前瞻性的学习。三是要不断培养创新思维。面对复杂的煤矿、非煤矿山生产实践过程的采矿工程问题，要有敢于创新的精神，勇于尝试新的解决方案，借助其他相似矿山的实际经验和做法，解决矿山发展中的重点、难点和焦点问题，从而推动矿山行业安全、技术工作的发展。

总的来讲，主要是希望学弟、学妹们按照《礼记 · 中庸》里“博学之，审问之，慎思之，明辨之，笃行之”来思考、并付诸行动。此外，也希望学弟、学妹们要培养强大的内心，也就是常说的抗压能力。通过和身边优秀的同学学习，相互从失败中总结经验、相互鼓励、相互成长，从而成就自己非凡的人生，展现母校学子的风采。

访谈组：您一直坚持技术创新研究，这些技术创新方法的灵感来自哪里？是什么让您能够保持高度的创新敏锐度？

罗烨：工作之初到现在的管理岗位，我感觉人的思想是非常重要的。团队思想活跃、敢于开拓事业，才能有较强的战斗力。所以，要持续迸发创新的灵感，个人和团队同样重要。身为管理人员，要充分发挥每个人的主观能动性，鼓励他们对工作的各个方面，无论是设计还是方案等工作内容，都要勤于思考，勇于提出意见。

工作中我会给团队充分的自由权，创造机会让大家提出意见，即便天马行空。不过我要求大家在提建议的同时，背景分析一定要准确，论点要充分，要有数据做支撑。这样才能让每个人都有很强的独立思考能力，才会让自己变得更强。一个人逐渐变强了之后，团队才能变强。另外，我以项目的形式做一些小发明，在过程当中我会不断鼓励我的下属和团队，当他们取得一定成绩的时候，及时表扬他们，让他们获得更多的自信和主观能动性，使整个团队更加有凝聚力。工作时，个人英雄主义是不能很好地解决一些工作的，必须要强化团队凝聚力才能其利断金。

同时，要持续保持旺盛的求知欲。我会定期或不定期地同一些在煤炭系统的科学院、设计院的同学联系，了解煤矿发展现状以及装备发展水平，也会交流国内外前沿的科技，充分了解发展概况之后我便运用到工作之中。我还会主动查阅一些国内外优秀论文。要拓展自己的事业，必须要了解行业的先机和未来发展的方向。

访谈组：您在基层一线工作10余年来，认为青年学子应该加强哪些方面能力的培养，才能更好地适应以后的工作？请对母校以及学弟、学妹们讲些寄语。

罗烨：我从三个方面来讲。第一，现在在校的学弟、学妹们要做的就是打好扎实的基本功，练好内功。这是进入工作岗位后能够快速适应工作角色的最基本能力。第二，要有坚守初心的毅力和追求完美的精神。人生的旅途不会一帆风顺，必然会遇到很多困难，我们要找到调节情绪的方法，冷静思考，找到问题的主要矛盾。我相信“山再高，勇攀登，总会登顶；路再长，走下去，定能到底”。第三，要学会投资自己。无论是对自己身体的投资，比如健身、跑步，还是对学业的投资，比如现在我准备再通过攻读博士学位来深造等，要努力让自己保持升级状态。

雏鹰离巢时，便是振飞时！希望学弟、学妹们始终铭记“明德至善、好学力行”的校训，珍惜在母校学习的美好时光，乐于在经风雨、见世面中长成才，壮筋骨，勇于在大风大浪的搏击中练担当、硬脊梁，乘风破浪，披荆斩棘，早日成为搏击长空、展翅翱翔的雄鹰，为国家富强、民族复兴贡献自己青春力量！

特别鸣谢——罗烨校友对本稿的亲自审定和大力支持！

心无旁骛勇攀科研高峰，持之以恒坚守青年之志
——吴小虎口述

讲 述 人：吴小虎
访谈时间：2024 年 8 月
访谈地点：山东高等技术研究院
访 谈 组：左东方、朱彤

人物简介：吴小虎，男，1992 年 10 月生，湖北省公安县人。现为山东高等技术研究院教授，山东省优秀青年基金获得者，国际传热传质中心理事会成员。2014 年本科毕业于中国矿业大学（北京）工程力学专业；2019 年博士毕业于北京大学（佐治亚理工学院联合培养）。2024 年 4 月，被授予第 28 届中国青年五四奖章。曾获北京市优秀毕业生、北京大学优秀毕业生。

访谈组：您能简要介绍一下您到中国矿业大学（北京）求学前的学习经历吗？为什么会选择工程力学专业？

吴小虎：我出生在湖北省公安县的农村，小学五年级前一直在村里上学，五年级时由于学校关闭，父母把我送到镇里的小学读书。因为离家远，就在学校住宿。后来在公安县向群中学读初中，在公安县第一中学读高中，也都是住宿的。长期的住宿生活锻炼了我的独立能力，形成了较好的自律意识。

我的高中公安县第一中学有一所校史馆，里面介绍了王竹溪先生的事迹，给我留下了深刻印象。王竹溪先生是物理学家杨振宁在西南联合大学时的硕士生导师。公安县能够出一个如此厉害的人，对此我受到了极大的激励和鼓舞。同时，在读高中的时候，了解到中国明代有个文学流派叫作“公安派”，其中代表性人物为“公安三袁”——袁宗道、袁宏道、袁中道，在文学上的建树非常高。这使我认识到我的故乡不管是在理科方面还是文科方面，都出过非常有名的人，具有丰富的文化底蕴，滋养了我的成长。我在这里打下了扎实的基础知识，也培养了对科学研究的浓

厚兴趣，这些经历为我日后的求学和科研道路打下了坚实的基础。

我选择工程力学这个专业，主要是因为公安县第一中学历届考上清华大学、北京大学的学长们，选择最多的专业就是工程力学。我希望以后能有机会去清华大学、北京大学攻读硕士、博士学位，所以就选择了和他们相同的工程力学专业。工程力学专业的课程比较难，就业没有土木工程等专业容易，当时的选择却让我觉得捡到了宝，学习工程力学专业让我打下了坚实的数理基础，为我攻读博士学位期间的科学研究提供了必要条件。

访谈组：您能否可以和我们分享一下，您在母校学习的 4 年时光里有哪些令您印象深刻的人和事？母校的学习经历对您的成长与发展有哪些影响和帮助？

吴小虎：让我印象比较深的首先是我的班主任祝捷老师。本科期间我同祝老师接触比较多，不仅听她讲授课程，还在她的指导下做科研。当时学校在力学与建筑工程学院试点本科生导师制，恰好我对科研也有一定的兴趣，祝老师就成为我的本科导师带着我做科研，在学习、科研等方面都给予了我很多帮助，到现在我们都保持着联系。

让我印象深刻的还有左建平老师。第一次听左老师的课时，左老师讲述了他在美国访学的经历。我感觉左老师特别优秀、特别厉害，非常年轻就成了教授、学院院长，他的经历很激励人。理学院宋彦琦老师也给我留下了深刻的印象。当时宋老师教我复变函数，因为我对数学感兴趣，听她的课感觉很开心。还有理学院教高等数学的张晓宁老师，最开始我高等数学没学那么好，但是后来越学越有劲，经常同她讨论一些题目。之后我连续两年报名参加北京市大学生数学竞赛，最终获得了一等奖。

母校对我的影响深远。首先，扎实的专业教育为我奠定了坚实的基础知识，使我在进入科研领域后能够迅速适应高水平研究的要求。其次，母校注重素质教育，不仅关注学术成绩，还注重学生综合能力的培养，使我在面对复杂问题时能够从多个角度思考并寻找解决方案。最后，母校老师们的言传身教，让我懂得了感恩和回报社会的重要性，这也成为我在科研道路上不断前行的动力。

访谈组：您勇闯辐射换热、太阳能综合利用、微纳光学等颇为艰涩的领域，入选 2023 年全球前 2% 顶尖科学家榜单，获得中国新锐科技人物创新贡献奖等荣誉。您是如何攻克科研难关的？您所研究的微纳结构材料有哪些应用前景？

吴小虎：我的研究方向是基础研究，没有明确的应用目标。比如我们发现在天然的材料中有非对称的吸收现象，被美国光学学会评选为 2020 年全球 30 项光学重大进展，但其实我们都不知道能够将研究具体做到什么程度，对未来有什么具体的用处。所以这样的科学研究需要有恒心，不带功利心地坚持下去。一方面，当前基础研究需要具备扎实的理论基础和丰富的编程开发能力，这与我在母校本科阶段的积累密不可分；另一方面，基础研究实验上的难度比较大，有些前沿研究需要非常高精度的实验设备，而这些设备在国内并不好找。因此我们需要克服设备不足的问题，找到替代方案，或者通过国际合作来解决这些技术瓶颈。

微纳结构材料目前在建筑材料、航天材料等方面都有应用的前景，比如我们最近在做的建筑玻璃涂层。现在的建筑很多都使用玻璃墙壁，增强了建筑的美观性，但是夏季时大面积的玻璃墙会让室内很热，需要开空调调节。因此，我们希望给玻璃加上涂层，使得光线确实能够透过来的同时，尽量降低室内温度。从原理上来看，太阳光谱发射出来的光包含可见光和近红外波段，近红外波段是不可见的，但它照射进来会引起室内温度增高。所以，我们现在设计一些薄膜贴在玻璃上，使得可见光波段能够透过，近红外波段被反射出去，这样保证在不用空调的情况下，室内保持明亮和舒适的温度，从而减少对能源的利用。另外，微纳结构材料在航天领域也有应用价值。外太空是真空环境，宇宙背景的温度很低，太阳的温度非常高。很多卫星在太空中迎着太阳时会因太阳光直射，表面温度非常高，但是背对着太阳时，比如转到地球的背面，太阳照射不到时，卫星的表面温度就会非常低。所以，航天器在整个外太空运转的时候，表面温度变化会非常剧烈，从-150℃到150℃，这种巨大温差的变化对运行效率有很大的影响。针对这些问题，通过我们设计特质的薄膜，贴在航天器的表面，使得它在运行过程中基本上保证温度不变。这些都是依托于热辐射的原理开展的应用。

访谈组：在新闻报道中您被称为“火热的90后科学家”，是怎样的热情让您将科研的“冷板凳”变成“发光的引航灯”?

吴小虎：我对科研的这份热情源于对科学研究的浓厚兴趣和持之以恒的毅力。我非常享受做科研的过程，每当看到研究中的新发现和突破，我都会感到无比激动，这种兴趣驱使我不断探索和前进。科研需要持之以恒的毅力，科研成果不会一蹴而就地获得，要能沉得下心来。面对挑战，我总是以积极的心态去迎接每一次失败和挫折，并把挑战化作我不断进步的动力。我把这种热情转化为对工作的全身心投入，无论是长时间的实验还是复杂的理论研究，我都会保持热情。

此外，我的热情也受到团队的支持和鼓励。我们互相帮助，共同攻克难题，这种团队合作的氛围让每个人都能发挥出最佳状态。正是这种团队精神和对科学的共同热爱，使我们在科研的道路上不断前行。总的来说，这份热情不仅让我在科研的“冷板凳”上保持了热度，也将其转化为“发光的引航灯”，照亮了我和团队的科研之路。

访谈组：在碳达峰、碳中和的国家战略下，您认为作为能源领域的青年科研工作者如何服务于国家高质量发展的需求，担当起时代和国家赋予的使命责任?

吴小虎：我目前研究的是能源与动力工程领域，非常关注能源领域在“双碳”战略的指导下开展的各项改革，也结合自己的研究优势在新能源方面开展了一些工作，比如太阳能利用等。太阳能其实属于热辐射，目前市面上的太阳能电池板的利用效率有限，需要进一步提高太阳能电池板的效率，所以国家在大力发展利用率更高的塔式聚光太阳能。而塔式聚光太阳能对吸收器要求更高，不仅吸收率要非常高，同时也要能够耐高温。吸收器在工作的时候能够达到2000℃的高温，之前国内在这方面的研究比较少，所以我们结合一些新的材料去设计耐高温的吸收器，以保证它在太阳聚光系统中能提高对太阳能的利用效率。因此，我认为作为青年科研工作者要紧密关注国家能源发展的需求，用科研的力量推动经济的绿色发展。

另外，我觉得可以通过科普宣传和公众教育，提高社会对碳达峰、碳中和的认识和理解，让更多人了解到绿色能源和低碳技术的重要性，从而增强公众的环保意识，形成全社会共同推动绿色发展的氛围。

访谈组：您热心于科普教育，创办的微信公众号“热辐射与微纳光子学”已成为热辐射领域最大的微信公众平台，您参与科普工作的初衷是什么？您觉得科普工作对于实现创新发展能发挥怎样的作用？

吴小虎：初衷是为了让更多的人了解到热辐射这个领域，激发领域内的人或者公众的学习热情，帮助更多年轻人投身于科学研究领域。我是在2016年开始做“热辐射与微纳光子学”微信公众号的，最开始当作科研笔记的记录本，记录自己的科研想法和对科学观点的认识，便于自己随时翻阅查找信息。2019年，我的同事看到我的微信公众号就鼓励我公开，所以我就小范围地公开给了一些朋友，然后他们也会推荐给其他朋友，慢慢地这个微信公众号就受到了越来越多的关注。目前微信公众号的关注人数已经超过了1万，对于非商业的微信公众号而言，关注度还是比较大的，涵盖了国内从事研究热辐射的很多青年老师和学生。

现在我每天都会花精力去运营这个微信公众号，自行创作或挑选一些内容在上面进行发表。以前的运营是完全凭兴趣，但现在关注的人多了，关注者会期待着每天发布的内容，能够学到哪些知识，感觉自己增加了一份责任，这也是我坚持下去的动力。另外，这个微信公众号也带给我很多好处。我们单位刚成立时没有学生，我招收的第一名学生也是我们单位的第一名学生，就是通过这个微信公众号认识我的。这名学生看到微信公众号的内容之后，联系我讨论了一些问题，就有了联合培养的想法，于是学生咨询并征得了他的老师同意，就此成为我的第一名学生。之后，我通过微信公众号招到了更多的学生。同时与科研工作者的合作，也是通过微信公众号认识的。这些便利都是做科普工作之前完全没有想到的。

总体来讲，科普工作能帮助科技成果得到更广泛的传播和应用，推动科技创新的社会化。科学家和工程师通过与公众的互动，可以获得宝贵的反馈和灵感，有助于推动科学研究的进一步发展。

访谈组：您考虑过与母校的老师开展科研合作吗？

吴小虎：我是希望能和母校的老师开展更多合作的，之前同祝捷老师商量过合作的事情。我知道母校有能源与矿业学院，我也去了解过，大部分老师是做矿业能源方面的研究的，同我的研究方向还有一定差异，目前还在找合作的契机，希望以后能有合作的机会。

访谈组：您被授予了第28届中国青年五四奖章，这个中国优秀青年的最高荣誉

的获得是对您突出贡献的肯定。您在职业发展和人生成长方面有哪些经验可以与学弟、学妹们分享？您对母校的学弟、学妹们有什么寄语？

吴小虎：首先，学知识不能急功近利，要打好基础。从我的成长经历来讲，在母校 4 年本科阶段的学习，我就没想过学这些知识之后一定有什么用。只要把基础打牢了，无论从事什么行业都会有厚积薄发之力，但是不打好基础，就容易后劲不足。所以，我觉得在本科阶段，不用太计较课程的难易程度，甚至尽量去挑选一些有难度的课程去学习。无论后续是继续深造或者工作，打好基础对提升自己解决问题的能力非常有用。

其次，在学习的过程中，遇到困难和挫折时不要灰心，这些都是成长的一部分。要始终保持坚韧不拔的精神，相信自己的能力，勇敢追逐梦想。

最后，要多与师长和前辈交流，他们的经验和建议会对你们有很大的帮助。希望你们能够珍惜在母校的时光，积极参与各种活动，拓宽自己的视野和人际网络。这不仅对个人发展有帮助，也能够丰富你们的大学生活。祝愿你们在未来的道路上取得辉煌的成绩，为母校争光，也为自己的人生创造美好的篇章。相信你们能够继承和发扬母校的优良传统，成为新时代的栋梁之材。

特别鸣谢——吴小虎校友对本稿的亲自审定和大力支持！

后 记

5 年来，口述访谈工作的开展得到了学校党委和行政班子的深切关怀和大力支持。在此，深表感恩之情。

感谢对本书提出宝贵意见与建议的老师们，他们分别是学校党委常委、党委宣传部部长董会泽，党政办公室副主任马宁以及各学院的领导和同事们。他们对口述访谈工作都给予了无私帮助。

感谢每一位参与本书口述访谈和文稿整理的第三届、第四届、第五届校史文化社的同学们！他们分别是 2020 级研究生沈跃、刘荣灿，2021 级研究生桑艳茹、张楠、李吉福、胡婉怡，2022 级研究生杨昕语、赵贝妮、王冰洁、张一鸣，2021 级本科生李秋骏、张嘉璐、张钰浛、陈雨洁、程俊聪、吴子静、李姗谕，2022 级本科生曹明萱、廖锌涛、周健梅等同学。第四届校史文化社社长桑艳茹同学和赵贝妮同学进行了认真细致的校对核稿。本书副主编刘冬青与朱家骏、杨恬、许静超、杨颖璐、刘博秒、彭雪娇等同仁进行了文字校对工作。左东方老师带领 2023 级研究生黄思慧、崔子怡、张超越、李晓宇、陈雨晴，2023 级本科生陈义秋在后期对本书稿进行了认真细致的核对工作。在此一并表示感谢。特别感谢老同志杨智老师为我们访谈陈清泉院士提供的帮助。

本书的责任编辑柳青编审为本书的出版倾注了大量的精力与汗水，真心感谢她，为她的严谨、认真、细致点赞。

还要感谢接受本书访谈的 33 位师生校友代表，他们在各自的战线上追光、沐光、发光、成为光。

向他们致敬！表达感激之情！

我们一边回忆，一边继续。

共同铭记历史，创造历史！